Christian-Alexander Wäldner

Die Technische Hochschule Hannover und der Entzug akademischer Titel in der NS-Zeit

Geschichte

Band 112

LIT

Christian-Alexander Wäldner

Die Technische Hochschule Hannover und der Entzug akademischer Titel in der NS-Zeit

Ergebnisse hannöverscher Vorgänge unter der Berücksichtigung des Falles Walter Dux

LIT

Umschlagbild: Universitätsarchiv Hannover, Akz. 2011/18, Nr. 4:
Nachweisung über Doktor-Ingenieur-Promotionen
Bd. II, Juli 1911 bis März 1934

Bibliografische Information der Deutschen Nationalbibliothek
Die Deutsche Nationalbibliothek verzeichnet diese Publikation in der Deutschen Nationalbibliografie; detaillierte bibliografische Daten sind im Internet über http://dnb.d-nb.de abrufbar.

ISBN 978-3-643-11908-7

Verlagskontakt:
Fresnostr. 2 D-48159 Münster
Tel. +49 (0) 2 51-620 320 Fax +49 (0) 2 51-23 19 72
e-Mail: lit@lit-verlag.de http://www.lit-verlag.de

Auslieferung:
Deutschland: LIT Verlag Fresnostr. 2, D-48159 Münster
Tel. +49 (0) 2 51-620 32 22, Fax +49 (0) 2 51-922 60 99, e-Mail: vertrieb@lit-verlag.de
Österreich: Medienlogistik Pichler-ÖBZ, e-Mail: mlo@medien-logistik.at
Schweiz: B + M Buch- und Medienvertrieb, e-Mail: order@buch-medien.ch

Meinem Vater

Manfred Wäldner

(15.07.1941 – 14.02.1998)

in dankbarer Erinnerung

Inhaltsverzeichnis

Geleitwort des Präsidenten der Leibniz Universität Hannover

Vor Kurzem erschien die Arbeit des Dresdener Historikers Kai Kranich über die Aberkennung akademischer Grade an der Universität Breslau. Sie trägt den Titel „Anpassung im Nationalsozialismus“. Diese Universität hat die meisten Aberkennungen im sogenannten Altreich (ohne Österreich) zu verantworten. In bemerkenswerter Gründlichkeit zeigt Kranich die Handlungsweisen der Universität als willfährige Vollstreckerin des NS-Regimes hinsichtlich der Ausgrenzung von jüdischen und anderen Wissenschaftlerinnen und Wissenschaftlern auf.

Mit der hier veröffentlichen Masterarbeit hat Herr Christian-Alexander Wäldner aus eigenem Antrieb heraus die Tür zur Vergangenheitsbeschäftigung der Gottfried Wilhelm Leibniz Universität Hannover aufgestoßen. Er hat damit aufgezeigt, dass die Vorgänge an der damaligen Technischen Hochschule Hannover sich in die Hochschul- und Universitätslandschaft des NS-Regimes nahtlos einreihen, auch wenn die Hochschule offenbar in eher seltenen Fällen den Vorgaben der NS-Ideologie trotzte und versuchte, eine eigene, fast unabhängige Meinung zu vertreten.

Dieses darf nicht darüber hinweg täuschen, dass der Entzug akademischer Titel im deutschen Nationalsozialismus den größtmöglichen Eingriff in die Selbstverwaltung der Hochschulen und Universitäten darstellte. Ideologisch-politische Vorgaben ermöglichten diesen Entzug, der auch die Ausgrenzung von Menschen bedeutete: Herr Wäldner hat dazu beispielhaft die Schicksale jüdischer Mitbürger, politisch Andersdenkender und solcher Personen, die aus anderen Gründen nicht dem Weltbild der Nationalsozialismus entsprachen oder aufgrund von verschärften NS-Strafgesetzen aus dem vermeintlichen Raster fielen, dokumentiert.

Darüber hinaus hat er sich mit der Situation an allen deutschen Hochschulen und Universitäten sowie sonstigen Fachschulen beschäftigt und diese ausgewertet. Zusätzlich hat er unsere Promotionsliste aufgefunden, die über Jahrzehnte als verschollen galt; die hierin enthaltenen und anderweitig ermittelten Aufstellungen hat er dieser Arbeit beigelegt. Hierdurch ermöglicht er vielen Instituten der heutigen Leibniz Universität Hannover, sich erstmals mit ihren ersten eigenen Promotionen zu beschäftigen. Dieses ist einzigartig in unserer Universitätsgeschichte.

Wenn auch Jahrzehnte zu spät, so ist jetzt etwas begonnen worden, was im Grunde überfällig war: Die Reflexion über unsere eigene NS-Vergangenheit. Damit reiht sich die Leibniz Universität Hannover zeitlich ins Mittelfeld der deutschsprachigen Hochschulen ein.

Ich persönlich begrüße es überaus, dass Herr Wäldner sich in seiner derzeitigen Dissertation mit einem weiteren Kapitel unserer NS-Vergangenheit beschäftigt, nämlich der Zwangsarbeit und dem Schicksal der davon betroffenen Menschen. Zusammen mit dem von ihm initiierten Arbeitskreis „Die NS-Vergangenheit der TH Hannover“ werden in den kommenden Jahren sicherlich weitere BA- und MA-Arbeiten zu erwarten sein.

Hannover, im Juli 2012

Prof. Dr.-Ing. Erich Barke

Präsident der Leibniz Universität Hannover

Vorwort zur vorliegenden Masterarbeit

Anlässlich des Erscheinens von Jubiläumsbänden zum 150. und 175. Jubiläum der heutigen Gottfried Wilhelm Leibniz Universität Hannover (LUH) in den Jahren 1981 und 2006 wurden bislang keine Abhandlungen zum Thema „Entzug akademischer Titel während der Zeit des Nationalsozialismus an der damaligen Technischen Hochschule (TH) Hannover" veröffentlicht; der Grund hierfür kann zumindest für die 2006 erschienenen drei Bände darin liegen, dass fast ausschließlich schwerpunktmäßig die vorangegangenen 25 Jahre der Universität Hannover behandelt worden sind. 1981 scheint die Zeit noch nicht reif genug gewesen zu sein, sich mit diesem Thema zu beschäftigen. Hiermit lag die heutige LUH im Trend der damaligen Zeit, sich hiermit nicht oder noch nicht kritisch auseinanderzusetzen.[1] Gleiches gilt auch für den Fachbereich Chemie, der noch 1999 die NS-Zeit mit „*Bauten, Bomben und Studenten*" umschreibt, aber eine kritische Selbstreflektion vermissen lässt.[2]

Ohne das Auffinden einiger weniger überlieferter Akten der vormaligen TH Hannover im heutigen Universitätsarchiv (UniA) Hannover der LUH bzw. im Niedersächsischen Landesarchiv, Hauptstaatsarchiv Hannover (NLA-HSTA), sowie bedeutender Auffindungen von Originalquellen im Rahmen von Recherchen zu dieser Arbeit wäre ein Einstieg in dieses Thema nur sehr schwer möglich gewesen.[3]

Der Herr Präsident der LUH unterstützte diese Arbeit nach Kräften: Dennoch waren nicht alle Fakultäten der LUH bereit, trotz des Vorliegens von Bescheinigungen der Universitätsleitung und der mich betreuenden Dozenten sowie eines nachdringlichen Appells des Herrn Präsidenten der LUH mittels eMail an alle Dekanate Einsicht in die dort erhalten gebliebenen Vorkriegsbestände einzuräumen; zum Teil erfolgte die Einsichtnahme derart widerwillig, dass nicht abgeschätzt werden kann, ob wirklich alle verfügbaren Unterlagen vorgezeigt wurden.

Einige Fakultäten waren außerdem nicht bereit, ihre historischen Unterlagen dem UniA Hannover zu übergeben und kündigten im Falle einer diesbezüglichen Anfrage eher die Vernichtung der Unterlagen aus der Vorkriegszeit an, obwohl sich dort zum Teil unwiederbringliche Dokumente aus der Zeit des Polytechnikums aus dem 19. Jahrhundert überliefert haben. Gänzlich anders verhielt sich die Leitung des Dekanats Maschinenbau, die sich bei der vorliegenden Arbeit als äußerst hilfreich erwiesen hat: Dort haben sich die wertvollsten Materialien auffinden, sichten und verwerten lassen. An verschiedenen anderen heutigen Fakultäten der LUH haben sich nach derzeitigem Kenntnisstand keine weitergehenden Unterlagen erhalten, so dass somit von einem Verlust aufgrund Kriegseinwirkung oder mutwilligem bzw. unüberlegtem Vernichten nach 1945 ausgegangen werden muss.

Diese Arbeit bildete die Grundlage zur im Juni 2012 stattgefundenen Rehabilitierung von NS-Opfern und NS-Benachteiligten der TH Hannover. Die hierfür eingesetzte Arbeitsgruppe des Senates der LUH, der ich angehörte, hat hierbei weit mehr Personen ausfindig gemacht, denen Unrecht widerfahren ist. Jedoch wäre die Beschäftigung insgesamt ohne diese Masterarbeit nicht möglich gewesen. Aus Reihen von Studierenden des Historischen Seminares und anderer Institute hat sich inzwischen der Arbeitskreis „Die NS-Vergangenheit der TH Hannover" konstituiert, der vielschichtig zur Vergangenheit der heutigen LUH arbeitet.

Ronnenberg-Weetzen, im Juli 2012

Christian-Alexander Wäldner, B.A., M.A., B.A.

[1] Seidel, Universität Hannover 1831 – 2006. Anm.: Infolge der Fülle der zum Teil erheblichen Beschäftigungen mit dem Themenkomplex wird stets nur die Kurzzitierweise verwendet.

[2] Fachbereich Chemie, Geschichte der Chemie, S. 55-95.

[3] NLA-HSTA und heutiges UniA Hannover, Nds. 423 Acc. 11/85 Nr. 149.

1. Ausgangssituation, Quellenlage

Erst spät haben sich Hochschulen und Universitäten in der Bundesrepublik Deutschland sowie der Republik Österreich mit den sie betreffenden nationalsozialistischen Begebenheiten dahingehend beschäftigt, ihre Verantwortung und Bedeutung für diesen Teil der Geschichte aufzuarbeiten. Dieses Vorgehen setzte grundlegend erst ab dem Ende des 20. Jahrhunderts ein, nachdem es in der unmittelbaren Nachkriegszeit teilweise relativ überhastete und zum größten Teil einseitige Entscheidungen einzelner Hochschulen gegeben hatte. Diese Entscheidungen waren deswegen nicht umfassend, weil beispielsweise Entziehungen aufgrund strafrechtlicher Verurteilungen zum allergrößten Teil nicht berücksichtigt wurden, selbst wenn es sich dabei um eindeutig nationalsozialistische Verfolgung handelte, wie *Rundfunkvergehen* oder *Devisenvergehen* bei Nichtzahlung der sogenannten *Reichsfluchtsteuer*. Immerhin sind 2003 und 2004 auch erste Beiträge für die ehemalige TH Hannover hinsichtlich der Zeit des Nationalsozialismus erschienen, allerdings ohne den Themenkomplex dieser Arbeit zu berücksichtigen.[4] Weitere Beiträge sind zwar angekündigt, aber noch nicht veröffentlicht.

Der Entzug eines akademischen Titels ist nach wie vor auch im 21. Jahrhundert das weitreichendste Sanktionsmittel einer deutschen Hochschule, um infolge strafbarer Handlungen diese auch seitens der Hochschulleitung zu ahnden. Dabei handeln Hochschulen weitestgehend selbstständig, insbesondere wenn Täuschungen aller Art bei der Vergabe des jeweiligen Titels eine Rolle spielen, wie es im Jahr 2011 bei einer Reihe prominenter Fälle in der Öffentlichkeit sichtbar war. Bei rechtskräftigen Verurteilungen deutscher Gerichte sah die Praxis von Aberkennungen grundsätzlich noch bis 2010 die Möglichkeit vor, zuvor erworbene akademische Grade wegen *Unwürdigkeit* abzuerkennen; hierauf wird später noch genauer eingegangen. Während der Zeit des Nationalsozialismus wurde eine bislang nicht vollständig bekannte und erforschte Anzahl akademischer Titel in Deutschland aberkannt. Hierdurch manifestierte sich der Unrechtsstaat gegenüber seinen ihm ohnehin ohnmächtig ausgelieferten, künstlich geschaffenen Gegnern und Opfern; der Entzug der zuvor rechtmäßig erworbenen Titel entrechtete Verfolgte noch zusätzlich.

Wie und unter welchen Bedingungen konnten im nationalsozialistischen Deutschen Reich zuvor erworbene akademische Titel und Ehren-Titel entzogen werden? In welchen Kontext lassen sich die Begebenheiten an der TH Hannover hinsichtlich anderer deutscher bzw. ehemals deutscher Universitäten und Hochschulen einordnen? Welche akademischen Grade gab es an der TH Hannover und wie viele Titel wurden bis 1933 bzw. 1945 erworben? Welchen

[4] Schröder, Nationalismus-Nationalsozialismus; s.a. Schröder, Männer der Technik.

Personen und Personengruppen wurden akademische Titel aberkannt? Gibt es Besonderheiten im Bezug auf die TH Hannover? Hat die Leitung der TH Hannover immer stringent nationalsozialistische Vorgaben erfüllt? Welche Bemühungen sind bislang unternommen worden, dieses nationalsozialistische Unrecht durch Wiedergutmachung bzw. Rehabilitation Betroffener zu berichtigen? Wie kann an der LUH ein Rehabilitationsprozess begonnen werden? Diese und andere Fragen sollen mit der vorliegenden Arbeit geklärt werden.

Bereits 1998 bzw. 2005 hatte es zudem Anfragen an die heutige LUH seitens der deutschen Kultusministerkonferenz bzw. des Heidelberger Historikers Peter Chroust hinsichtlich etwaiger entzogener akademischer Grade gegeben. Diese Möglichkeiten zur Beschäftigung mit diesem wichtigen Teil der Universitätsgeschichte sind jedoch aus heute nicht mehr nachvollziehbaren Gründen ungenutzt geblieben.[5] Zuvor hatte 1996 Daniela Münkel offenbar erstmals den bekannten Aktenbestand zum Themenkomplex Nationalsozialismus und TH Hannover zusammengestellt; es kann davon ausgegangen werden, dass damals andere Archivquellen, die nun u.a. die Grundlage dieser Arbeit bilden, noch unbekannt waren.[6]

2. Voraussetzungen für den Entzug eines akademischen Titels

Bereits nach dem Ende der Monarchie in Deutschland im Herbst 1918 gab es Bestrebungen, reichsweite Regelungen für Aberkennungen einzuführen, da diese zuvor grundsätzlich nur in seltenen Fällen an deutschen Hochschulen und Universitäten möglich waren. 1975 hat sich Rita Wichardt im Rahmen ihrer Dissertation erstmals umfassend mit der Gesamtproblematik eingehend beschäftigt.[7] Hierbei führt sie zunächst die grundsätzlichen Entwicklungen akademischer Titel deutscher Universitäten und später auch der deutschen Hochschulen auf, um dann das Spannungsverhältnis *Tragens des Titel in der Öffentlichkeit* versus *Verurteilung aufgrund strafbarer Handlungen* deutlich aufzuzeigen. Zu Recht weist sie darauf hin, dass es erst seit 1970 mit dem Aufheben der Sondervorschriften des § 33 alter Fassung (a.F.) Strafgesetzbuch („Verlust der bürgerlichen Ehrenrechte") nicht mehr automatisch der Fall ist, dass damit ein Verlust zuvor erworbener akademischer Grade eintritt.[8] Weiterhin galt allerdings das Gesetz über die Führung akademischer Grade (AkaGrG) vom 7. Juni 1939, welches erst durch Artikel 9 Absatz 2 des Gesetzes vom 23. November 2007 mit Wirkung vom 1. Dezem-

[5] Chroust, Bürokratische Verfolgung, S. 136.
[6] Münkel, TH Hannover.
[7] Wichardt, Verleihung und Entziehung.
[8] Wichardt, Verleihung und Entziehung, S. 184.

ber 2010 als geltendes Bundesrecht aufgehoben worden ist.[9] Zuvor regelte der dortige Paragraf 4 seit 1939 ursprünglich:

„*(1) Der von einer deutschen staatlichen Hochschule verliehene akademische Grad kann wieder entzogen werden,*

a) wenn sich nachträglich herausstellt, daß er durch Täuschung erworben worden ist, oder wenn wesentliche Voraussetzungen für die Verleihung irrigerweise als gegeben angenommen worden sind,

b) wenn sich nachträglich herausstellt, daß der Inhaber der Verleihung eines akademischen Grades unwürdig war,

c) wenn sich der Inhaber durch sein späteres Verhalten der Führung eines akademischen Grades unwürdig erwiesen hat.

Über die Entziehung entscheidet diejenige Hochschule, die den akademischen Grad verliehen hat.

(2) Gegen die Entscheidung der Hochschule (Absatz 1) steht dem Betroffenen innerhalb eines Monats nach Zustellung die Beschwerde an den Reichsminister für Wissenschaft, Erziehung und Volksbildung zu. Die Beschwerde hat keine aufschiebende Wirkung.

(3) Unter den in Absatz 1 bezeichneten Voraussetzungen kann der Reichsminister für Wissenschaft, Erziehung und Volksbildung eine von ihm erteilte Genehmigung zur Führung eines ausländischen akademischen Grades widerrufen und bei allgemein erteilter Genehmigung (§ 2 Abs. 2) den Widerruf auch für den Einzelfall aussprechen.

(4) Der Reichsminister für Wissenschaft, Erziehung und Volksbildung kann eine von einer staatlichen Hochschule verfügte rechtskräftige Entscheidung über die Entziehung (Absatz 1) wieder aufheben und einen von ihm ausgesprochenen Widerruf der Genehmigung zur Führung eines ausländischen akademischen Grades zurücknehmen, wenn besondere Billigkeitsgründe hierfür vorliegen.“[10]

Wichardt beschäftigte sich des Weiteren mit der Rechtswirksamkeit der Verleihungen im Kontext von Interessensabwägungen hinsichtlich erlassener Verwaltungsakte und bei Betrug und ähnlich gelagerten Fällen.[11] Dass sie dann unmittelbar auf den Bereich *Unwürdigkeiten* und Entziehungen eingeht, ohne jedoch diese zeitkritisch zu beachten, ist der damaligen Situation an deutschen Universitäten und Hochschulen geschuldet. Chroust schreibt dazu, dass erst nach der Jahrtausendwende deutsche Einrichtungen dazu übergingen, sich mit diesem NS-Unrecht intensiver zu befassen. Er beschreibt dieses zu Recht als „*Verleugnung, Rehabilitierung und Entschädigung*“ und weist zudem daraufhin, dass die nicht eindeutig geregelte Gesetzeslage in Westdeutschland hier über Jahrzehnte zu erheblichen Verzögerungen geführt hat, so dass Betroffene nicht oder kaum mehr rehabilitiert wurden oder werden konnten.[12] Wenn Wichardt weiterhin, und zwar zu Recht, darauf hinweist, dass *Unwürdigkeit* keine Erfindung des Nationalsozialismus‘, sondern der Weimarer Republik war, denn die *Verordnung über die Führung akademischer Grade in Preußen vom 30. September 1924* kannte bereits

[9] Bundesgesetzblatt I, S. 2614 mit Wirkung v. 01.12.2010.

[10] Vgl. http://www.buzer.de/gesetz/1582/a22462.htm (03.03.2011, 00.05 Uhr). Anm.: Die entsprechenden Bezeichnungen *Reichsminister*, etc. wurden nach 1945 sukzessive aktualisiert; aus Dokumentationsgründen wurde hier die Erstfassung aufgeführt.

[11] Wichardt, Verleihungen und Entziehungen, S. 203ff.

[12] Chroust, Universität Gießen, S. 105f.

diesen Passus, dann verschiebt sie jedoch in unzulässiger Weise den Blickwinkel auf die Begebenheiten vor 1933.[13]

Dieser Hinweis auf die vorgegebene demokratische Legitimierung dieser Verordnung spiegelt die einseitige Betrachtung der Weimarer Republik wider: Die Vertreibung Theodor Lessings von der damaligen TH Hannover wäre in diesem Zusammenhang somit auch demokratisch legitimiert gewesen. Dazu muss eindeutig eine heutige, zeitgemäße Stellung bezogen werden: Grundlegende menschenrechtsverletzende Maßnahmen können niemals Teil eines Rechtsstaates werden, seien sie auch noch so weit wie möglich in Verordnungen und Gesetzen verpackt. Gegen diese elementaren Grundsätze haben die NS-Machthaber mit ihrer Vertreibungspolitik verstoßen und unzähligen Wissenschaftlern ihre Arbeitsgrundlage entzogen und damit der deutschen Gesellschaft großen Schaden zugefügt.

Während der nationalsozialistischen Gewaltherrschaft im Deutschen Reich bedurfte es vielfältiger Verfolgungsmaßnahmen, um anschließend den Entzug eines akademischen Titels vornehmen zu können. Der häufigste Grund war der Verlust der deutschen Staatsangehörigkeit, aber auch Verurteilungen nach neuen oder verschärften Gesetzen bildeten zusätzliche Möglichkeiten, Verfolgte weiter zu demütigen und zu entrechten. Waren deutsche Gerichte ab 1935 verpflichtet, Universitäten und Hochschulen darüber zu unterrichten, dass Akademiker verurteilt worden waren, so hatte bereits im Herbst 1933 der zuständige preußische Minister für Wissenschaft, Erziehung und Volksbildung Maßnahmen zum Entzug akademischer Titel bei rechtskräftigen Verurteilungen zu ergreifen.[14]

2.1. Gesetzesgrundlagen und deren Umsetzung

Das nationalsozialistische Regime achtete penibel darauf, seine Maßnahmen rechtsstaatlich abzusichern. Eine Reihe von Gesetzen und Verordnungen regelten schnell den Ausschluss vermeintlich Nichtdeutscher aus dem öffentlichen und gesellschaftlichen Leben. In diesem Sinne versteht sich auch das Gesetz über den Widerruf von Einbürgerungen und die Aberkennung der deutschen Staatsbürgerschaft, welches bereits am 14. Juli 1933 erlassen wurde.[15] Mit den dortigen Bestimmungen des Absatzes 2 war es nunmehr möglich, bei jedwedem Verzug in das Ausland die Staatsangehörigkeit zu entziehen. Grundsätzlich war es auch vor 1933 in der Weimarer Republik möglich, akademische Titel zu entziehen. Lag beispielsweise ein Feststellen von Betrügereien im Verfahren vor, so war ein Entzug auch schon vor 1933 möglich; nach den vorliegenden Unterlagen und Quellen ist hiervon jedoch äußerst selten Ge-

[13] Wichardt, Verleihungen und Entziehungen, S. 211.
[14] Thieler, Göttingen, S. 32.
[15] Reichsgesetzblatt Nr. 81, Teil I, S. 480, v. 15.07.1933.

brauch gemacht worden. Das lag vor allem daran, dass die universitäre Leistung als hohes Gut angesehen wurde, welches bei gesellschaftlichem Fehlverhalten nicht aberkannt werden sollte.

Mit den erweiterten Bestimmungen des Jahres 1933 wurde der betroffene Personenkreis jedoch erheblich ausgeweitet. Die einschlägig bekannte, sogenannte *Leipziger Liste*[16] umfasst ausschließlich Personen, denen ihr akademischer Titel infolge des Verlustes der deutschen Staatsangehörigkeit entzogen worden ist. Die Grundlage für diese Entziehungen war das oben aufgeführte Gesetz vom 14. Juli 1933. Aber nicht nur der *Verlust der Staatsangehörigkeit* führte zur Entziehung eines akademischen Grades, auch Verurteilungen zu Gefängnis- oder Zuchthausstrafen bzw. der *Verlust der bürgerlichen Ehrenrechte* konnten ein Verfahren zur Aberkennung des akademischen Titels nach sich ziehen.[17] In Österreich galten die bereits vor 1938 geltenden gesetzlichen Bestimmungen auch nach der Angliederung an das Deutsche Reich weiter; eine beabsichtigte Rechtsangleichung unterblieb nach Kriegsbeginn 1939.[18]

Ausgangspunkt der „*Bürokratischen Verfolgung*", wie Chroust seine Forschungsergebnisse im Bezug auf die Universität Gießen beschreibt[19], scheint ein Schreiben des Leiters des Kreises Bayern der Deutschen Studentenschaft, Karl Gengenbach, vom 18. September 1933 an den damaligen Bayerischen Staatsminister Hans Schemm zu sein, welches sich auch im UniA Hannover als Kopie erhalten hat: In diesem Schreiben fordert er den Staatsminister auf, „*gegen die im Ausland weilenden Landesverräter, unter denen eine nicht unerhebliche Zahl Promovierter bekannt*" wären, vorzugehen und den umgehenden Entzug ihrer akademischen Titel einzuleiten: „*eine Begründung des Antrages ist wohl überflüssig*", so der Studentenführer.[20] Mit Schreiben vom 3. Oktober 1933 setzte sich das angeschriebene Ministerium in München mit dem Sachverhalt intensiv auseinander, indem es anmerkte, dass nach den derzeit gültigen Promotionsordnungen die Möglichkeit eines Titelentzuges aufgrund des Verlustes der deutschen Staatsangehörigkeit noch nicht berücksichtigt sei, so dass diesbezüglich alle Universitäten und Hochschulen ihre Bestimmungen zu ergänzen hätten. In diesem grundsätzlich an bayerische Universitäten und Hochschulen gerichteten Schreiben wird zusätzlich die nicht in der *Leipziger Liste* enthaltene Hindenburg-Hochschule (Hochschule für Wirtschafts- und Sozialwissenschaften) in Nürnberg erwähnt, über deren etwaige Entziehungen akademi-

[16] Anm.: Auf die *Leipziger Liste* wird in Kapitel 3.3. näher eingegangen.
[17] Vgl. hierzu beispielsweise Verfahren gegen Dr. Alfred Barth, Niedersächsisches Landesarchiv, Staatsarchiv Wolfenbüttel, 43 A Neu 4 Jg. 1938 Nr. 1677. Siehe auch Wäldner, Wolfenbüttel, S. 11-14.
[18] Vgl. hierzu auch Fußnote 43.
[19] Chroust, Bürokratische Verfolgung.
[20] UniA Hannover, „ohne, Erteilung der Würde eines Doktor-Ingenieurs", alte Signatur *Abt. III Nr. 31 gen. 1901-1937*, Schreiben v. 18.09.1933.

scher Titel bislang nichts in der einschlägigen Literatur festzustellen war; diese Hochschule ging 1961 in der Universität Erlangen auf. In den einschlägigen Veröffentlichungen dieser Universität konnten bislang keine Hinweise auf die Hindenburg-Hochschule Nürnberg aufgefunden werden.[21]

Am 2. November 1933 leitete der offenbar zwischenzeitlich von seinem bayerischen Kollegen informierte Preußische Minister für Wissenschaft, Kunst und Volksbildung beide Schreiben an die in seinem Zuständigkeitsbereich liegenden Einrichtungen weiter. Dieses Schreiben ging an die Universität und die TH Breslau, die Universität und die Landwirtschaftliche Hochschule Bonn, die Universitäten Berlin, Köln und Frankfurt am Main, die THs Berlin-Charlottenburg, Hannover und Aachen, die Landwirtschaftliche Hochschule Berlin, die Tierärztlichen Hochschulen Berlin und Hannover, die Handelshochschulen Berlin und Königsberg/Preußen sowie an die Medizinische Akademie Düsseldorf. Einige dieser Einrichtungen sind nicht in der *Leipziger Liste* enthalten; inwiefern dort ggf. akademische Titel entzogen worden sind und ob zwischenzeitliche Rehabilitationen erfolgten, konnte bislang nicht festgestellt werden.[22]

Die TH Hannover ergänzte daraufhin ihre bisherige Promotionsordnung um einen eingeschobenen Paragrafen 8a, der diesen neuen Sachverhalt nunmehr regelte:

> „*Sofern der Inhaber der Doktorwürde wegen einer ehrenrührigen Handlung rechtskräftig verurteilt ist, kann ihm diese Würde von Rektor und Senat entzogen werden. Das Gleiche gilt, wenn der Promovierte nach dem Gesetz über den Widerruf von Einbürgerungen und die Aberkennung der deutschen Staatsangehörigkeit vom 14.7.1933 (R.G.Bl.I.S.480) der deutschen Staatsangehörigkeit für verlustig erklärt ist.*“[23]

Diesen Sachverhalt veröffentlichte die Hochschulleitung am 3. Januar 1934 im Hannoverschen Kurier und forderte darin u.a. dazu auf, dass die zuständigen Ortspolizeibehörden bei rechtskräftiger Verurteilung Meldung an die TH Hannover machen sollten, damit den Verurteilten ihre Promotion aberkannt werden könnte.[24] Zusätzlich hatte es am 17. Juli 1934 einen Erlass des Reichswissenschaftsministeriums gegeben, Aktenzeichen U I Nr. 1576[25], der u.a. den folgenden Wortlaut hatte und noch heute an der TH Aachen für gültig gehalten wird[26]:

> „(…) *2. Wenn der Inhaber nach dem Gesetz über den Widerruf von Einbürgerungen und die Aberkennung der deutschen Staatsangehörigkeit vom 14. Juli 1933 der deutschen Staatsangehörigkeit für verlustig erklärt worden ist* (…).“[27]

---

[21] UniA Hannover, wie zuvor, Schreiben v. 03.10.1933.
[22] UniA Hannover, „ohne, Erteilung der Würde eines Doktor-Ingenieurs“, alte Signatur *Abt. III Nr. 31 gen. 1901-1937*, Schreiben v. 02.11.1933.
[23] UniA Hannover, wie zuvor, Promotionsordnung ohne Datum abgeheftet.
[24] UniA Hannover, wie zuvor, Kopie eines Zeitungsartikels im Hann. Kurier v. 03.01.1934.
[25] Vgl. Fußnote 34.
[26] Rektor der RWTH Aachen, Verordnung Nr. 884, S.6506-6509.
[27] Lemberg, Marburg, S. 17f..

Seit dem 26. Juli 1934 war daraufhin die Promotionsordnung an der TH Hannover erneut verändert worden, der dortige nun neugefasste Paragraf 8 bestimmte nunmehr:

„*Die Ernennung kann wieder entzogen werden, wenn der Inhaber des Titels sich durch sein Verhalten des Tragens einer deutschen akademischen Würde unwürdig erweist. Über die Entziehung entscheidet ein aus dem Rektor und den Dekanen zusammengesetzter Ausschuß. Soweit es tunlich erscheint, ist dem Inhaber des Titels vor der Beschlußfassung des Ausschusses Gelegenheit zur Äußerung zu geben.*

Gegen die getroffene Entscheidung steht dem Betroffenen innerhalb eines Monats die Beschwerde an den Preußischen Minister für Wissenschaft, Kunst und Volksbildung zu.“[28]

Mit Schreiben vom 18. September 1934 legte der Rektor der TH Hannover dem zuständigen Minister eine geplante neue Promotionsordnung zur Genehmigung vor, die wiederum den dort enthaltenen Paragrafen 8a neu fasste:

„*Die Doktorenwürde kann wieder entzogen werden,*

a) Wenn sich herausstellt, daß der Inhaber des Titels die Doktorwürde unter Täuschung der Technischen Hochschule erworben hat. Als solche Täuschung kommen insbesondere in Betracht: Fälschung der Reifezeugnisse, Abgabe einer falschen eidesstattlichen Versicherung über die selbständige Anfertigung der Dissertation oder Verschweigung erheblicher Vorstrafen. [29]

b) Wenn der Inhaber des Titels sich durch sein Verhalten des Tragens einer deutschen akademischen Würde unwürdig erweist.

Über die Entziehung entscheidet ein aus dem Rektor und den Dekanen zusammengesetzter Ausschuß. Soweit es tunlich erscheint, ist dem Inhaber des Titels vor der Beschlußfassung des Ausschusses Gelegenheit zur Äußerung zu geben.

Gegen die getroffene Entscheidung steht dem Betroffenen innerhalb eines Monats die Beschwerde an den Preußischen Minister für Wissenschaft, Kunst und Volksbildung zu.

Die Bestimmungen sind entsprechend auf Ehrenpromotionen anwendbar.“[30]

Hier taucht somit zum ersten Male auch die Möglichkeit von Entziehungen akademischer Ehrentitel mit auf. Einige redaktionelle Änderungen wurden anschließend zwischen dem Ministerium und der Hochschulleitung ausgetauscht, bevor nach den Akten zu einem nicht genau bestimmten Zeitpunkt die Promotionsordnung erneut verändert wurde und der dortige Paragraf 9 nun abschließend regeln sollte:

„*Die Doktorenwürde kann wieder entzogen werden,*

a) wenn sich herausstellt, daß der Inhaber des Titels die Doktorwürde unter Täuschung der Technischen Hochschule erworben hat. Als solche Täuschung kommen insbesondere in Betracht: Fälschung der Reifezeugnisse, oder der Studienzeugnisse, Abgabe einer falschen eidesstattlichen Versicherung über die selbständige Anfertigung der Dissertation, oder Verschweigung erheblicher Vorstrafen. [31]

b) Wenn der Inhaber des Titels sich durch sein Verhalten des Tragens einer deutschen akademischen Würde unwürdig erweist.

Über die Entziehung entscheidet ein aus dem Rektor und den Dekanen zusammengesetzter Ausschuß. Soweit es tunlich erscheint, ist dem Inhaber des Titels vor der Beschlußfassung des Ausschusses Gelegenheit zur Äußerung zu geben.

[28] UniA Hannover, „ohne, Erteilung der Würde eines Doktor-Ingenieurs“, alte Signatur *Abt. III Nr. 31 gen. 1901-1937*, Promotionsordnung ohne Datum abgeheftet.
[29] UniA Hannover, wie zuvor, Promotionsordnung ohne Datum abgeheftet.
[30] UniA Hannover, wie zuvor, Promotionsordnung ohne Datum abgeheftet.
[31] UniA Hannover, wie zuvor, Promotionsordnung ohne Datum abgeheftet.

Gegen die getroffene Entscheidung steht dem Betroffenen innerhalb eines Monats die Beschwerde an den Preußischen Minister für Wissenschaft, Kunst und Volksbildung zu."[32]

Warum die Ehrenpromotionen in diesen Bestimmungen nun nicht mehr erwähnt werden, konnte bislang nicht abschließend geklärt werden. Vermutlich ist davon auszugehen, dass mit der anschließend erfolgten Neufassung der *Satzung für die Ernennung zum Ehrenbürger der Technischen Hochschule Hannover* dort der Entzug in Paragraf 5 abschließend als geregelt angesehen wurde:

„*Die Ernennung als Ehrenbürger kann wieder entzogen, wenn der Inhaber des Titels sich durch sein Verhalten des Tragens einer deutschen akademischen Würde unwürdig erweist. Über die Entziehung entscheidet ein aus dem Rektor und den Dekanen zusammengesetzter Ausschuss. Soweit es tunlich erscheint, ist dem Inhaber des Titels vor der Beschlussfassung des Ausschusses Gelegenheit zur Äußerung zu geben.*

Gegen die getroffene Entscheidung steht dem Betroffenen innerhalb eines Monats die Beschwerde an den Preußischen Minister für Wissenschaft, Kunst und Volksbildung zu."[33]

Mit Schreiben vom 13. April 1935 forderte der Reichs- und Preußische Minister für Wissenschaft, Erziehung und Volksbildung Rust den Rektor der TH Hannover auf, dass ihm künftig jede einzelne Entziehung *einer akademischen Würde, auch der Doktorwürde*, anzuzeigen wäre, auch die *Bezeichnung der Gründe* seien aufzuführen. Auf diesem Schreiben ist zusätzlich mit Bleistift vermerkt worden: „*Abschrift des Erlasses in den Akten III/23 gen.*". Dieser Vorgang hat sich im Laufe der Forschungen im UniA Hannover entgegen zunächst negativen Informationen doch noch auffinden lassen:

„*Durch den Runderlaß vom 17. Juli 1934 – U I 1576 – habe ich die Hochschulen ermächtigt, die Doktorwürde aus den dort aufgeführten Gründen zu entziehen.*

Diese Bestimmung dehne ich hiermit auf die übrigen akademischen Grade (Diplom-Ingenieur, Diplom-Volkswirt usw.) aus mit der der Maßgabe, daß der zuständige Prüfungsausschuß Entscheidung trifft.

Über die Entziehung des „Dr. habil." entscheidet der Rektor nach Anhören des Senates.

Gegen die Entscheidung über die Entziehung eines akademischen Grades ist innerhalb eines Monats nach Zustellung des Bescheides die Beschwerde an den Reichs- und Preußischen Minister für Wissenschaft, Erziehung und Volksbildung zulässig.

Jede Entziehung eines akademischen Grades, auch der Doktorwürde, ist mir unter Bezeichnung der Gründe anzuzeigen; Name, Vorname, Geburtsdatum und Geburtsort des Betroffenen sowie Zeitpunkt der Erwerbung des Grades sind dabei zu vermerken.

Die Prüfungsordnungen werden hierdurch entsprechend geändert.

Die Entziehungsvorschrift ist auch auf diejenigen akademischen Grade anwendbar, die vor Erscheinen dieses Erlasses erworben worden sind.

gez. R u s t"[34]

Hinsichtlich des beschriebenen, anzuzeigenden Bestandes des vormaligen Reichswissenschaftsministeriums im Bundesarchiv in Berlin-Lichterfelde konnten nach persönlicher Einsichtnahme vor Ort keine diesbezüglichen Unterlagen der TH Hannover aufgefunden werden.

---

[32] UniA Hannover, wie zuvor, Promotionsordnung ohne Datum abgeheftet.
[33] UniA Hannover, wie zuvor, Satzung ohne Datum abgeheftet.
[34] UniA Hannover, wie zuvor, Schreiben v. 13.04.1935, dortiges Akz. W I a 603/35, M $\frac{1}{}$.

Mittels Genehmigungsschreiben des zuständigen Reichs- und Preußischen Ministers vom 11. Februar 1937[35] wurde die Promotionsordnung der TH Hannover erneut verändert, der dortige Paragraf 8 regelte nunmehr:

> „*Die Doktorenwürde kann wieder entzogen werden,*
>
> *c) wenn sich herausstellt, daß der Inhaber des Titels die Doktorwürde unter Täuschung erworben hat. Als solche Täuschung kommen insbesondere in Betracht: Fälschung der Reifezeugnisse oder der Studienzeugnisse, Abgabe einer falschen eidesstattlichen Versicherung über die selbständige Anfertigung der Dissertation oder Verschweigung erheblicher Vorstrafen.*
>
> *d) wenn der Inhaber des Titels sich durch sein Verhalten des Tragens einer deutschen akademischen Würde unwürdig erweist.*
>
> *Über die Entziehung entscheidet ein aus dem Rektor und den Dekanen zusammengesetzter Ausschuß. Soweit es tunlich erscheint, ist dem Inhaber des Titels vor der Beschlußfassung des Ausschusses Gelegenheit zur Äußerung zu geben.*
>
> *Gegen die getroffene Entscheidung steht dem Betroffenen innerhalb eines Monats die Beschwerde an den Preußischen Minister für Wissenschaft, Kunst und Volksbildung zu.*
>
> *Die Ausfertigung des Beschlusses über die Entziehung der Doktorwürde ist dem Betroffenen mit Postzustellungsurkunde zuzusenden.*
>
> *Die Bestimmungen sind entsprechend auf Ehrenpromotionen anwendbar.*“[36]

Ob weitere Änderungen der Promotionsordnung vorgenommen wurden, lässt sich mangels überlieferter Unterlagen im UniA Hannover ebenso wenig feststellen, wie auch der Umstand, ob und ggf. wann ein entsprechender Aberkennungsausschuss gebildet wurde und wie häufig er anschließend tagte.

2.2. Weitere gesetzliche Entwicklung bis 1945

Am 9. Juni 1939 wurde im Reichsgesetzblatt das „*Gesetz über die Führung akademischer Grade. Vom 7. Juni 1939.*“ veröffentlicht, welches mit dem dort enthaltenen Paragrafen 4 die grundsätzliche Aberkennung akademischer Titel neu regelte:

> „*(1) Der von einer deutschen staatlichen Hochschule verliehene akademische Grad kann wieder entzogen werden,*
>
> *a) wenn sich nachträglich herausstellt, daß er durch Täuschung erworben worden ist, oder wenn wesentliche Voraussetzungen für die Verleihung irrigerweise als gegeben angenommen worden sind,*
>
> *b) wenn sich nachträglich herausstellt, daß der Inhaber der Verleihung eines akademischen Grades unwürdig war,*
>
> *c) wenn sich der Inhaber durch sein späteres Verhalten der Führung eines akademischen Grades unwürdig erwiesen hat.*
>
> *Über die Entziehung entscheidet diejenige Hochschule, die den Grad verliehen hat.*
>
> *(2) Gegen die Entscheidung der Hochschule (Abs. 1) steht dem Betroffenen innerhalb eines Monats nach Zustellung die Beschwerde an den Reichsminister für Wissenschaft, Erziehung und Volksbildung zu. Die Beschwerde hat keine aufschiebende Wirkung.*
>
> *(3) Unter den im Abs. 1 bezeichneten Voraussetzungen kann der Reichsminister für Wissenschaft, Erziehung und Volksbildung eine von ihm erteilte Genehmigung zur Führung eines ausländischen akademi-*

[35] UniA Hannover, wie zuvor, Schreiben v. 11.02.1937.

[36] UniA Hannover, wie zuvor, Promotionsordnung ohne Datum abgeheftet.

schen Grades widerrufen und bei allgemein erteilter Genehmigung (...) den Widerruf auch für den Einzelfall aussprechen.

(4) Der Reichsminister für Wissenschaft, Erziehung und Volksbildung kann eine von einer staatlichen Hochschule verfügte rechtskräftige Entscheidung über die Entziehung (Abs. 1) wieder aufheben und einen von ihm ausgesprochenen Widerruf der Genehmigung zur Führung eines ausländischen akademischen Grades zurücknehmen, wenn besondere Billigkeitsgründe hierfür vorliegen."[37]

Damit hatte sich das zuvor an den THs praktizierte Procedere der Einräumung einer einmonatigen Widerspruchsfrist ohne aufschiebende Wirkung auf alle derartigen Entziehungen deutscher Hochschulen und Universitäten ausgedehnt. Ein Hinweis hierauf wurde im *Deutschen Reichsanzeiger und Preußischen Staatsanzeiger* jedoch nicht veröffentlicht. Hierzu wurde eine Durchführungsverordnung erlassen:

„(1) *Über die Erziehung eines von einer inländischen staatlichen Hochschule verliehenen akademischen Grades entscheidet ein Ausschuß, der aus dem Rektor der Hochschule und den Dekanen besteht. An Hochschulen, denen eine Untergliederung in Fakultäten (Abteilungen) fehlt, treten an die Stelle der Dekane zwei jeweils für die Dauer von fünf Jahren durch den Reichsminister für Wissenschaft, Erziehung und Volksbildung bestellte ordentliche Mitglieder des Lehrkörpers.*

(2) Die Entscheidung des Ausschusses wird mit der Zustellung wirksam. Die Zustellung ist nach den Vorschriften der Zivilprozeßordnung über Zustellungen von Amts wegen vorzunehmen. In der Ostmark gelten bis zur Inkraftsetzung der Reichs-Zivilprozeßordnung die Vorschriften der österreichischen Zivilprozeßordnung über die Zustellungen von Amts wegen; das gleiche gilt für den Reichsgau Sudetenland."[38]

Am 29. März 1943 wurden noch einmal mittels einer *Zweiten Durchführungsverordnung zum Gesetz über die Führung akademischer Grade* die einschlägigen Bestimmungen konkretisiert:

„*Auf Grund von § 8 des Gesetzes über die Führung akademischer Grade vom 7. Juni 1939 (Reichsgesetzbl. I S. 985) wird verordnet:*

1. *Mit der Aberkennung der deutschen Staatsangehörigkeit gemäß § 2 des Gesetzes vom 14. Juli 1933 (Reichsgesetzbl. I S. 480) tritt zugleich der Verlust der von einer deutschen staatlichen Hochschule verliehenen akademischen Grade ein.*

2. *Dasselbe gilt bei der Aberkennung der Protektoratsangehörigkeit gemäß § 1 der Verordnung vom 3. Oktober 1939 (Reichsgesetzbl. I S. 1997).*

3. *Bei Personen, denen vor Inkrafttreten dieser vor Ort nun die deutsche Staatsangehörigkeit oder die Protektoratsangehörigkeit aberkannt worden ist, tritt der Verlust der akademischen Grade mit dem Inkrafttreten dieser Verordnung ein, soweit nicht dieser Verlust bereits aufgrund einer Entscheidung der zuständigen Hochschule eingetreten ist.*"[39]

Durch diese Verordnung entfiel die bis dato geltende Veröffentlichungspflicht im *Reichsanzeiger*, die jedoch zuvor schon nicht immer eingehalten worden war.[40] Weitere diesbezügliche gesetzliche Bestimmungen hat es bis Kriegsende offenbar nicht gegeben, nach der *Leipziger Liste* waren die Hochzeiten der Entziehungen akademischer Grade im Deutschen Reich ohnehin zu diesem Zeitpunkt bereits vorbei. Lediglich 15 Entziehungen wurden anschließend

[37] Reichsgesetzblatt Nr. 102 v. 09.06.1939, auch abgedruckt bei Thieler, Göttingen, S. 37.
[38] Thieler, Göttingen, S. 39.
[39] Thieler, Göttingen, S. 39.
[40] Chroust, Bürokratische Verfolgung, S. 34.

noch im *Reichsanzeiger* veröffentlicht. Hierbei handelte es sich um 13 Entscheidungen über Entziehungen durch die Universität Wien am 13. April 1943, eine derartige durch die Universität Göttingen am 2. Juni 1944 und als letzte, die am 28. Juni 1944 veröffentlichte Entscheidung durch die Universität Frankfurt am Main. Ob es anschließend noch Entziehungen durch eine Hochschule oder Universität im Deutschen Reich gegeben hat, lässt sich derzeit anhand der bekannten Veröffentlichungen nicht feststellen; zumindest was den *Reichsanzeiger* angeht, lässt sich für den Zeitraum bis zum Kriegsende keine Entscheidung feststellen.

2.3. Weitere grundsätzliche Entziehungsmöglichkeiten in der NS-Zeit

Die Möglichkeiten für den Entzug akademischer Titel waren in der Zeit des Deutschen Reiches zwischen 1933 und 1945 vielfältig und werden in der einschlägigen Literatur ausführlich geschildert. Da bislang an der TH Hannover über den einen bekannten Fall hinaus keine weiteren Entziehungen für den akademischen Grad eines Dr.-Ingenieurs bekannt sind, wird auf die Aufzählung entsprechender Entziehungsmöglichkeiten verzichtet. Möglichkeiten hierzu waren u.a. bei Verlust der bürgerlichen Ehrenrechte (§ 33 Reichsstrafgesetzbuch [RStGB]), Hochverrat, *Rassenschande*, Homosexualität, Abtreibungen, Devisenvergehen und *Entziehungen aufgrund von Ausbürgerungen* gegeben.[41] Dieser Tatbestand wird auch in der bereits zitierten *Leipziger Liste* hauptsächlich aufgeführt.

3. Exkurs: Situation an den THs und Einordnung des *Reichsanzeigers*

3.1. Spezifika der Entwicklungen jenseits alter Universitäten

Um die Einordnungen der Titelaberkennungen der Nationalsozialisten an den THs im Deutschen Reich zu verstehen, muss zunächst jedoch darauf hingewiesen werden, dass alle THs bereits im Wilhelminischen Kaiserreich der Hohenzollern lange Zeit darum kämpfen mussten, mit den etablierten, zum Teil erheblich älteren Universitäten hinsichtlich einer akademischen Fachausbildung gleichgestellt zu werden. Wollten Absolventen dieser Institute promovieren, so mussten sie sich an den Universitäten einschreiben und darauf hoffen, dass ihre Vorbildung für ausreichend angesehen wurde.

Erst am 11. Oktober 1899 war es soweit: In seiner Eigenschaft als Preußischer König verlieh Kaiser Wilhelm II. aus Anlass des hundertjährigen Bestehens der Königlich Technischen Hochschule in Berlin-Charlottenburg allen preußischen Hochschulen das Recht, künftig akademische Grade zu verleihen.[42] Im Rahmen der damaligen Bestimmungen war es damit erstmals möglich, an allen Preußischen THs akademische Grade Diplom-Ingenieur (Dipl.-Ing.)

---

[41] Vgl. beispielsweise Thieler, Göttingen, S. 40ff. sowie S. 57.
[42] UniA Hannover, „ohne, Az.: Abth. III No. 37 gen.“, Schreiben des Rektors der TH Breslau v. 19.07.1932.

und auch Doktor-Ingenieur (Dr.-Ing.) zu erwerben.[43] Nur hieraus erklärt es sich, dass erst seit 1899 Promotionen grundsätzlich überhaupt möglich waren. An anderen nichtpreußischen Hochschulen gelang dieses zum Teil erst in der Weimarer Republik; genauere Untersuchungen hierzu wurden im Rahmen der Beschäftigung mit diesem Thema nicht angestellt. Insoweit ist es nicht verwunderlich, dass in der *Leipziger Liste* nur wenige akademische Titel aufgefunden werden konnten, die von einer TH verliehen wurden.

3.2. Notwendige Bemerkungen zur Situation in Bayern und Österreich

In Bayern und Österreich wurde anstelle des Dr.-Ing.-Titels der Titel eines Doktors der Technischen Wissenschaften (Dr. tech.) verliehen. Im Bezug auf Österreich ergibt sich zudem eine weitere Besonderheit: Vor der Angliederung an das Deutsche Reich im Jahre 1938 war der Titel *Ingenieur* keine akademische, sondern eine *Standesbezeichnung*. Der deutsche Diplomingenieurtitel wurde in der anschließend so bezeichneten *Ostmark* nur sehr zögerlich eingeführt. Erst ab etwa 1943 war es überhaupt möglich, diesen üblichen deutschen Hochschulabschluss zu erwerben. Ab 1945 wurde der alte Ingenieurstitel als *Standesbezeichnung* unverzüglich wieder eingeführt.[44]

3.3. Der *Reichsanzeiger* als Vergleich zu anderen Fundstellen für Entziehungen

Entzogene akademische Titel und Würden wurden grundsätzlich im *Deutschen Reichsanzeiger und Preußischen Staatsanzeiger* in der Zeit zwischen dem 23. März 1937 und dem 21. Juni 1944 veröffentlicht. Mit der Veröffentlichung im Reichsanzeiger erlangten diese Verwaltungsakte Rechtskraft.[45] Hinsichtlich der gesetzlichen Voraussetzungen hierfür wird auf die nachfolgenden Kapitel verwiesen. Bislang konnte nicht festgestellt werden, warum nicht alle entzogenen Titel deutscher Hochschulen in der NS-Zeit dort veröffentlicht worden sind. Im Universitätsarchiv Leipzig ist seitens des dortigen Leiters, Herrn Dr. Blecher, eine Übersicht angefertigt worden, die zunächst als sogenannte *Leipziger Liste* den Ausgang der dieser Arbeit zugrunde liegenden allgemeinen Untersuchungen bildete.[46] Da jedoch viele der anderen sich bereits mit diesem Themenkomplex beschäftigenden Arbeiten anderer deutscher Universitäten sich mit dieser Liste als Grundlage beschäftigt haben, war es notwendig, diese Liste komplett nachzuarbeiten und zu vervollständigen.

---

[43] Seidel: Universität Hannover 1831 – 2006, S. 25.
[44] Anm.: Angaben Frau Dr. Mikoletzky, Archivarin der Technischen Universität Wien.
[45] Anm.: Ich bedanke mich beim Studiengangskoordinator der Juristischen Fakultät an der LUH, Herrn Ass. iur. Martin Böhnke, für die diesbezügliche Auskunft.
[46] Vgl. http://www.archiv.uni-leipzig.de/reichsanzeiger/pdf/ra.pdf (16.08.2010, 19.30 Uhr).

Diese *Leipziger Liste* wurde offenbar auch weitestgehend von anderen zu diesem Themenkomplex arbeitenden Historikerinnen und Historikern verwendet. Hinsichtlich der Rechtskraft wurde in dieser Liste jedoch eine Reihe von Fehlentscheidungen vorgenommen. Die Vollwirksamkeit der Entziehungen wurde jeweils auf das Datum der Entscheidung der jeweiligen Fakultät bzw. Universität oder Hochschule gelegt und nicht auf das Datum der Veröffentlichung im *Reichsanzeiger*. Somit ist diese Liste mindestens hinsichtlich der Rechtswirkung der getroffenen Entziehungen nicht aussagekräftig. Der Ansatzpunkt, dass beispielsweise nur die Titel ausgebürgerter Akademiker aufgeführten wurden, konnte nach selbstständiger Überprüfung aller Eintragungen im *Deutschen Reichsanzeiger* nicht aufrechterhalten bleiben, da sich herausstellte, dass nicht alle diesbezüglichen Entscheidungsgründe in dieser Liste enthalten waren.

In dieser Übersicht sind insgesamt 1662 entzogene akademische Titel dokumentiert. Die *Leipziger Liste* ist zudem paßwortgeschützt. Die darin enthaltenen, für diese Arbeit notwendigen Daten mussten zunächst aufwändig auswertungsfähig transkribiert werden. Zudem waren, wie oben bereits angemerkt, nicht alle im *Reichsanzeiger* aufgeführten Titelentziehungen aufgeführt worden.[47] Bezogen jedoch auf diese *Leipziger Liste* als Ausgangspunkt wurden zu 95 Prozent Männern akademische Titel entzogen, zu fünf Prozent Frauen.

97 Prozent der Entziehungen nahmen Universitäten vor, zwei Prozent die THs und knapp ein Prozent die Tierärztlichen Hochschulen sowie die Wirtschaftshochschule Berlin. Die zuletzt genannte Hochschule gehört inzwischen zur Humboldt-Universität Berlin; es konnte bislang nicht nachgewiesen werden, dass sich dort ebenfalls mit der Vorgängereinrichtung hinsichtlich etwaiger dort entzogener akademischer Grade auseinandergesetzt wurde.

Die in der Österreichischen Nationalbibliothek[48] und der Bibliothek der Universität Wien[49] vollzogene Einsicht in die sich dort erhaltenen Exemplare des *Deutschen Reichsanzeigers und Preußischen Staatsanzeigers* hat sich als immanent wichtige Quelle herausgestellt. In den Bibliotheken Hannovers bzw. den umliegenden derartigen Einrichtungen gibt es keine voll-

[47] Vgl. auch Hepp, Ausbürgerung deutscher Staatsangehöriger 1933-45.
[48] Österreichische Nationalbibliothek (ÖNB), Signatur 661585-E Per. (Monate 08/1939 bis 11/1939, 01/1940 bis 12/1940, 11/1941 bis 12/1941, 04/1942 bis 09/1942, 04/1943 bis 06/1943, 07/1944 bis 02/1945).
[49] Bibliothek der Universität Wien, Signatur IV-185236 (Monate 01/1936 bis 12/1936 sowie 03/1945).

ständige Überlieferung.[50] Zudem war es notwendig, Literatur mit Überblickswissen zu sichten.[51] In der hannöverschen veterinärmedizinisch-historischen Doktorarbeit Georg Möllers aus dem Jahr 2002 werden erheblich mehr jüdische Tierärzte aufgeführt, als im *Reichsanzeiger* verzeichnet sind. Dort sind insgesamt 63 promovierte Tierärzte aufgeführt, denen der Titel entzogen worden sein könnte (zzgl. weiteren 32 Tierärzten mit Approbation, für die grundsätzlich der gleiche Sachverhalt zutreffen könnte); nicht immer konnte der Nachweis dazu geführt werden, ob dieses Prozedere auch durchgeführt worden ist.[52] Insoweit erhöht sich die Zahl der entzogenen akademischen Titel mindestens um 100 weitere Personen.

Im Rahmen der Recherchen zur Vorgehensweise anderer Universitäten und Hochschulen ist daher diese Anzahl auf mindestens 2799 zu erhöhen.[53] Demnach ergibt sich anhand der *Leipziger Liste* nebst anderen Veröffentlichungen derzeit folgende Übersicht bei den Entziehungen: 125 Institute in 68 Orten im Deutschen Reich, inkludiert auch die Orte, die zwischen 1938 und 1945 zu Deutschland gehörten, sind für den Themenkomplex grundsätzlich von Relevanz. Die Auswertungsergebnisse sind in der Anlage I verzeichnet. Erstmals überhaupt wurden im Rahmen dieses Forschungsvorhabens ansatzweise auch die anderen Hochschulen und Akademien untersucht und mit ausgewertet; die Ergebnisse werden in der Anlage II dargestellt und bieten Ansätze für weitere Forschungsvorhaben über den Bereich NS-Staat. Bei einer Reihe Fachschulen konnte im Rahmen der Recherche festgestellt werden, dass diese vor 1945 kein Promotionsrecht besaßen; der Vollständigkeit halber und zur Dokumentation sind diese Institute in der Anlage II aufgeführt.

---

[50] Gottfried Wilhelm Leibniz Bibliothek Hannover, Signatur ZTG 14 (Monate 01/1933 bis 12/1935, 01/1937 bis 07/1939, 01/1941 bis 10/1941, 01/1942 bis 03/1942, 10/1942 bis 03/1943 sowie 07/1943 bis 06/1944). Anm.: Während der freundlichen Zurverfügungstellung der Bände in den Räumen der TIB/UB in Laatzen-Rethen stellte sich heraus, dass Teile des hannöverschen Bestandes fehlten, obwohl sie so in den Verzeichnissen als vorhanden gekennzeichnet sind. Daher kann für die Nummern 233 bis 235 sowie die Nummer 251 aus dem Jahrgang 1933, die Nummern 125, 146 und 285 (der Hauptteil fehlt) aus dem Jahrgang 1934, die Nummern 81, 175 und 286 aus dem Jahrgang 1937 sowie der Nummer 134 (gesamter Anhang fehlt) aus dem Jahrgang 1939 keine abschließende Aussage eventuell dort enthaltener Entziehungen getroffen werden.

[51] Vgl. hierzu beispielsweise Gröppinger, Juristen jüdischer Abstammung; Grüttner, Studenten; Harrecker, Akzent; Heiber, Universität unterm Hakenkreuz; Krohn, Handbuch der deutschsprachigen Emigration.

[52] Möllers, Jüdische Tierärzte. Vgl. außerdem: Schimanski, Die TiHo Hannover im Nationalsozialismus.

[53] Vgl. hinsichtlich der Gesamtanzahl Happ, Münster in den Jahren 1920 bis 1960, S. 1. Anm.: Zwischen dem 12. und 14. Dezember wurden v. Verfasser Einsicht in div. Rundschreiben des Reichswissenschaftsministeriums, welche im Staatsarchiv Schleswig-Holsteins in Schleswig überliefert sind, ermöglicht. Die sich hieraus ergebenden neuen Erkenntnisse wurden in der Anlage I verarbeitet, nicht jedoch in diesem Hauptteil. Der Grund hierfür liegt darin begründet, dass weitere, intensive Kontakte zu div. Hochschulen und Universitäten nötig sind, die zurzeit noch laufen.

Hochschulstandorte (gesamte Anzahl 2622 Aberkennungen akademischer Grade)

bis zu 10 Entziehungen		**bis zu 99 Entziehungen**		**bis zu 199 Entziehungen**	
Clausthal	1	Münster	13	Frankfurt/M.	114
Prag	1	Hannover	17	Freiburg i.Br.	135
Dresden	3	Kiel	25	Erlangen	163
Stuttgart	3	Jena	28	Heidelberg	172
Darmstadt	4	Königsberg	33	Leipzig	174
Aachen	5	Rostock	46	München	187
Innsbruck	6	Tübingen	46	Berlin	199
Karlsruhe	6	Gießen	52		
Straßburg	7	Bonn	58	**mehr als 200 Entziehungen**	
Braunschweig	8	Hamburg	59	Würzburg	239
		Marburg	60	Breslau	240
		Köln	70	Wien	292
		Greifswald	77		
		Göttingen	79		

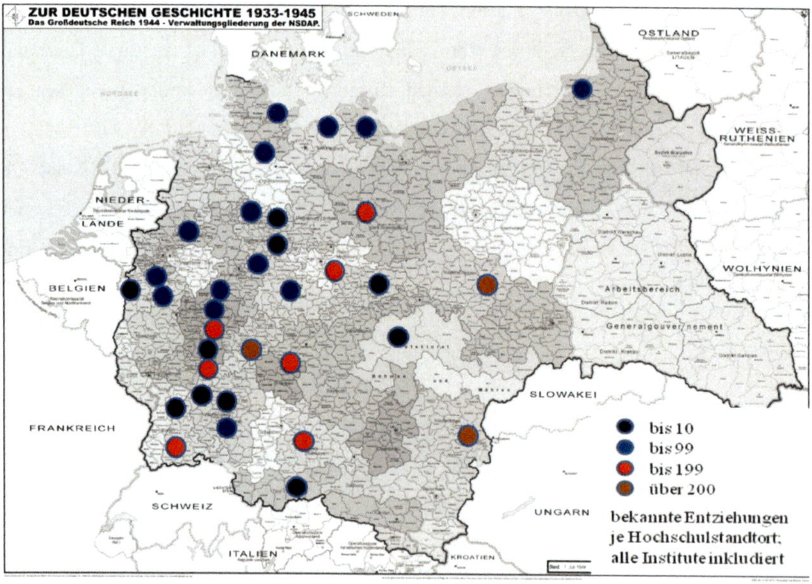

3.4. Die Situation an den THs im Deutschen Reich

An den anderen THs Berlin, Darmstadt und Wien wurden offenbar nur eine Hand voll akademischer Titel in der NS-Zeit entzogen. In ganz wenigen dieser Fälle von Titelaberkennungen seitens der THs erfolgte eine öffentliche Bekanntgabe im *Deutschen Reichsanzeiger und Preußischen Staatsanzeiger*. Bei diesen Mitteilungen handelte es sich überwiegend um einen Diplomingenieurtitel, in einigen wenigen Fällen auch um einen akademischen Ehrentitel. Als Besonderheit gegenüber anderen Universitäten im Deutschen Reich räumten diese Hochschulen den Betroffenen ein Widerspruchsrecht ein. Auf diesen Sachverhalt wurde bereits weiter oben eingegangen.

4. Übersicht über akademische Grade an der TH Hannover

Nachfolgend wird zunächst dargestellt, welche Titel es an der TH Hannover vor 1933 gegeben hat. Die unvollständige Aktenüberlieferung aus Hannover hat es notwendig gemacht, dass auch hier auf Veröffentlichungen anderer Technischer Hochschulen und Universitäten in der Bundesrepublik Deutschland beziehungsweise ehemaliger Institutionen der Zeit des Deutschen Reiches zurückgegriffen werden muss. Der erst im Laufe des Nationalsozialismus eingeführte Dr. habil. wird hierbei bewusst außer Acht gelassen, da sich hierzu weder im UniA Hannover noch im Bundesarchiv in Berlin-Lichterfelde Ansatzpunkte haben auffinden lassen. Hinsichtlich der einzigen beiden in der Zentralen Promotionsliste der TH Hannover enthalten Habilitationen zum Dr. habil., siehe die Nummern 1108 und 1109 in der diesbezüglichen Anlage I zu dieser Masterarbeit. Als einziges Beispiel für den Umgang mit angeblich nicht in die Zeit passenden Professoren kann die Personalangelegenheit von Otto Geißler angeführt werden, der 1934 zur Emeritierung gedrängt wurde und vergeblich versuchte, sich dagegen zu wehren.[54] Weitergehende Informationen zu den Hintergründen waren diesen Aktenbeständen jedoch nicht zu entnehmen.

4.1. Der klassische Titel einer TH vor 1945: Der Diplomingenieur (Dipl.-Ing.)

Wie bereits geschildert, gab es auch an der TH Hannover in der Zeit zwischen 1835 und 1899 nur die Möglichkeit, sich nach Absolvierung eines dortigen Studiums *Ingenieur* zu nennen. Der Diplomingenieur taucht als akademischer Titel erstmals 1903 in den überlieferten Unterlagen auf. Die Gesamtzahl aller Absolventen der in Frage kommenden Jahrgänge bis 1902 lässt sich heute nicht mehr nachvollziehen. Zwischen 1903 und 1934 haben insgesamt 8899 Personen mit der Prüfungsvorbereitung begonnen. In den vorhandenen Listen gibt es hinter den Namen zwei Spalten: Die erste Spalte enthält alle Prüfungsanmeldungen, die zweite alle Prüfungsabschlüsse.

Aufgrund der Vielzahl der in den Listen enthaltenen Namen konnte eine Sichtung nach den reinen Abschlüssen im Bezug auf Hannover nicht vorgenommen werden; dieses war insoweit auch nicht Gegenstand dieser Arbeit. Inwieweit beispielsweise Personen mit jüdischen Wurzeln unter ihnen waren, lässt sich nicht mehr feststellen, eine Überprüfung der Namensver-

[54] Münkel, TH Hannover, S. 27; siehe auch UniA Hannover, Hann. 146A, Acc. 88/81 Nr. 137.

zeichnisse nur anhand vermeintlich jüdisch anzunehmender Namen wurde nicht vorgenommen. Eine komplette Überprüfung hätte den Rahmen dieser Masterarbeit deutlich gesprengt.

4.2. Weitere Laufbahn: Die Promotion zum Doktoringenieur (Dr.-Ing.)

Gegenüber den Diplomingenieuren nimmt sich die Zahl der abgeschlossenen Promotionen eher gering aus: Zwischen 1899 und 1932 haben nach den vorliegenden Veröffentlichungen in den Vorlesungsverzeichnissen 656 Personen erfolgreich eine Promotionsprüfung abgeschlossen, darunter vier Frauen (eine Mathematikerin [Studienjahr 1928/1929 Irmgard Lotz[55]] und drei Chemikerinnen). Vor dem Abfassen dieser Masterarbeit war an der LUH keine erhaltene zentrale Promotionsliste bekannt, sie galt seit 1941 als vermisst bzw. verbrannt. Diese originale Liste konnte im Rahmen der Beschäftigung mit Alt-Unterlagen der hannöverschen Fakultäten im Dekanat für Maschinenbau aufgefunden werden.[56] Diese wird nachfolgend erstmalig zentral ausgewertet.

Band I der zentralen Promotionsliste der TH Hannover enthält 90 Namen, Band II fängt mit der Nummerierung 127 an. Ob hier Seiten aus einem dieser beiden Bände verloren gegangen sind, aus welchem Grund auch immer, oder ein Zwischenband verloren ging, lässt sich heute nicht mehr nachvollziehen. Anhand der zuvor erhobenen Daten aus den Vorlesungsverzeichnissen fehlten bei der Gegenprobe 37 Personen, so dass zumindest diese Namen bekannt sind, auch wenn durch die Unterlagen keine Aussagen zum Datum der genauen Prüfung, des genauen Prüfungsthemas, der erreichten Abschlussnote und des Datums der Aushändigung der Doktoren-Urkunde mehr zu treffen sind.

In den vorhandenen Vorlesungsverzeichnissen des UniA Hannover sind 748 Personen bis zum 30. Januar 1933 verzeichnet. 729 Personen von diesen hätten in den Verzeichnissen auftauchen können – eine Doppelnennung konnte geklärt werden; weitere 19 Personen sind definitiv nie veröffentlicht worden, da u.a. ab dem Studienjahr 1933/34 keine diesbezügliche Auflistung mehr in Vorlesungsverzeichnissen der TH Hannover erfolgte. Bei einer dieser 19 Personen erfolgte zudem keine Zuordnung zu einer Fakultät.

Allerdings lassen sich elf Akademiker, die in den Vorlesungsverzeichnissen verzeichnet sind, in den Promotionslisten nicht nachweisen. Ob diese Personen wirklich promoviert haben, lässt sich heute nicht mehr nachvollziehen; hierbei handelt es sich um je drei Architekten, Bau- und Maschineningenieure sowie zwei Chemiker. Bei den umgekehrt nicht in den

[55] Spreiter, u.a., Flügge-Lotz, (vgl. http://histsoc.stanford.edu/pdfmem/Flugge-LotzI.pdf, 23.10.2010, 01.00 Uhr) sowie Cooper und Banderas, Flugge-Lotz (vgl. http://www.agnesscott.edu/lriddle/WOMEN/lotz.htm, 23.10.2010, 01.00 Uhr).

[56] Zentrale Promotionsliste der TH Hannover, ohne Signatur im Archiv der Fakultät für Maschinenbau der LUH.

veröffentlichten Vorlesungsverzeichnissen der TH Hannover verzeichneten 74 Personen handelt es sich um 28 Chemiker, 19 Bauingenieure, 17 Maschineningenieure, fünf Elektrotechniker, vier Architekten und einen Bergingenieur.

Der Grund für die Nichtnennung könnten nicht bezahlte Prüfungsgebühren sein; dieser Sachverhalt lässt sich allerdings aus den überlieferten Dokumenten nicht nachweisen. Eine weitere Abweichung der Veröffentlichungen gegenüber der zentralen Promotionsliste ist die Zuordnung zur Fakultät der Allgemeinen Wissenschaften; insgesamt vier Personen werden hier anderen Fakultäten zugeordnet. Dieses betrifft zwei Chemiker und je ein Berg- und Maschineningenieur. Auf der Grundlage aller Promotionen aus der zentralen Promotionsliste und den 37 anderweitig ermittelten Personen ergibt sich die nachfolgende prozentuale Verteilung:

a.) 269 Chemiker (36,1 %)
b.) 162 Maschinen-Ingenieure (21,7 %)
c.) 146 Bau-, incl. 5 Bergingenieure (19,6 %)
d.) 86 Architekten (11,5 %)
e.) 68 Elektrotechniker (9,1 %)
f.) 14 Sonstige (1,9 %)

Hinter den sonstigen Promotionen verstecken sich sechs Physikabschlüsse, vier aus dem Bereich der Allgemeinen Wissenschaften, zwei Mathematikabschlüsse und ein Elektro- und Maschinen-Ingenieur; eine Zuordnung lässt sich nicht mehr feststellen (im Promotionsverzeichnis nicht ausgefülltes Feld).

Wie bereits weiter oben beschrieben, wäre ab 1899 grundsätzlich eine Promotion möglich gewesen, jedoch gab es erst ab 1901 an der TH Hannover diesbezügliche Abschlüsse.[57] Sechs weitere Abschlüsse konnten im Rahmen der Recherchen zu dieser Masterarbeit aus anderen Quellen zusätzlich nachgewiesen werden, beispielsweise aus fakultätsinternen Promotionslisten. In die obigen Zahlen wurden diese Ergebnisse allerdings nicht eingerechnet, da die Zuordnung zum Teil nicht möglich war; allerdings sind sie in der Anlage I vollständig aufgeführt.

Zwischen diesem Jahr und dem 30. Januar 1933 lassen sich somit die nachfolgenden 754 Abschlüsse nunmehr nachweisen, wobei hier grundsätzlich das Datum der Ausstellung der Urkunde zugrunde liegt, nicht das Datum der Erfüllung der letzten Voraussetzung für die

[57] Anm.: Die erste Promotion erfolgte im Jahr 1901 durch Hermann Schreiber. Geboren am 31.10.1873 in Hannover, erlangte er am 17.04.1895 sein Reifezeugnis am dortigen Realgymnasium I. Schreiber studierte anschließend bis März 1900 zehn Semester Chemie an der TH Hannover. Seine Diplom-Ingenieur-Prüfung erfolgte am 26.03.1900 und bereits am 31.05.1901 wurde er über sein Dissertationsthema „*Über Halogenderivate der β-Aminosäure und Aminosäureesters*" geprüft; am 02.06.1901 erhielt Schreiber seine Promotionsurkunde ausgestellt. Vgl. Zentrale Promotionsliste der TH Hannover, erster Eintrag.

Berechtigung zur Führung des Titels (beispielsweise die Entrichtung der anfälligen Gebühren oder der Einlieferung der gedruckten Dissertationsschrift):

08 Abschlüsse im Jahr **1901**
08 Abschlüsse im Jahr **1902**
12 Abschlüsse im Jahr **1903**
09 Abschlüsse im Jahr **1904**
09 Abschlüsse im Jahr **1905**
12 Abschlüsse im Jahr **1906**
09 Abschlüsse im Jahr **1907**
16 Abschlüsse im Jahr **1908**
11 Abschlüsse im Jahr **1909**
24 Abschlüsse im Jahr **1910**
11 Abschlüsse im Jahr **1911**

21 Abschlüsse im Jahr **1912**
07 Abschlüsse im Jahr **1913**
19 Abschlüsse im Jahr **1914**
13 Abschlüsse im Jahr **1915**
12 Abschlüsse im Jahr **1916**
13 Abschlüsse im Jahr **1917**
18 Abschlüsse im Jahr **1918**
11 Abschlüsse im Jahr **1919**
21 Abschlüsse im Jahr **1920**
22 Abschlüsse im Jahr **1921**
42 Abschlüsse im Jahr **1922**

29 Abschlüsse im Jahr **1923**
66 Abschlüsse im Jahr **1924**
51 Abschlüsse im Jahr **1925**
50 Abschlüsse im Jahr **1926**
32 Abschlüsse im Jahr **1927**
35 Abschlüsse im Jahr **1928**
40 Abschlüsse im Jahr **1929**
50 Abschlüsse im Jahr **1930**
51 Abschlüsse im Jahr **1931**
17 Abschlüsse im Jahr **1932**
05 Abschlüsse im Jahr **1933**

Die weiteren Abschlüsse ab dem 1. Februar 1933 bis zum Kriegsende 1945 sind der nachfolgenden Gesamtübersicht sowie der Anlage I zu dieser Masterarbeit zu entnehmen. Es muss jedoch angemerkt werden, dass zwei Abschlüsse bis Ende 1945 darin enthalten sind, weil deren Vorbereitungen bereits vor Kriegsende begonnen hatten.

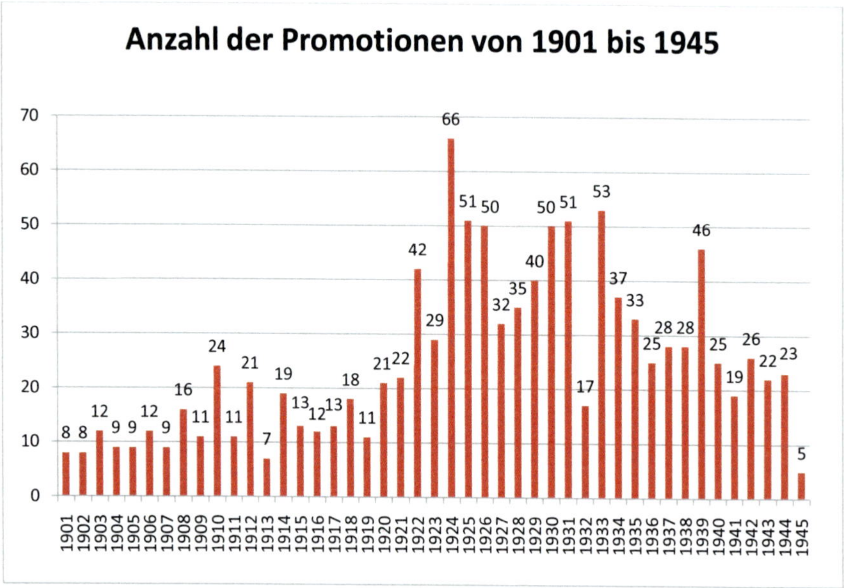

Unter allen Promovierten befinden sich dem Namen nach auch einige Ausländer: Teilweise lässt sich dieses aufgrund des Nachnamens vermuten, zum Teil aufgrund der Herkunftsorte; diese sind jedoch nur bis zum Studienjahr 1922/1923 im Vorlesungsverzeichnis angegeben. Hierunter befindet sich im Studienjahr 1929/1930 mit Liu Hiantsie ein einziger Asiat –

erst später folgen einige Inder und noch zwei Chinesen; hinsichtlich etwaiger jüdischer Absolventen wird auf den vorhergehenden Abschnitt verwiesen.[58] Darüber hinaus befinden sich nahezu kaum Prüfungsakten zum Dr.-Ing. im UniA Hannover oder in den heutigen Fakultätsarchiven. Im Bestand sind zudem fast keinerlei Schriftstücke enthalten, die nach erfolgter Promotion noch bei der TH Hannover eingelangt sind. Lediglich in einem Fall fragte in den 1930er Jahren ein Landgericht nach der Rechtmäßigkeit einer Titelführung; bei diesem Fall wurde jedoch laut der Akten anschließend nichts weiter unternommen.[59]

4.3. Auszeichnung verdienter Persönlichkeiten: Der Ehrendoktor (Dr.-Ing. E.h.)

4.3.1. Grundsätzliches und eine Verleihung an einen italienischen Faschisten

Zwischen 1900 und 1931 wurden insgesamt 125 Ehrenpromotionen an der TH Hannover vergeben, davon 51 an der Fakultät für Bauwesen, 44 an der für Maschinenwesen und 28 an der für Allgemeine Wissenschaften.[60] In den Vorlesungsverzeichnissen wurden sie regelmäßig aufgeführt. Zu den Begebenheiten der Ehrbezeugung gegenüber dem nationalsozialistischen Regime in Deutschland gehörte es für die TH Hannover offenbar auch dazu, vermeintlich verdienten deutschen Nationalsozialisten und italienischen Faschisten eine Ehrendoktorenwürde zu verleihen und sich so dem Regime gegenüber als folgsam in Szene zu setzen.

Die Deutsche Wochenschau Nr. 527 vom 9. Oktober 1940 zeigt als fünften Beitrag die Verleihung der Ehrendoktorenwürde der Fakultät für Allgemeine Wissenschaften der TH Hannover an damaligen italienischen faschistischen Staatsminister Roberto Farinacci. Nach den überlieferten Unterlagen im Universitätsarchiv ist dieser Ehrentitel bislang noch nicht zurückgenommen worden. Die Verleihung erfolgte mit der folgenden Begründung:

> *„Dem Kgl. italienischen Staatsminister, Exzellenz Roberto F a r i n a c c i wurde am 9. September 1940 von der Fakultät für allgemeine Wissenschaften, in Anerkennung seiner vielfachen Bemühungen um die Förderung der kulturellen Beziehungen zwischen Deutschland und Italien in ihrer Auswirkung auf den Gebieten der technischen Wissenschaften und in Würdigung seiner Verdienste um die wirtschaftliche und soziale Neugestaltung in Stadt und Provinz Cremona' die akademische Würde eines Doktor-Ingenieurs Ehrenhalber verliehen.“*[61]

---

[58] UniA Hannover, Vorlesungsverzeichnisse 1899 bis 1933, ohne Signatur.
[59] UniA Hannover, Hann. 146A, Acc. 64/81 Nr. 22 – 46; Ausnahme Nr. 36 (Akte ist wegen Schimmelbefalles derzeitig nicht benutzbar).
[60] UniA Hannover, „ohne, Az.: Abth. III No. 37 gen.“, Schreiben v. 04.03.1932. Siehe auch die Übersichten der Ehrenpromotionen in der Akte „Verleihungen der Würde eines Doktor-Ingenieurs Ehrenhalber“, UniA Hannover, „ohne, Az.: Abth. III No. 37 spec.“, nicht nummerierte Seiten, abgeheftet zwischen Verleihungsvorgängen zwischen 1908 und 1909. Anm.: In einer dieser Listen befindet sich ein durchgestrichener Name der Abteilung II: „*Stadtbaurat, Geheimer Baurat Höpfner aus Cassel, TH. Dresden v. 06.05.1919*“. Es ist bislang unklar, warum diese Person in dieser Übersicht als einziger Name gestrichen wurde.
[61] UniA Hannover, Hann. 146A, Acc. 10/85 Nr. 46, Urkunde v. 09.09.1940.

Der Leiter der Hochschulgemeinschaft ließ sich infolge einer Erkrankung bei der Verleihung entschuldigen, sandte aber ein Telegramm, in dem es u.a. heißt: „*diese Verleihung ist der Ausdruck unverbruechlicher Treue unserer im Kampf verbundenen Laender und unserer beiden grossen Fuehrer Hitler und Moussolini* [sic!]".[62]

Am 3. November 2010 wurde der AStA der LUH seitens des Studentischen Rates der LUH aufgefordert, sich bei der Leitung der LUH um die Aberkennung von verliehenen akademischen Ehrentiteln an Faschisten und Nationalsozialisten zu bemühen. Hierzu wurde seitens des Präsidenten nachfolgend ein Forschungsauftrag an den Verfasser dieser Masterarbeit erteilt. Diese Ergebnisse wurden dem Herren Präsidenten inzwischen übermittelt, die weiteren Maßnahmen laufen.

Auf Nachfrage im Juli 2012 nach dem Sachstand dieses Prozesses erklärte der neue AStA der LUH vor dem Studentischen Rat der LUH, sich damit nicht mehr beschäftigt zu haben, da alte Protokolle des Studentischen Rates nicht mehr Basis künftiger Arbeit seien.

4.3.2. Die Entfernungen von Namen aus den Vorlesungsverzeichnissen

Das teilweise spätere Weggelassen könnte mehrere Ursachen haben: Üblich war es damals, nur lebende Titelträger aufzuführen, so dass es möglich ist, dass einzelne Personen natürlichen Todes gestorben sind. Stichpunktartig wurden die Ehrendoktorentitelträger auf unnatürliche beziehungsweise willkürliche Todesfälle untersucht. Hinweise auf Zusammenhänge mit dem nationalsozialistischen Regime konnten nicht festgestellt werden.

4.3.3. *E.h.* und nicht *h.c.* an der TH Hannover

Die Schreibweise der Abkürzung *E.h.* für *Ehren halber* anstelle des sonst von den alten Universitäten verwendeten *h.c.* ergibt sich aus einem Schriftstück vom 6. Juni 1929. In diesem Schreiben wird begründet, dass die Richtlinien des Reichsministeriums nur diese Schreibweise zuließen. Diesem Prozedere schlossen sich die meisten deutschen THs anschließend an. In den Unterlagen, die sich im UniA Hannover erhalten haben, lässt sich des Öfteren feststellen, dass die Schreibweise *e.h.* beziehungsweise *h.c.* handschriftlich in *E.h.* abgeändert wurde, zum Teil auch auf den der TH Hannover übersandten Traueranzeigen.[63] Gemäß des Senatsbeschlusses vom 5. Mai 1931 wurde neben der ohnehin gültigen Promotionsordnung festgelegt, dass

> *„hervorragende Persönlichkeiten des öffentlichen Lebens, vor allem der Wirtschaft, die dem Wortlaut ihrer vom Senat gegebenen Richtlinien entsprechend eigentlich nicht ohne weiteres für ihre Funktionen in Betracht*

[62] UniA Hannover, wie zuvor, ohne Datum.
[63] UniA Hannover, „ohne, Az.: Abth. III No. 37 gen.", Schreiben v. 06.06.1929.

kommen, können von den Fakultäten dennoch zur Verleihung der Würde eines Dr.-Ing. E.h. vorgeschlagen werden, falls im allgemeinen Hochschulinteresse eine entsprechende Anregung des Senates an die Fakultäten gelangt."[64]

Die seinerzeit gültige Promotionsordnung hinsichtlich von Ehrenpromotionen war die Fassung vom 13. Juli 1928.[65] Die Fakultät für Allgemeine Wissenschaften begrenzte durch Entscheidung vom 7. Dezember 1931 künftig zu verleihende Ehrungen pro Fakultät auf jährlich zwei Verleihungen, da beispielsweise zwischen 1921 und 1930 immerhin 63 Ehrenpromotionen vergeben worden seien.[66] Diesem Procedere schloss sich die Fakultät für Bauwesen entsprechend eines Schreibens vom 9. Februar 1932 an.[67] Gleiches gilt für die Fakultät für Maschinenwesen, deren Schreiben am 11. Februar 1932 im Rektorat der TH Hannover einging.[68]

4.4. Weitere Möglichkeit der Ehrung: Der akademische Ehrenbürger

Zwischen dem 17. Dezember 1920 und dem 12. März 1945 hat die TH Hannover 86 Personen die Würde eines akademischen Ehrenbürgers verliehen. Von diesen Titeln wurde zwei Ehrenbürgern in der NS-Zeit mittels Streichung aus den Listen ihr Ehrentitel entfernt, davon ein Titel offenbar aufgrund rechtskräftiger Verurteilung wegen Betruges und Unterschlagung. Am 12. März 1945 erhielt *Dr. rer. nat. h.c. (Dr.-Ing. E.h.)* Richard Seifert in Anerkennung seiner Verdienste die Ehrenbürgerschaft verliehen; er erhielt in den 1950er Jahren noch eine zusätzliche Ehrung (als Dr.-Ing. E.h.).

Unter den geehrten Personen befindet sich auch der Regierungspräsident der Provinz Hannover, Rudolf Diels, NSDAP, der in der 1952 neu zusammengestellten Liste als lebend aufgeführt wird. Eine förmliche Auseinandersetzung mit seiner Person kann aus den vorliegenden Unterlagen nicht abgeleitet werden.[69]

4.5. Höchste Ehrung der TH Hannover: Der Ehrensenator

Acht Personen haben nach den vorliegenden Unterlagen aus dem UniA Hannover in der Zeit vor 1945 die Würde eines Ehrensenators erhalten. Erstmalig wurde der Titel am 29. Juni 1927 durch Senatsbeschluss verliehen, letztmals am 14. Februar 1942; u.a. wurde auch der Regierungspräsident der Provinz Hannover, Rudolf Diels, NSDAP, für seine Ver-

[64] UniA Hannover, wie zuvor, Schreiben v. 05.05.1931.
[65] UniA Hannover, wie zuvor, Schreiben v. 08.05.1931.
[66] UniA Hannover, wie zuvor, Schreiben v. 08.12.1931.
[67] UniA Hannover, wie zuvor, Schreiben v. 09.02.1931.
[68] UniA Hannover, wie zuvor, Schreiben v. 12.02.1931.
[69] UniA Hannover, keine Signatur, Verzeichnis der Ehrenbürger der TH Hannover, fortlaufend nummerierte Eintragungen, letztmalig v. 01.12.1972.

dienste um die TH Hannover ausgezeichnet. Keinem dieser Titelträger ist ihr akademischer Ehrentitel bislang entzogen worden.[70]

4.6. Eine Besonderheit: Ein *Dr.-Ing. E.h.* ohne Aktenüberlieferung

In den Gothaischen Hofkalendern bzw. Fürstlichen Taschenbüchern erschien zwischen 1914 und 1942 ein weiterer Doktoringenieur, der laut Programm der TH Hannover des Studienjahres 1913-1914 zum Ehrendoktor ernannt wurde: Wilhelm II., Deutscher Kaiser und König von Preußen, etc., erhielt am 1913 von allen deutschen THs den Dr.-Ing.-E.h.-Titel verliehen.[71] Aus den überlieferten Unterlagen im UniA Hannover ist diese Titelverleihung nicht mehr im Einzelnen nachvollziehbar. In der von Beginn an fortlaufend geführten zentralen Ehrendoktorliste ist Kaiser Wilhelm II. nicht verzeichnet, der Grund hierfür lässt sich heute nicht mehr nachvollziehen.

5. Der Übergang zum Nationalsozialismus an der TH Hannover

Eine Gesamtdarstellung der Zeit des *Zweiten Dreißigjährigen Krieges* von 1914 bis 1945, wie er von manchen Zeithistorikern umschrieben wird, gibt es im Bezug auf die TH Hannover bislang nicht. Über die Studenten der TH Hannover gibt es für den Zeitraum von 1925 bis 1938 eine hervorragende Dissertation von Anette Schröder.[72] In der Dissertation von Frauke Steffens, die sich mit der unmittelbaren Nachkriegszeit beschäftigt, sollen sich ebenfalls Teile auf die Zeit bis 1945 beziehen; der genaue Titel der Veröffentlichung und der Inhalt dieser Beschäftigung waren trotz mehrfachen Kontaktes mit der Autorin bei Abgabe dieser Arbeit nicht zu erfahren. Anette Schröder weist jedenfalls daraufhin, dass trotz der antisemitischen Stimmung im Fall Lessing die studentischen Gremien bis Anfang 1933 durchweg nichtnationalsozialistisch besetzt waren, sondern mit einem ausgeprägten antisemitischen Nationalismus beschrieben werden müssen.[73]

Allerdings war diese illoyale Haltung gegenüber der demokratischen Weimarer Republik letztendlich der Nährboden für das Wirken der Nationalsozialisten seit der Machtübernahme Ende Januar 1933, wenngleich auch bis mindestens 1935 noch ein deutliches Nebeneinander korporierter Verbindungen und NS-Studentenbund zu beobachten ist, welches sich auch dadurch bemerkbar machte, dass korporierte Studierende Führungspositionen im NS-

[70] UniA Hannover, keine Signatur, Verzeichnis der Ehren-Senatoren, fortlaufend nummerierte Eintragungen, letztmalig v. 14.10.1968.
[71] Hofkalender 1914, S. 64; vgl. Programm 1913/14, S. 37.
[72] Schröder, Nationalismus-Nationalsozialismus.
[73] Schröder, Nationalismus-Nationalsozialismus, S. 84f.

Studentenbund übernahmen.[74] Schröder beschreibt sodann die drei Phasen der TH Hannover im Nationalsozialismus („Gleichschaltung", Optimierung der Verhältnisse, Kriegsforschung) und weist vor allem auf die stark fallen Studierendenzahlen hin.[75] Gleichzeitig setzte auch eine Vereinnahmung der Lehre durch nationalsozialistisches Gedankengut ein, beispielsweise mit Vorlesungen zu *Grundlagen der menschlichen Vererbungslehre* und ähnlichen Veranstaltungen.[76]

In diesen Entwicklungsprozess an der TH Hannover lassen sich die reichsweiten Bestrebungen, jüdische Studierende und Akademiker aus der Hochschullandschaft zu vertreiben, sicher einordnen. Allerdings waren diese Bestrebungen an der TH Hannover bereits im Februar 1927 erstmals deutlich geworden, als der Deutsche Studentenbund formulierte,

> „*abgelehnt werden allerdings diejenigen Mitglieder* (…), *die nicht dem deutschen Volke angehören, d.h. die nicht die Merkmale deutscher Abstammung und Muttersprache vorzeigen können. (Juden, deutscher Abstammung und Muttersprache, gibt es für uns nicht)* [sic!]. (…)."[77]

6. Die Täter an der TH Hannover – Forschungsergebnisse I

Leider sind die entsprechenden Entziehungsunterlagen der TH Hannover nicht überliefert worden, so dass heute nicht mehr festgestellt werden kann, wer diesen Prozess ins Rollen brachte. Auch kann nicht mehr genau ausgemacht werden, wer dem Gremium angehörte, welches die Entziehungen bzw. Streichungen aus den Listen umsetzte. Grundsätzlich ist nach Vergleichen mit den anderen Hochschulen und Universitäten im Deutschen Reich jedoch davon auszugehen, dass der Rektor der TH Hannover sowie die Dekane der Fakultäten diesem Gremium angehört haben. Die Verantwortung für die im nachfolgenden Kapitel beschriebene Entziehung durch die TH Hannover tragen demnach im Studienjahr 1940/41 folgende Professoren:

1. Prof. Dr. Müller als damaliger Vertreter des vakanten Postens des Rektors,
2. Prof. Dr.-Ing. habil. Matting als Prorektor,
3. Prof. Dr. Müller (s.o.) als Dekan der Fakultät für allgemeine Wissenschaften,
4. Prof. Dr.-Ing. Körner als Dekan der Fakultät für Bauwesen und
5. Prof. Dr.-Ing. habil. Vierling als Dekan der Fakultät für Maschinenwesen.

Alle vier Professoren waren vor, während und nach der NS-Zeit zum Teil mit akademischen Ehrentiteln hoch dekorierte und vermeintlich verdiente Wissenschaftler. Ihre wahr-

[74] Schröder, Nationalismus-Nationalsozialismus, S. 228.
[75] Schröder, Nationalismus-Nationalsozialismus, S. 237f.
[76] Schröder, Nationalismus-Nationalsozialismus, S. 243.
[77] Schröder, Nationalismus-Nationalsozialismus, S. 43f.

scheinliche Mitwirkung an der Titelaberkennung eines regulär promovierten Wissenschaftlers spielte nach 1945 keine Rolle und wurde somit bis heute erfolgreich verdrängt. Dass Prof. Müller nach 1945 sogar als Rektor offenbar mit dafür verantwortlich war, dass es nicht zu einer umgehenden Rehabilitierung aller betroffenen Persönlichkeiten kam, ist aus heutiger Sicht völlig unbegreiflich und spricht für eine deutliche Kontinuität nationalistischen und wohl nationalsozialistischen Gedankengutes an der TH Hannover in der unmittelbaren Nachkriegszeit.[78]

6.1. Prof. Dr. phil. Conrad Müller (Rektor 1919-1921 und 1945-1947)

Die Person des Prof. Dr. Conrad Müller ist insoweit von Interesse, als dass er als vierte Persönlichkeit der TH Hannover überhaupt am 9. Juni 1931 für seine Verdienste um die TH Hannover die Würde eines Ehrensenators verliehen bekommen hatte. Bereits am 4. Juli 1923 hatte er die Ehrenbürgerwürde verliehen bekommen.[79]

Conrad Heinrich Müller wurde am 12. Dezember 1878 in Bremen geboren. Seine Schul- und Universitätslaufbahn führte ihn über eine kleine Volksschule im Kreis Stade, Gymnasien in Lübeck und Stade, nur unterbrochen vom vorübergehenden Besuch der Bürgerschule in Brake, schließlich über Freiburg und Berlin nach Göttingen, wo er 1903 zum *Dr. phil.* pro-

[78] UniA Hannover: Vorlesungsverzeichnis für das 1. Trimester 1940 der TH Hannover, S. 13. Anm.: Für die Entziehungen und sonstigen Benachteiligungen sind in den jeweiligen Studienjahren folgende Mitglieder der Hochschulleitung verantwortlich:

- 1932/33 Prof. Klein (Rektor), Prof. Fues (Fakultät für allgemeine Wissenschaften), Prof. Fiederling (Fakultät für Bauwesen), Prof. Nachtweh (Fakultät für Maschinenwesen)
- 1933/34 Prof. Franzius (Rektor), Prof. Beger (Fakultät für allgemeine Wissenschaften), Prof. Blum (Fakultät für Bauwesen), Prof. Schwerd (Fakultät für Maschinenwesen)
- 1934/35 Prof. von Sanden (Rektor), Prof. Goebel (Fakultät für allgemeine Wissenschaften), Prof. Gast (Fakultät für Bauwesen), Prof. Schwerling (Fakultät für Maschinenwesen)
- 1935/36 Prof. von Sanden (Rektor), Prof. Bartels (Fakultät für allgemeine Wissenschaften), Prof. Schleicher (Fakultät für Bauwesen), Prof. Hase (Fakultät für Maschinenwesen)
- 1936/37 Prof. von Sanden (Rektor), Prof. Bartels (Fakultät für allgemeine Wissenschaften), Prof. Schleicher (Fakultät für Bauwesen), Prof. Hase (Fakultät für Maschinenwesen)
- 1937/38 Prof. Simons (Rektor), Prof. Bartels (Fakultät für allgemeine Wissenschaften), Prof. Schleicher (Fakultät für Bauwesen), Prof. Hase (Fakultät für Maschinenwesen)
- 1938/39 Prof. Simons (Rektor), Prof. Müller (Fakultät für allgemeine Wissenschaften), Prof. Körner (Fakultät für Bauwesen), Prof. Hase (Fakultät für Maschinenwesen)
- 1939 Prof. Simons (Rektor), Prof. Müller (Fakultät für allgemeine Wissenschaften), Prof. Körner (Fakultät für Bauwesen), Prof. Vierling (Fakultät für Maschinenwesen)
- 1940 Prof. Müller (Rektor), Prof. Müller (Fakultät für allgemeine Wissenschaften), Prof. Körner (Fakultät für Bauwesen), Prof. Vierling (Fakultät für Maschinenwesen)
- 1940/41 Prof. Matting (Rektor), Prof. Müller (Fakultät für allgemeine Wissenschaften), Prof. Wickop (Fakultät für Bauwesen), Prof. Vierling (Fakultät für Maschinenwesen)
- 1942/43 Prof. Matting (Rektor), Prof. Pfannmüller (nun Fakultät für Naturwissenschaften und Nebenfächer), Prof. Wickop (Fakultät für Bauwesen), Prof. Vierling (Fakultät für Maschinenwesen)
- 1943/1944 Prof. Matting (Rektor), Prof. Müller (Fakultät für Naturwissenschaften und Nebenfächer), Prof. Wickop (Fakultät für Bauwesen), Prof. Vierling (Fakultät für Maschinenwesen)

Quellen: Gottfried Wilhelm Leibniz Bibliothek Hannover, XI. B.2.b., Bestände des jeweiligen Jahrganges; 1933/34 mit freundlicher Unterstützung durch das UniA Hannover.

[79] Vgl. Anlage V, Nr. 22.

movierte.[80] Der Rektor der TH Hannover ab 1945 war zuvor der Hochschule seit vielen Jahren verbunden gewesen: Bereits zum 1. Oktober 1910 war er durch Kaiser Wilhelm II. zum ordentlichen Professor für höhere Mathematik berufen worden[81], nachdem er seit dem 1. Mai 1910 Hilfsbibliothekar an der Georg-August-Universität in Göttingen gewesen war.[82] Zum 1. Juli 1919 wurde er erstmals zum Rektor der TH Hannover berufen.[83] Bis 1923 übte er dieses Amt aus, anschließend war er dort weiterhin als Professor tätig. Am 27. August 1934 wurde er mit Diensteid auf Adolf Hitler vereidigt.[84] Am 25. Februar 1937 gab er eine Erklärung ab, nicht jüdischer Abstammung zu sein.[85] Zum 40jährigen Dienstjubiläum hatte er am 9. Juli 1939 vom *Führer und Reichskanzler* das *Treuedienst-Ehrenzeichen* verliehen bekommen.[86] Am 11. Oktober 1939 wurde er vom Reichsminister für Wissenschaft, Erziehung und Volksbildung dazu beauftragt, vertretungsweise das Rektorat der TH Hannover zu übernehmen.[87] Das genaue Ende dieser Vertretung geht aus der vorliegenden Personalakte nicht hervor. Am 13. Januar 1943 wurde ihm in Anerkennung *hervorragender Verdienste um den studentischen Nachwuchs an Deutschlands Hoch- und Fachschulen die Plakette des Reichsstudentenwerkes* durch den Reichsstudentenführer Dr. Scheel verliehen.[88] Am 31. August 1944 wurde angeordnet, dass seine Lehrtätigkeit wegen Kriegswichtigkeit auf jeden Fall fortzuführen sei.[89] Am 16. Oktober 1945 wurde Müller auf Anordnung des Oberpräsidenten im Einvernehmen mit der Militärregierung zum amtierenden Rektor der TH Hannover berufen.[90] Zum 30. Juni 1947 endete diese Aufgabe für ihn.[91] Zum 30. April 1948 versetzte ihn der Niedersächsische Ministerpräsident Kopf in den Ruhestand.[92] Am 9. Januar 1953 ist er in Hannover verstorben.[93] Am 12. Januar 1953 unterrichtete der Rektor der TH Hannover den Niedersächsischen Kultusminister vom Tod des verdienten ehemaligen Ehrenbürgers und Ehrensenators.[94] Unter den vielen Anteilsschreiben, die in der TH Hannover anschließend eintrafen, sticht das Telegramm des Ministerpräsidenten Kopf hervor, der den *schweren* Verlust bedau-

[80] UniA Hannover, Personalakte, Hann. 146A Acc. 4/85 Nr. 445, S. 1.
[81] UniA Hannover, wie zuvor, S. 32.
[82] UniA Hannover, wie zuvor, S. 3.
[83] UniA Hannover, wie zuvor, S. 47.
[84] UniA Hannover, wie zuvor, S. 87.
[85] UniA Hannover, wie zuvor, S. 95.
[86] UniA Hannover, wie zuvor, S. 116.
[87] UniA Hannover, wie zuvor, S. 120.
[88] UniA Hannover, wie zuvor, S. 133.
[89] UniA Hannover, wie zuvor, S. 135.
[90] UniA Hannover, wie zuvor, S. 139.
[91] UniA Hannover, wie zuvor, S. 142.
[92] UniA Hannover, wie zuvor, Schreiben v. 15.05.1948.
[93] UniA Hannover, wie zuvor, Sterbeurkunde v. 17.01.1953.
[94] UniA Hannover, wie zuvor, Schreiben v. 12.01.1953.

ert.[95] Besonders *aufschlussreich* ist ein weiteres Schreiben vom gleichen Tage, in welchem Dipl.-Ing. Hans Backe, nunmehr Dozent an der TH Dresden seinem ehemaligen Lehrer gedenkt und vor allem seinen *Kampf gegen den NS-Studentenbund* als wertvolle Lebensleistung hervorhob.[96]

6.2. Prof. Dr.-Ing. Alexander Matting (Rektor 1940-1943)

Alexander Matting ist am 21. November 1897 in Berlin-Charlottenburg geboren worden, seinen Dr.-Ing. erwarb er am 29. April 1907 in Breslau und seinen *Dr.-Ing. habil.* am 17. Juni 1935 ebenfalls in Breslau.[97] Nach eigenen Angaben in einem erhalten gebliebenen Lebenslauf hatte er im I. Weltkrieg das EK I und II erhalten sowie aufgrund seiner freiwilligen Teilnahme *an den oberschlesischen Selbstschutzkämpfen* 1921 den *Schlesischen Adler I. und II. Klasse.*[98] Weitere Ehrenzeichen waren die *Ehrenmedaille für Verdienst im Kriege von Sachsen Meiningen* sowie das *Ehrenkreuz für Frontkämpfer.*[99] Im April 1933 war er unter der Mitgliedsnummer 2781438 in die NSDAP eingetreten.[100] Vorher will er von 1919 bis 1920 Mitglied der DNVP gewesen sein.[101] Zum 1. Oktober 1935 berief ihn der *Führer und Reichskanzler* zum ordentlichen Professor für mechanische Technologie an die TH Hannover.[102] Am 6. Januar 1936 teilt er dem Rektor der TH Hannover mit, dass er zum zweiten Vorsitzenden des VDI im hannöverschen Bezirksverein ernannt worden wäre.[103] Mit Wirkung zum 1. April 1937 wurde er zum Prorektor der TH Hannover ernannt.[104] Diese Tätigkeit wurde auch dann fortgesetzt, als er am 9. Februar 1940 mit sofortiger Wirkung zum Rektor der TH Hannover berufen wurde.[105] Seine Nähe zum NS-System wird durch ein Schreiben vom 14. Mai 1940 deutlich, welches er an den General der Infanterie des stellvertretenden XI. A.K., Muff sandte:

> *„Die Ereignisse vom 10. Mai haben einen plötzlichen Wechsel der Kriegslage herbeigeführt und Bewegung in die bis dahin erstarrte Westfront gebracht. Unter dem Eindruck des damit begonnenen Entscheidungskampfes glaube ich es nicht mehr verantworten zu können, in der Heimat zurückzubleiben in der bestimmten Überzeugung, daß jeder waffenfähige Mann, mag er selbst wichtige Funktionen hier versehen, an die Front gehört.*
>
> *Ich bitte Herrn General deshalb gehorsamst, mich noch vor Ablauf meiner Zurückstellungsperiode wieder für eine geeignete Feldverwendung vorzusehen.*

[95] UniA Hannover, wie zuvor, Telegramm v. 14.01.1953.
[96] UniA Hannover, wie zuvor, Schreiben v. 14.01.1953.
[97] UniA Hannover, Personalakte, Best. 5 Nr. 2023, S. 1.
[98] UniA Hannover, wie zuvor, S. 3.
[99] UniA Hannover, wie zuvor, S. 34.
[100] UniA Hannover, wie zuvor, S. 19 Rückseite.
[101] UniA Hannover, wie zuvor, S. 41.
[102] UniA Hannover, wie zuvor, S. 5.
[103] UniA Hannover, wie zuvor, S. 21.
[104] UniA Hannover, wie zuvor, S. 38.
[105] UniA Hannover, wie zuvor, S. 71.

(...) *Matting, Hauptmann d.R.*"[106]

Dieser Bitte wurde offenbar nicht sofort Folge geleistet, denn im Januar 1941 übernahm er den Vorsitz der *Deutsch-Italienischen Kulturellen Vereinigung Hannover als Zweigstelle der Deutsch-Italienischen Gesellschaft Berlin.*[107] Damit nicht genug wurde er im September 1941 in den Ehrenbeirat des Winterhilfswerkes für den Gau Südhannover-Braunschweig berufen.[108] Doch auch weiterhin übernahm er weitere Funktionen, z.B. am 20. April 1942, als er vom Reichsstudentenführer zum *Hochschulringführer des Hochschulringes Technische Hochschule Hannover* berufen wurde.[109] Zu diesem Zeitpunkt war er allerdings bereits seit dem 9. Januar 1942 als Hauptmann zur Wehrmacht einberufen worden.[110] Zum 1. April 1943 gab er sein Amt als Rektor der TH Hannover auf.[111] Am 7. Mai 1943 wurde er erneut zum Prorektor ernannt.[112] Hiervon wurde er auf eigenen Antrag zum 3. Mai 1944 entbunden.[113] Am 1. September 1944 bekam er vom *Führer* das Kriegsverdienstkreuz II. Klasse verliehen.[114] In seinen Entnazifizierungsunterlagen in der Personalakte wird er u.a. damit beschrieben, dass er zu keinem Zeitpunkt *fanatischer* Anhänger der NSDAP gewesen wäre.[115] Auch ersuchte er um die Aufhebung der Gehalts- und Vermögenssperre, da er sich stets für Nichtarier eingesetzt und auch etliche von ihnen als Familienangehörige gehabt habe.[116] Im Januar 1946 ist er von der TH Hannover entlassen worden.[117] Im November 1948 ersucht die TH Hannover um einen baldigen Abschluss des Entnazifizierungsverfahrens, damit Matting umgehend wieder als Dozent eingesetzt werden soll.[118] Mit Bescheid vom 3. Februar 1949 wird er schließlich in die Entnazifizierungskategorie IV – *ohne Auferlegung von Beschränkungen* – eingestuft.[119] Seinen anschließenden Antrag auf Wiedereinstellung als Professor lehnt der Niedersächsische Kultusminister mit Schreiben vom 1. Dezember 1949 ab, obwohl sich die TH Hannover vorher eindeutig für ihn ausgesprochen hatte.[120] Vorübergehend in Spanien tätig, übernimmt er nach längerem Rechtsstreit zum 1. April 1952 wieder seine alte Tätigkeit als Dozent an der

[106] UniA Hannover, wie zuvor, S. 75.
[107] UniA Hannover, wie zuvor, S. 88.
[108] UniA Hannover, wie zuvor, S. 93.
[109] UniA Hannover, wie zuvor, S. 98.
[110] UniA Hannover, wie zuvor, S. 94.
[111] UniA Hannover, wie zuvor, S. 107.
[112] UniA Hannover, wie zuvor, S. 109.
[113] UniA Hannover, wie zuvor, S. 116.
[114] UniA Hannover, wie zuvor, S. 118
[115] UniA Hannover, wie zuvor, S. 133a.
[116] UniA Hannover, wie zuvor, S. 137.
[117] UniA Hannover, wie zuvor, S. 151.
[118] UniA Hannover, wie zuvor, S. 152.
[119] UniA Hannover, wie zuvor, S. 159.
[120] UniA Hannover, wie zuvor, S. 189.

TH Hannover.[121] Zum 31. März 1966 geht er dann dort in den Ruhestand.[122] Bis zum 31. Juli 1969 hatte er jedoch noch vertretungsweise Lehraufträge erhalten.[123] Am 1. Dezember 1969 verstarb der *Träger des Großen Verdienstkreuzes des Verdienstordens der BRD*.[124]

6.3. Prof. Dr.-Ing. Burghard Körner (Fakultätsdekan 1937-1945)

Der Sohn eines promovierten Weinhändlers aus Göttingen kommt ebenda am 28. September 1886 zu Welt. Sein Abitur erreicht er ebenfalls in seiner Heimatstadt. Von 1906 bis 1911 studiert er an der TH Hannover, hier erreicht er am 8. Juli 1911 seinen Dipl.-Ing., den er sodann nutzt, um sich von 1911 bis 1919 zum Regierungsbaumeister ausbilden zu lassen. Der I. Weltkrieg unterbricht diese Ausbildung. *EK II* und *Verwundetenabzeichen* sowie *Ehrenkreuz für Frontkämpfer* hat er dafür erhalten. 1919 wird er Regierungsbaumeister, 1922 Regierungsbaurat, 1928 Regierungs- und Baurat und schließlich 1934 Ministerialrat. Seinen Angaben als NSDAP-Mitglied kann er seine *„arische Abstammung bis 1.1.1800“* nachweisen.[125] Seine Vornamen sind laut Stammtafel *Burghard Georg Wilhelm Volkmar* gewesen.[126] Der Eintritt in die Partei erfolgt zum 1. Mai 1933 unter der Mitgliedsnummer 2641501.[127] Zum 1. Januar 1937 wird er vom *Führer und Reichskanzler* zum Professor für Grundbau und Wasserbau der Fakultät für Bauwesen berufen. Gleichzeitig wird er zum Direktor des *Franzius-Institutes* der TH Hannover ernannt.[128] Zum gleichen Zeitpunkt wird er zum Dekan der Fakultät für Bauwesen berufen.[129] Zum 1. November 1939 ist Körner zur *Reichsuniversität Prag* abgeordnet.[130] Im Januar 1940 erfolgt die Rückkehr nach Hannover.[131] Der Rektor der TH Hannover, Matting, beruft Körner am 7. März 1940 *„als Vertreter der Dozentenschaft für den Senat unserer Hochschule.“*[132] Zum 31. März 1940 scheidet er als Dekan der Fakultät für Bauwesen aus, sein Nachfolger wird Professor Wickop.[133]

Zum 30. August 1945 ist er von der TH Hannover entlassen worden.[134] Bereits im Juli 1945 ist er interniert gewesen, spätestens Anfang 1946 ist er wieder entlassen worden. Im Rahmen des Widerspruchsverfahrens gegen seine Entlassung schreibt der Dekan der Fakultät

---

[121] UniA Hannover, wie zuvor, S. 203.
[122] UniA Hannover, wie zuvor, Urkunde v. 31.03.1966.
[123] UniA Hannover, wie zuvor, Schreiben v. 15.07.1969.
[124] UniA Hannover, wie zuvor, Schreiben v. 22.12.1969 an den Nds. Kulturminister.
[125] UniA Hannover, Personalakte, Best. 5 Nr. 463, Hauptakte, S. 3.
[126] UniA Hannover, wie zuvor, Nebenakte aus dem Preußischen Landwirtschaftsministerium, S. 6.
[127] UniA Hannover, wie zuvor, Hauptakte, S. 10.
[128] UniA Hannover, wie zuvor, Hauptakte, S. 12.
[129] UniA Hannover, wie zuvor, Hauptakte, S. 43.
[130] UniA Hannover, wie zuvor, Hauptakte, S. 63.
[131] UniA Hannover, wie zuvor, Hauptakte, S. 69.
[132] UniA Hannover, wie zuvor, Hauptakte, S. 72.
[133] UniA Hannover, wie zuvor, Hauptakte, S. 73.
[134] UniA Hannover, wie zuvor, Hauptakte, S. 98.

für Bauwesen am 11. Februar 1946, dass Körners „*klare nationalsozialistische Einstellung*" allgemein bekannt war, „*Seine Bitte um Gewährung einer Pension (...) warm befürwortet*" wird.[135] Am 13. Oktober 1947 zieht er seinen Einspruch zurück und bittet um die Auszahlung des ihm zustehenden Ruhegehaltes wegen „*34-jähriger tadelfreier Beamtentätigkeit.*"[136] Das war insoweit keine Überraschung, denn am 1. Oktober 1947 hatte der zuständige Entnazifizierungsausschuss ihn unter Einordnung in die Kategorie III als „*eifrigen Naziunterstützer*" klassifiziert und zudem eine Vermögenssperre angeordnet.[137] Der Ausschuss teilte dem Rektor der TH Hannover am 14. November 1947 zudem mit, dass Körner keinen Anspruch auf Ruhegehalt hätte.[138] Wiederholte Schriftwechsel zeugen davon, dass er sich damit nicht einverstanden erklärte. Zudem entscheidet der „*Entnazifizierungs-Hauptausschuss für besondere Berufe der Stadt Hannover*" am 13. Mai 1949, rechtskräftig am 20. Juli 1949, dass Körner nunmehr in die Kategorie V einzuordnen sei und damit als vollständig entlastet gelten würde und führt u.a. aus:

> „*Aktiv im nationalsozialistischen Sinne hat er sich nicht betätigt. Der Betroffene war lediglich dem Namen nach Mitglied der NSDAP und ihrer Gliederungen und hat den Nationalsozialismus, abgesehen von den Pflichtbeiträgen, nicht unterstützt.*"[139]

Als Folge wird er zum 28. Dezember 1950 als fiktiver ordentlicher Professor vom Niedersächsischen Kultusminister in den Ruhestand versetzt und erhält seine vollen Ruhegehaltsbezüge: „*Für seine erfolgreiche akademische Wirksamkeit und die von ihm geleisteten treuen Dienste wird ihm der Dank der Staatsregierung ausgesprochen.*"[140] Sein Einspruch hiergegen wird am 21. August 1951 vom Kultusministerium zurück gewiesen.[141] Wann er zum *Dr.-Ing. E.h.* ernannt wurde, geht aus den sieben Bänden seiner Personalakte nicht hervor, jedenfalls muss es vor dem 26. September 1966 der Fall gewesen sein, denn an diesem Tage gratulierte ihm der damalige Rektor der TH Hannover, Kaluza, zum 80. Geburtstag: „*Leider bin ich noch nicht solange in Hannover, (...) Durch vielerlei Berichte Ihrer Kollegen, bei denen Sie in bester und liebevollster Erinnerung sind, habe ich aber doch ein Bild von Ihnen bekommen.*"[142] Am 28. Juni 1973 verstirbt er in Pley bei Herzogenrath.[143]

---

[135] UniA Hannover, wie zuvor, Hauptakte, S. 101.
[136] UniA Hannover, wie zuvor, Hauptakte, S. 104.
[137] UniA Hannover, wie zuvor, Hauptakte, S. 107.
[138] UniA Hannover, wie zuvor, Hauptakte, S. 108.
[139] UniA Hannover, wie zuvor, Hauptakte, S. 120.
[140] UniA Hannover, wie zuvor, Hauptakte, S. 136.
[141] UniA Hannover, wie zuvor, Hauptakte, S. 146f.
[142] UniA Hannover, wie zuvor, Hauptakte, Schreiben v. 26.09.1966.
[143] UniA Hannover, wie zuvor, Hauptakte, Schreiben v. 05.07.1973.

den Titel *Dr.-Ing. E.h.* für seine großen Verdienste *„auf dem Gebiet der Fördertätigkeit.“*[169] Am 13. Juni 1989 starb Vierling im Alter von 89 Jahren.[170]

7. Entzogene Titel der TH Hannover – Forschungsergebnisse II

Die grundsätzliche Haltung der Leitung der TH Hannover zu Titelaberkennungen wird durch ein Schreiben des Rektors Simons vom 5. Dezember 1938 an die Kreisleitung der NSDAP-Gauleitung Südhannover-Braunschweig deutlich, in welchem er unter anderem ausführt:

> *„Die Liste der Ehrendoktoren, Ehrensenatoren und Ehrenbürger wird z.Zt. daraufhin überprüft, ob sich unter den Geehrten Juden bzw. jüdische Mischlinge, unerwünschte Parteigrößen der Systemzeit oder Hochgradfreimaurer befinden. Ich teile Ihren Standpunkt, dass die Säuberung unbedingt vorgenommen und Leuten (...) die Würde entzogen werden muss.“*[171]

Allerdings fällt auch auf, dass sich aus den überlieferten Unterlagen nicht nachvollziehen lässt, ob sich für die Entziehung ein Ausschuss beim Senat oder der Hochschulleitung konstituierte, der sich einzig und allein mit der Aberkennung akademischer Titel beschäftigte, wie dieses aus anderen TH oder Universitäten im damaligen Deutschen Reich bekannt und überliefert worden ist. Die TH Hannover lieferte aufgrund einer Anforderung des Reichsministers in Berlin am 27. November 1933 eine Übersicht über die zwischen 1918 und 1933 vergebenen akademischen Ehrentitel ab.[172] Warum die Zeit vor 1918 nicht angefragt wurde, lässt sich anhand der vorhandenen Unterlagen nicht mehr nachvollziehen. Desweiteren lässt sich aus den wenigen erhalten gebliebenen Unterlagen nicht ableiten, ob Studenten in größerer Anzahl der Zugang zum Studium an der TH Hannover verwehrt wurde.

Lediglich ein Fall ist diesbezüglich aktenkundig, er betrifft die Ablehnung des Immatrikulationsantrages des Abiturienten Walter Nörrenberg-Sudhaus, geb. 11. Februar 1917, verurteilt am 2. Juni 1938 durch das Kriegsgericht der 16. Division in Münster/Westfalen wegen Vergehens gegen § 175 RStGB – sogenannte einfache Homosexualität – zu sechs Monaten Gefängnis. Die Urteilsakten wurden dem Rektor der TH Hannover zur Einsichtnahme übersandt. Obwohl sich mehrere Personen für ihn einsetzten, lehnte die Hochschulleitung die Aufnahme als Student ab, insbesondere der Studentenführer der TH Hannover Gau Süd-Hannover-Braunschweig hielt *„Personen, die sich eines Vergehens gegen § 175 St.G.B. schuldig gemacht haben, für ein Studium an einer Hochschule nicht würdig“* in seinem

169 UniA Hannover, wie zuvor, Kopie der Urkunde v. 24.11.1975.
170 UniA Hannover, wie zuvor, Schreiben v. 19.06.1989.
171 UniA Hannover, Hann. 146A, Acc. 10/85 Nr. 48, Schreiben v. 08.12.1938.
172 UniA Hannover, Hann. 146A, Acc. 64/81 Nr. 53, Aufstellung von 27.11.1933.

Schreiben vom 29. April 1939 fest.[173] Nörrenberg-Sudhaus verstarb am 8. September 1997 in seiner Geburtsstadt Iserlohn.[174]

Als Besonderheit mit Blick auf die vormalige TH Hannover ist zu beachten, dass offenbar nur ein einzelner akademischer Grad sowie wenige akademische Ehrentitel entzogen bzw. gestrichen wurden, nicht aber auch nur ein zuvor erworbener Diplomingenieurtitel. Hinsichtlich der zwischen 1899 und 1945 vergebenen Diplomtitel wurden die vorhandenen Quellen ausgewertet und dabei keine derartig entzogenen Titel aufgefunden. Das bedeutet nicht, dass es nicht möglicherweise derartige Vorgänge an der TH Hannover gegeben hat. Vielmehr kann anhand der vorhandenen Quellen derzeit keine andere Aussage getroffen werden.

7.1. Diplome – Aberkennungen nicht feststellbar

Zwischen 1903 und 1945 hat es an der TH Hannover insgesamt 10738mal einen Beginn der Diplomingenieurprüfung gegeben. Aus den überlieferten Materialien lassen sich bislang keine Schlüsse ziehen, wonach einzelnen Diplomingenieuren in der Zeit zwischen 1934 und 1945 ihr erworbener akademischer Titel der TH Hannover aufgrund der oben aufgeführten gesetzlichen Bestimmungen aberkannt worden ist. Unter Hinweis auf die bereits an anderen THs in der Bundesrepublik Deutschland und in Österreich durchgeführten Untersuchungen zu diesem Themenkomplex hatte sich gezeigt, dass dieser Titel eher selten entzogen worden ist. Trotzdem wurden stichprobenartig die Bestände auf etwaige Entziehungen anhand der Personendaten überprüft. Hierbei wurden keine Todesfälle in der NS-Zeit festgestellt. Dennoch kann nicht ausgeschlossen werden, dass es auch, wenngleich eher in wenigen Fällen, zu Entziehungen von Diplomingenieurtiteln an der TH Hannover während der Zeit des Nationalsozialismus gekommen ist. Auch Nachforschungen vor Ort im Bundesarchiv in Berlin-Lichterfelde ergaben keine neuen diesbezüglichen Erkenntnisse.

[173] UniA Hannover, Hann. 146A, Acc. 10/85 Nr. 206.

[174] Anm.: Mitteilung des Standesamtes Iserlohn mittels eMail v. 20.04.2011 an den Verfasser dieser Masterarbeit, der aufgrund anderweltiger Forschungen eine Bescheinigung nach § 66 Absatz 2 des neuen Personenstandrechtes besitzt und hierdurch Einsicht in an sich geschützte Daten deutscher Standesämter bekommt. Im Rahmen der Recherchen über das Leben von Walter Nörrenberg-Sudhaus wurde Kontakt zur engeren Familie hergestellt. Dabei stellte sich heraus, dass die Familie stets über seine sexuelle Identität informiert war. Nörrenberg-Sudhaus musste im Krieg aufgrund einer schwerwiegenden Verwundung eine Hand amputiert werden. Nach Kriegsende konnte er u.a. deswegen kein Studium mehr aufnehmen, sondern musste im elterlichen Unternehmen aushelfen. Sein Schwiegersohn wünscht augenblicklich keine Wiederaufnahme des Verfahrens, so dass seitens der LUH eine Rehabilitation im Moment wohl nicht eingeleitet werden kann.

nischen Pass erhalten.[201] Noch während des Krieges sorgte er dafür, dass Bilder von Kurt Schwitters in seiner Fabrik untergestellt werden konnten und so erhalten blieben.[202] Ebenfalls im II. Weltkrieg wurde ihm am 10. Januar 1940 die Doktorwürde aberkannt. Mit innerhochschulischem *Erlass No. 199.40* ist die Entscheidung in der zentralen Promotionsliste ergänzt und die Promotion selbst, welche die laufende Nummer 152 trägt, durchgestrichen worden.[203] Eine formale Akte über diesen Vorgang hat sich auch nach intensiven Bemühungen innerhalb der LUH nicht auffinden lassen. Vergleiche mit dem Prozedere an anderen Universitäten und Hochschulen lassen den Schluss zu, dass nach Bekanntgabe im *Reichanzeiger* die TH Hannover von sich aus tätig wurde und somit das Einzugsverfahren für Walter Dux einleitete.

Erich Dux scheint nach Ende des II. Weltkrieges in die Fußstapfen des Vaters getreten zu sein, denn er saß in den 1950er bis 1960er Jahren im Aufsichtsrat der hannöverschen Sichel-Werke. In den 1960er Jahren wurde die Firma an die Henkelwerke veräußert, die noch heute in Hannover-Linden produzieren.[204] Walter Dux selbst verstarb 98jährig am 29. Juni 1987, vermutlich ohne dass er bis zu seinem Tode von der Entziehung seines akademischen Titels Kenntnis gehabt hatte. Seine Ehefrau überlebt ihn um wenige Jahre und verstarb ebenfalls hochbetagt im Alter von 99 Jahren. Offenbar hat sich nach dem Kriege keiner der Familie Dux um eine Rückübertragung ihrer verlorenen deutschen Staatsangehörigkeit bemüht. Weitere biographische Daten waren bis Abgabeschluss nicht zu ermitteln, da der Sohn von Walter Dux erkrankt war und im Herbst 2011 schließlich verstarb.[205]

7.3. Ehrendoktorentitel und der Umgang mit diesen: Streichung in den Listen

Der Titel eines *Dr.-Ing. E.h.* wurde nach den vorliegenden Unterlagen zwischen 1918 bis 1933 insgesamt 84mal vergeben.[206] Aufgrund der vorliegenden Unterlagen aus dem UniA Hannover lassen sich drei Personen identifizieren, denen in der Zeit des Nationalsozialismus ihr zuvor verliehener Ehrendoktorentitel nachträglich durch Streichung aus den veröffentlichten Listen entzogen worden ist. Ihre Lebensstationen, und, soweit möglich, ihr beruflicher Werdegang sowie auch ihr Bezug zur TH Hannover, werden nachfolgend skizziert.

[201] Anm.: Angabe durch Frau Caroline Blausten, Enkeltochter von Walter Dux, London; Telefongespräch mit dem Verfasser dieser Arbeit am 10.03.2011.

[202] Kurt und Ernst Schwitters Stiftung, Nachlass, S. 43.

[203] Zentrale Promotionsliste der TH Hannover, ohne Signatur im Archiv der Fakultät für Maschinenbau an der LUH, Band II, Nr. 152.

[204] Anm.: Angabe durch Herrn Holger Horstmann, Stadtarchiv Hannover, mittels eMail v. 15.02.2011.

[205] Anm.: Angabe durch Frau Caroline Blausten, Enkeltochter von Walter Dux, London; Telefongespräch mit dem Verfasser dieser Arbeit am 10.03.2011.

[206] UniA Hannover, Hann. 146A, Acc. 64/81 Nr. 53, Aufstellung von 27.11.1933.

7.3.1. Albert Carsten – Architekt der Danziger TH: Verfolgt und entrechtet[207]

Der spätere *Geheime Regierungsrat* Albert Carsten wurde am 1. November 1857[208] oder 1859[209] in Berlin geboren. Aus den Unterlagen des Universitätsarchivs der LUH geht hervor, dass Albert Carsten früher „*Cohn*" hieß. Seine Eltern sind nach den damaligen Angaben am 18. Oktober 1898 aus der jüdischen Religionsgemeinschaft ausgetreten. Ihnen wurde am 7. März 1899 der neue Nachname „*Carsten*" gegeben.[210]

Über seinen schulischen und beruflichen Lebensweg konnten in den zur Verfügung stehenden Unterlagen keinerlei Angaben aufgefunden werden. Zu vermuten ist, dass er an einer bislang nicht bekannten Hochschule Architektur studierte. Möglich wäre auch, dass er zunächst eine Beamtenlaufbahn durchlaufen hat. Bislang lassen sich weitere Bauten von ihm bis 1900 nicht nachweisen; er muss jedoch so erfolgreich auf seinem Gebiet gewesen sein, dass er anschließend öffentliche Bauten errichten durfte.

Zwischen März 1900[211] und Oktober 1904 errichtete er in Danzig die Gebäude der dortigen TH Danzig, seit seiner Ernennung durch Kaiser Wilhelm II. im Jahr 1904 war er zudem dort Professor für Architektur.[212] 1912 war er einer der Ortsvertrauensleute des Deutschen Werkbundes; im Mitgliederverzeichnis aus diesem Jahr wird er als *Prof. Albert Carsten, Danzig-Langfuhr* bezeichnet.[213] Ein Jahr später wird er in einer weiteren Übersicht als *Kgl. Baurat* verzeichnet.[214] Auf der Internationalen Baufachausstellung mit Nebenausstellungen in Leipzig 1913 wurde ihm eine *Goldene Medaille* verliehen, in diesem Zusammenhang wird er als *Baurat* geführt.[215]

---

[207] Das nachfolgende Bild Albert Carstens verdanke ich der freundlichen Zurverfügungstellung des Herrn Rektor der heutigen Politechniki Gdańskiej (Technischen Universität Danzig), Herrn Prof. Krawczyk.

[208] Vgl. http://deu.archinform.net/arch/62108.htm (22.08.2010, 10.00 Uhr). Anm.: Zum evtl. abweichenden Geburtsjahr siehe nachfolgende Fußnote.

[209] Vgl. http://www.yadvashem.org (22.08.2010, 10.45 Uhr). Anm.: In dieser Datenbank wird er mit einem Geburtsjahr *1859* und Geburtsort *Berlin* geführt. Dieses Geburtsjahr wird auch an anderer Stelle verwendet: http://trojmiasto.gazeta.pl/trojmiasto/1,35635,8031110,Pionierzy_techniki_na_gmachu_Politechniki_Gdanskiej.html (22.08.2010, 10.45 Uhr); hier wird im Text Bezug auf die Technische Hochschule Danzig genommen. Das Geburtsjahr 1859 wird auch in den Unterlagen des Universitätsarchives Hannover verwendet.

[210] UniA Hannover, Hann. 146A, Acc. 10/85 Nr. 48, Schreiben v. 14.02.1939.

[211] Vgl. http://www.danzig-online.pl/th/the.html (22.08.2010, 10.30 Uhr).

[212] Vgl. http://www.pg.gda.pl/informacje/historia/hist1.shtml (22.08.2010, 10.30 Uhr). Vgl. auch Ministerium der öffentlichen Arbeiten (Hrsg.): Zentralblatt der Bauverwaltung, Nr. 67. XXIV. Jahrgang, Berlin 1904 (vgl. http://opus.kobv.de/zlb/volltexte/2008/3779/pdf/ZBBauverw_1904_067.pdf, 22.08.2010, 10.45 Uhr).

[213] Deutscher Werkbund: Mitgliederliste des Deutschen Werkbundes 1912 (siehe hierzu unter anderem auch http://www.deutscherwerkbund-nw.de/uploads/media/1912_Mitglieder.pdf, 22.08.2010, 10.15 Uhr).

[214] Deutscher Werkbund: Mitgliederliste des Deutschen Werkbundes 1913 (siehe hierzu unter anderem auch http://www.deutscherwerkbund-nw.de/uploads/media/1913_Mitglieder.pdf, 22.08.2010, 10.15 Uhr).

[215] Vgl. http://www.kmkbuecholdt.de/historisches/sonstiges/IBALeipzig1913_01.htm (22.08.2010, 10.30 Uhr).

Für die Zeit ab 1913 kann über das berufliche Leben Albert Carstens nach dem derzeitigen Kenntnisstand nicht berichtet werden, insbesondere nicht, ob und wann er freiwillig oder möglicherweise zwangsweise in den Ruhestand ging. Unterlagen über eine eventuelle Pensionskürzung aufgrund der einschlägigen nationalsozialistischen Gesetze nach 1933 haben sich ebenfalls bislang nicht auffinden lassen. Wann er in die Verfolgungsmechanismen geriet, lässt sich heute nicht mehr hundertprozentig nachweisen, 1943 starb er jedoch im KZ Theresienstadt.[216]

Am 30. Oktober 1929 wurde Albert Carsten zum Dr.-Ing. E.h. der TH Hannover ernannt.[217] Die Leitung der TH Hannover setzte sich ab 1933 sehr für ihren akademischen Ehrenbürger ein. Vor allem mit einem Schreiben vom 27. April 1939 legte sie gegenüber der NSDAP dar, ihn lediglich aus den Verzeichnissen zu streichen. Albert Carsten wäre „*also nicht vom zersetzendem jüdischen Einfluss auf die Studierenden*" geprägt, vielmehr sei er aufgrund seiner Tätigkeit für die Hochschule in Danzig zu einem „*abgeklärten Staatsbürger*" geworden.[218]

Das Empfehlungsschreiben des Rektors an die NSDAP war zuvor von Professor Friedrich Fischer vorbereitet worden. Mit Schreiben vom 9. Mai 1939 teilt die NSDAP-Gauleitung Südhannover-Braunschweig dem Rektor der TH Hannover mit, dass die Aberkennung des Ehrentitels von Albert Carsten in der Form stattfinden kann, dass sein Name stillschweigend aus dem Vorlesungsverzeichnis der TH Hannover zu streichen wäre. Berücksichtigt wurde vor allem das hohe Alter Carstens, zu diesem Zeitpunkt war er 84 Jahre alt, und die Tatsache, dass einer seiner Söhne im Ersten Weltkrieg gefallen und ein anderer schwer kriegsverletzt zurückgekehrt sei.[219] Am 15. Mai 1939 erfolgte die Streichung aus den Listen der TH Hannover.[220]

---

216 Vgl. auch Datenbank des KZ Theresienstadt: http://www.holocaust.cz/cz2/victims/result (22.08.2010, 11.00 Uhr).

217 UniA Hannover, Hann. 146A, Acc. 64/81 Nr. 53, Aufstellung von 27.11.1933.

218 UniA Hannover, Hann. 146A, Acc. 10/85 Nr. 48, Schreiben v. 27.04.1939.

219 UniA Hannover, wie zuvor, Schreiben v. 09.05.1939. Anm.: Auf diesem letzten Schreiben finden sich Hinweise auf Vorgänge hinsichtlich der Beziehungen akademischer Titel an der damaligen TH Hannover. So wurde u.a. ein handschriftlich, mit Bleistift geschriebener Vermerk hinterlassen („*I/10,b [Entziehung]*").

220 UniA Hannover, keine Signatur, Verzeichnis der Ehrendoktoren der TH Hannover, fortlaufend nummerierte Eintragungen, letztmalig 05.05.1972; siehe auch Münkel, TH Hannover, S. 33.

Schriftliche Werke des Architekturprofessors haben sich in deutschen Bibliotheken kaum erhalten, in ganz Hannover befindet sich nur ein Exemplar in der Leibniz Bibliothek. Das dortige Heftchen aus dem Jahr 1912 beinhaltet seine Festrede an der Danziger Universität zu *Kaisers Geburtstag* am 27. Januar des gleichen Jahres.[221] Mangels Vergleichsmöglichkeiten

[221] Carsten, Gartenkunst.

mit anderen Werken und unter Berücksichtigung der damals gewünschten staatstragenden Wortwahl kann die Persönlichkeit Albert Carstens hieraus nicht abgeleitet werden. Ob sich eventuell an der Danziger Universität Unterlagen aus der Zeit vor dem II. Weltkrieg erhalten haben, konnte aufgrund der Sprachbarriere nicht herausgefunden werden. Weitere Unterlagen waren nicht zu beschaffen.

7.3.2. Arthur Eichengrün – Erfinder, Verfolgter, Entrechteter, Überlebender[222]

Die Person Arthur Eichengrüns ist bereits Gegenstand verschiedener wissenschaftlicher Untersuchungen gewesen. Die Frage, ob er der Urheber beziehungsweise Erfinder des Medikaments Aspirin® gewesen ist, soll hier nicht wieder aufgegriffen werden; vielmehr sollen kurze Skizzen sein Leben und sein nachweisbares wissenschaftliches Arbeiten aufzeigen.

Geboren am 13. August 1867 in Aachen, bezeichnete er sich persönlich aufgrund der Assimilierung seiner Familie als freireligiös, seine jüdischen Wurzeln bedeuteten für ihn jedoch immer wieder, dass er sich nicht so frei entwickeln konnte, wie dies nichtjüdische Deutsche konnten. Für einen Juden bedeutete im Kaiserreich vor 1918 vor allem die Möglichkeit eines Studiums den späteren sicheren sozialen Aufstieg. Sein Chemiestudium, begonnen 1885 zunächst in Aachen und später dann in Berlin fortgesetzt und beendet, ist für ihn der Ausgangspunkt seines späteren Lebens und Wirkens gewesen. Das erfolgreiche Absolvieren des Studiums allein bedeutete im wilhelminischen Kaiserreich noch lange nicht das Ende aller Mühen. Eine Promotion war bis 1899 an THs noch nicht möglich, so dass sich Eichengrün, wie viele seiner anderen Chemiekollegen, darum bemühen musste, seinen Anschluss an einer anderen deutschen Universität anerkennen zu lassen. Dieses gelang ihm schließlich nach Vermittlung in Erlangen. Das weitere, abwechslungsreiche Leben ist in der 2005 erschienenen Abhandlung über sein Wirken als Chemiker in Deutschland umfassend und nahezu abschließend beschrieben worden.[223] Am 25. Juni 1929 verlieh ihm die TH Hannover seinen akademischen Ehrentitel „*Dr.-Ing. E.h.*“.[224]

[222] Das nachfolgende Bild Arthur Eichengrüns verdanke ich seinem Enkel Ernst Eichengrün aus Königswinter.
[223] Vaupel, Arthur Eichengrün, S. 3408-3419.
[224] Vgl. ADB http://daten.digitale-sammlungen.de/0001/bsb00016320/images/index.html?seite=390 (25.09.2010, 18.45 Uhr) sowie UniA Hannover, Hann. 146A, Acc. 64/81 Nr. 53, Aufstellung von 27.11.1933.

Mit Schreiben vom 2. August 1938 teilte der *„Reichsführer SS und Chef des Sicherheitshauptamtes im Reichsministerium für Wissenschaft, Erziehung und Volksbildung in Berlin“* mit, dass Arthur Eichengrün trotz seines Austrittes aus dem Judentum im November 1894 weiterhin als Jude anzusehen sei. Gemäß einer gültigen Verfügung des Reichserziehungsministers könnten Juden nicht Ehrendoktoren an deutschen Hochschulen sein. Um weitere Veranlassung wurde gebeten. Am 26. August 1938 teilte der Reichsminister diesen Sachverhalt der Hochschulleitung mit.[225] Knapp einen Monat später, am 23. September 1938, antwortete die Hochschulleitung dem Reichsministerium, wonach in Hannover kein Erlass bekannt wäre, dass die Zugehörigkeit zur jüdischen Rasse ohne weiteres die Entziehung der Würde des Eh-

[225] UniA Hannover, Hann. 146A, Acc. 10/85 Nr. 48, Schreiben v. 26.08.1938.

rendoktors zur Folge hätte. Auch wurde darauf hingewiesen, dass der Erlass vom 4. Juni 1936 beziehungsweise seine Ausführungsbestimmungen vom 2. Juli 1938, die Problematik von akademischen Ehrentiteln nicht explizit aufgriffe. Es wäre dort lediglich davon „*die Rede, dass Juden nicht im Personalverzeichnis der Hochschule erscheinen dürfen*". Im Weiteren wird ausgeführt, dass die Arbeiten und Erkenntnisse auch heute noch der deutschen Luftfahrt „*wertvolle Dienste*" leistete.[226]

Trotz dieser „*wertvollen Dienste*" geriet er in die Verfolgungsmechanik der NS-Politik: Am 13. sowie am 15. November 1943 verzeichnet das Krankenbuch des Polizeigefängnisses Berlin die Versorgung mit 40 Einheiten Insulins infolge seiner Diabetes.[227] Zuvor war er offenbar bereits in der Kartei der Reichsvereinigung der Juden in Deutschland erfasst worden. Auf der erhalten gebliebenen Karteikarte ist die Anschrift „*München, Maximilianspl. 5 Hotel Regina*" durchgestrichen und durch „*Bln. Charlottenburg. Kaiserdamm 34*" ersetzt worden. Ebenfalls erfasst wurden seine beiden Doktorentitel.[228] Kurze Zeit später wurde er nach Theresienstadt überführt. Hier wird er in verschiedenen Listen aufgeführt.[229] Wann genau die Streichung seines akademischen Ehrentitels erfolgte, kann heute nicht mehr vollständig nachvollzogen werden.[230] Am 23. Dezember 1949 ist er in Bad Wiessee verstorben.[231] Eine Rehabilitation wurde nach Kriegsende nicht vorgenommen.

7.3.3. Max Krone: Unverhofft nachträglich bestraft

Über den am 25. Juli 1870 in Hannover geborenen Max Krone ist in den Archiven wenig überliefert. Im historischen Konzernarchiv der RWE in Essen haben sich zwei Artikel zum 60. Geburtstag 1930 erhalten. Demnach studierte er nach dem Erreichen des Abiturs an der TH Hannover und zwar die Fächer Maschinenbau und Elektrotechnik. Um 1894 schloss er sein Studium als Ingenieur ab, von da an war er bei verschiedenen Unternehmen in der Industrie tätig. Unter anderem sind hier aufzuführen die Firma Körting, Hannover, sowie die Maffei-Schwartzkopfwerke, Berlin. Etwa ab 1910 verlagerte sich sein Interesse hin zur Elektrizitätswirtschaft. Am 1. Juli dieses Jahres wurde er in Bochum Mitglied des Vorstandes des damaligen Elektrizitätswerkes Westfalen AG, einem der Vorläuferunternehmen der RWE.

---

[226] UniA Hannover, wie zuvor, Schreiben v. 23.09.1938.

[227] ITS Bad Arolsen, Krankenbuch des Polizeigefängnisses Berlin, Dokumentennummern 11301525 und 11301526.

[228] ITS Bad Arolsen, Kartei der Reichsvereinigung der Juden in Deutschland, Dokumentennummer 12652208.

[229] ITS Bad Arolsen, Buch SHARIT HA-PLATAH, Dokumentennummer 78772353.

[230] UniA Hannover, keine Signatur, Verzeichnis der Ehrendoktoren der TH Hannover. Anm.: Hinweis mit Bleistift eingetragen „gestrichen".

[231] ADB http://daten.digitale-sammlungen.de/0001/bsb00016320/images/index.html?seite=389 (25.09.2010, 18.45 Uhr).

Die nachfolgenden 20 Jahre waren nach den vorliegenden Artikeln für ihn arbeitsintensiv, denn er beteiligte sich im so genannten engeren westfälischen Industriebezirk an insgesamt 23 Stadt- und Landkreisen hinsichtlich ihrer Elektrizitätsversorgung. Die Vereinheitlichung der regionalen Elektrizitätsunternehmen führte im Januar 1925 zur Gründung der Vereinigten Elektrizitätswerke (VEW), deren Generaldirektor er seitdem war.[232] Hinsichtlich seines bereits 1926 verliehenen akademischen Ehrentitels als akademischer Ehrenbürger siehe Kapitel 7.4.1. Das unermüdliche Eintreten für die Interessen der Elektrizitätswirtschaft hat für ihn dazu geführt, dass Max Krone die TH Hannover am 31. Januar 1929 den Titel „*Dr.-Ing. E.h.*" verlieh.[233] Im Zentralblatt der Bauverwaltung wird er als „*Generaldirektor Max K r o n e in Dortmund, dem hervorragenden Führer auf dem Gebiete der Elektrizitätsversorgung Deutschlands*" bezeichnet.[234]

Laut Auskunft des RWE-Archives wurde er Ende 1930 infolge der Weltwirtschaftskrise von seiner Vorstandstätigkeit entbunden. Ferner soll in den dortigen Unterlagen verzeichnet sein, dass nach der Machtergreifung der Nationalsozialisten 1933 diese ihn später für die schwere Finanzkrise des Unternehmens verantwortlich machten und dafür sorgten, dass seine Pension gekürzt wurde. Im Juli 1932 wurde er vom Landgericht in Essen wegen Untreue zu einem Jahr Gefängnis sowie 6000 RM ersatzweise zwei weiteren Monaten Gefängnis verurteilt; teilweise wurde er freigesprochen.[235] Am 12. August 1933 erfolgte die Streichung aus den Listen der TH Hannover.[236] Sein Tod wird mit dem 18. September 1942 in den Dokumenten vermerkt.[237]

Nach den überlieferten Unterlagen im UniA Hannover lässt sich nicht nachweisen, dass Max Krone nationalsozialistisches Unrecht widerfahren ist, indem seine beiden akademischen Ehrentitel nach der erfolgten Rechtskräftigkeit seiner Verurteilung nach den damals noch gültigen Bestimmungen aus der Weimarer Republik aberkannt wurden. Die Aussagen aus dem RWE-Archiv lassen sich allerdings auch nicht widerlegen. Inwieweit bei ihm einseitig natio-

[232] *Das Kommunale Elektrizitätswerk* v. 01.08.1930 sowie *Technische Mitteilungen* vom August 1930. Anm.: Ich danke Herrn Peter Döring vom Historischen Konzernarchiv der RWE in Essen für die Übersendung der entsprechenden Artikel über Max Krone. Ohne diese Artikel wären Einzelheiten zum Leben und Wirken von Max Krone nicht möglich gewesen.
[233] UniA Hannover, wie zuvor, Aufstellung von 27.11.1933.
[234] Zentralblatt der Bauverwaltung, Ausgabe 20.02.1929, S. 124; Auszüge befinden sich auch unter http://opus.kobv.de/zlb/volltexte/2008/5982/pdf/ZBBauverw_1929_08.pdf (21.08.2010, 20.35 Uhr). Vgl. auch Matschoss, Männer der Technik (Widmung für Max Krone im Vortext).
[235] UniA Hannover, keine Signatur, Verzeichnis der Ehrendoktoren der TH Hannover, Zeitungsartikel Hannoverscher Kurier v. Juli 1932.
[236] UniA Hannover, Hann. 146A, Acc. 64/81 Nr. 53, Schreiben des Rektors der TH Hannover v. 06.04.1934 an den Preußischen Minister für Wissenschaft, Kultur und Volksbildung.
[237] UniA Hannover, keine Signatur, Verzeichnis der Ehrendoktoren der TH Hannover.

nalsozialistische Einflussnahme gewirkt hat, kann somit derzeit nicht abschließen beurteilt werden. Insoweit lässt sich aber auch das Gegenteil nicht beweisen, weswegen Max Krone zusammen mit den anderen hier behandelten Ehrenwürdenträgern rehabilitiert werden sollte.

7.4. Zwei akademische Ehrenbürger werden aus den Listen gestrichen

68 Personen wurden zwischen 1918 und 1933 zu Ehrenbürgern der TH Hannover ernannt.[238] Ehrenbürger sind Menschen, die sich um die Universität verdient gemacht haben, sie müssen nicht zwingend selbst akademische Würden zuvor erlangt haben. Einige Universitäten im deutschsprachigen Raum unterscheiden jedoch zwischen geehrten Akademikern, die einen unmittelbaren Bezug zur jeweiligen Hochschule oder Universität haben, und den zu Ehrenden, die sich aufgrund ihrer Lebensleistung Verdienste erworben und deswegen einen Ehrendoktorentitel erhalten haben. Bei der Abfassung dieser Masterarbeit wurde die Unterscheidung von 1947 aufgegriffen und fortgeführt, um innerhalb der gesamten Arbeit nicht künstliche Brüche herbeizuführen. Aus den vorhandenen Unterlagen, sei es aus dem Universitätsarchiv oder aus anderen Quellen, lassen sich derzeit Unterscheidungen zwischen allen hier behandelnden Personen hinsichtlich ihrer akademischen Vorbildung beziehungsweise ihrem Bezug zur damaligen TH Hannover nicht in allen Einzelheiten durchführen. Zudem wurde gelegentlich im UniA Hannover in den dortigen Vorgängen darauf verwiesen, dass Stiftungen zugunsten der damaligen TH Hannover die Ernennung zum akademischen Ehrenbürger nach sich zog.

7.4.1. Weitere Titelaberkennung für Max Krone

Am 30. November 1926 wurde Max Krone von der TH Hannover zum akademischen Ehrenbürger ernannt.[239] Hinsichtlich seines weiteren Lebenslaufes und seines ebenfalls durch die TH Hannover zuvor verliehene Würde eines *Dr.-Ing. E.h.* siehe Kapitel 7.3.3., in welchem auch über auf die Bewertung dieses Sonderfalles aus dem Bereich der Aberkennung von akademischen Titeln näher eingegangen wird.

7.4.2. Als Akademischer Ehrenbürger nunmehr unerwünscht: Gustav Noske

Zum 1946 verstorbenen vormaligen Oberpräsidenten der preußischen Provinz Hannover, Gustav Noske, gibt es eine Reihe biografischer Bücher und Abhandlungen wie auch wenige, eigene Veröffentlichungen. Ursprünglich am 9. Juli 1868 in Brandenburg an der Havel westlich von Berlin geboren, engagierte er sich bereits in seiner Zeit als ursprünglich gelernter Korbmacher in der sozialistischen Arbeiterbewegung. Ab 1896 war er zusammen mit dem

[238] UniA Hannover, Hann. 146A, Acc. 64/81 Nr. 53, Aufstellung von 27.11.1933.
[239] UniA Hannover, Hann. 146A, Acc. 64/81 Nr. 53, Aufstellung von 27.11.1933.

späteren preußischen Ministerpräsidenten Otto Braun in der Redaktion der sozialdemokratischen Zeitung in Königsberg in Ostpreußen tätig. Seine Verbindungen zur Sozialdemokratie führten ihn 1903 nach Chemnitz. Hier war er Chefredakteur der *Volkstimme*. Ab 1906 wurde er dort in Chemnitz in den Deutschen Reichstag gewählt und vertrat seinen Wahlkreis vehement. Seine Tätigkeit als Kriegsberichterstatter führte unter anderem dazu, dass er 1918 zur Wiederherstellung der Ordnung nach Kiel beordert wurde und dort das Amt eines Gouverneurs übernahm. Als Vorsitzender des örtlichen Arbeiter- und Soldatenrates sammelte er wichtige Erfahrungen, obwohl er selbst nie in der Armee gedient hatte. Im Herbst 1918 wurde er Mitglied des Rates der Volksbeauftragten und im Januar 1919 war er als amtierender Oberbefehlshaber der Reichswehr an der Niederwerfung der Spartakistenaufstandes in Berlin beteiligt. Dieses erfolgreiche Unternehmen bescherte ihm die Ernennung zum Reichswehrminister, ein Amt, welches er jedoch nur kurz ausübte.

Ab 1920 war er Oberpräsident der Provinz Hannover und übte dieses Amt fast 13 Jahre souverän und mit preußischen Tugenden ausgestattet aus. Der Regierungsantritt der ersten Regierung Hitlers am 30. Januar 1933 führte ihm schnell vor Augen, dass linke beziehungsweise sozialdemokratische Beamte unter den nun herrschenden Nationalsozialisten nicht lange im Amt bleiben würden. Ein persönliches Treffen mit dem späteren preußischen Ministerpräsidenten Hermann Göring in Berlin sollte ursprünglich dazu führen, dass er sein Amt beurlaubt mit Erreichen der Altersgrenze im Herbst 1933 aufgeben würde. Vier Tage vor dem Erreichen dieser Altersgrenze wurde er jedoch als politisch nicht zuverlässiger Beamter unter Kürzung seiner Bezüge entlassen. Anschließend zog er sich nach Frankfurt am Main, wo eine Tochter von ihm lebte, zurück. Dort lebte er als Privatmann.[240]

Im Stadtarchiv Hannover, Einwohnermeldekartenarchiv, gibt die erhaltene Meldekarte etwas mehr Auskunft über seine Person, u.a. werden alle seine Vornamen („*Heinrich Otto Gustav*") und sein Sterbeort „*Haltenhoffstraße 41*" angegeben. Vor seinem Verzug nach Frankfurt am Main 1934 hatte er laut dem hannöverschen Adressbuch von 1934, ebenfalls Stadtarchiv Hannover, in der Rühmkorffstraße 13 II gelebt. An weiteren Familiendaten sind seine Ehefrau (Martha, geb. Thiel, geb. 10. April 1872 in Klingerwalde), sein Sohn (Egon, geb. 6. Februar 1895 in Brandenburg, gest. 25. Mai 1921 in Ingolstadt) und seine Töchter (Hanna [geb. 13. Dezember 1898 in Königsberg/Preußen, verehelicht am 16. Juni 1923 mit Direktor Erhard Rolfter [?[241]], geb. 19. Juli 1894 in Frankenstein, geschieden durch das Landgericht Frankfurt

[240] Bode, Noske als Oberpräsident; Czisnik, Staatsmann; Noske, Erlebtes.
[241] Anm.: Name schwer lesbar.

unter dem Aktenzeichen 2/4 R 93/36) und Marta [geb. 28. Mai 1907 in Chemnitz, verzogen am 27. September 1934 nach Frankfurt am Main]) vermerkt; alle Angaben sind auf der Meldekarte posthum verzeichnet worden.[242]

Am 10. November 1927 war Gustav Noske zum akademischen Ehrenbürger der TH Hannover ernannt worden.[243] Bereits im Laufe des Jahres 1933 hatte es Bestrebungen gegeben, ihm seinen Ehrentitel zu entziehen.[244] So wurde beispielsweise am 8. Juli 1933 der Senat befragt, wie mit der Erwähnung Noskes in den künftigen Vorlesungsverzeichnissen zu verfahren sei.[245] Hierauf erfolgte am 19. Juli 1933 eine Anfrage an den Preußischen Minister für Wissenschaft, Kunst und Volksbildung, in welchem sich zur Vorgehensweise wie folgt geäußert wird:

> *„In der Liste unserer Ehrenbürger steht der frühere Oberpräsident Noske. Noske war Bannerträger des alten Systems. Es wurde mir von nach meiner Meinung zuverlässiger Seite berichtet, dass Herr Staatsminister Göring bei der Verabschiedung Noskes diesem erklärt hätte, ihm würden seitens der heutigen Regierung drei Handlungen, die im Interesse des Deutschen Volkes gelegen hätten, nicht vergessen, sodass darin eine gewisse Anerkennung der Haltung Noskes gelegen hatte. Ich bin nicht in der Lage, diese Nachricht auf ihre Richtigkeit nachprüfen zu können. Wenn sie aber zutreffend ist, dann würde es vielleicht nicht gerechtfertigt sein, Herrn Noske aus der Liste der Ehrenbürger der Hochschule zu streichen, etwas, was ich sonst bei jedem Vertreter des alten Systems, der sich um die Erhaltung dieses Systems verdient gemacht hat, tun würde. Man könnte sich immerhin auf den Standpunkt stellen, dass die Wirksamkeit jedes Parteigängers des alten Systems für das Deutsche Volk so abträglich gewesen sei, dass einzelne vornehme Handlungen demgegenüber keine besondere Berücksichtigung verdienten. Es ist aber trotz allem eine Frage, die zweifelhaft sein könnte. Ich denke daran, wie scharf gegenüber den Studenten durchgegriffen werden soll, da doch jeder auch noch so unerfahrene junge Mann, der sich vielleicht aus reiner Torheit kommunistisch betätigt hat, relegiert werden muss. Es scheint mir jedenfalls ratsam, die Frage, ob Ehrenbürger usw., die sich unter dem alten System für dieses System an hervorragenden Stellen eingesetzt haben, noch weiter in den Listen der Hochschulen und Universitäten zu führen sind, ganz allgemein zu klären. Würde eine Streichung verfügt, so wäre es ja nicht nötig, den Betroffenen hiervon besondere Mitteilung zu machen.*
>
> *Ich bitte um eine baldige Entscheidung, da unser Vorlesungsverzeichnis in nächster Zeit in Druck gegeben werden muss.“*[246]

Das Ministerium antwortete bereits vier Wochen später am 12. August 1933 und empfahl der Leitung der TH Hannover „*(…) den Oberpräsidenten a.D. N o s k e aus der Liste der Ehrenbürger der dortigen Technischen Hochschule stillschweigend zu streichen.*“[247] Am 18. August 1933 erfolgte die Anweisung der Streichung aus den Listen, allerdings war zu

[242] Stadtarchiv Hannover, Einwohnermeldekarte.
[243] UniA Hannover, Hann. 146A, Acc. 64/81 Nr. 53, Aufstellung von 27.11.1933.
[244] UniA Hannover, Hann. 146A, Acc. 10/85 Nr. 48, Schreiben v. 11.01.1938.
[245] UniA Hannover, Hann. 146A, Acc. 62/81 Nr. 29, handschriftliche Aktennotiz v. 08.07.1933.
[246] UniA Hannover, wie zuvor, Schreiben v. 19.07.1933.
[247] UniA Hannover, wie zuvor, Schreiben v. 12.08.1933.

diesem Zweitpunkt das Vorlesungsverzeichnis 1933/34 bereits in Druck gegeben worden, so dass die Streichung erst für die Zukunft wirksam wurde.[248]

1937 wurde er erstmals auf einer Karteikarte der Gestapo Frankfurt erfasst: „*19.6.37 Lt. Mitteilung des RFSS. u. Ch. d. D. P. v. 17.6.37 bestehen gegen die Ausstellung eines Reisepasses an N. keine Bedenken. Für Ehefrau u. Tochter ebenfalls nicht.*“[249] 1939 ist es die Gestapo in Koblenz, die ihn nunmehr als „*Privatmann*“ erfasst: „*13.6.39 N. hält sich z.Zt. mit dem Minister a.D. Severing in Kochem a. d. Mosel, Hotel Landsknecht auf. Doe* [sic!] *Stapostellen in Bielefeld und Frankfurt haben Kenntnis erhalten.*“[250] Kurze Zeit später notiert dieselbe Gestapostelle über ihn: „*26.7.39 Noske und Severing sind am 11.6.39 mit einem Personendampfer von Kochem, in Richtung Koblenz, abgereist. Das neue Reisezie~~h~~l konnte nicht festgestellt werden.*“[251] Etwas später wird er wiederum von der Gestapo Frankfurt/Main erfasst: „*13.09.39 A. Kartei. Festgenommen am 8.9.39 u. entlassen.*“[252] Das Attentat auf Adolf Hitler im Juli 1944 führte dazu, dass sich die Frankfurter Gestapo noch einmal mit ihm befasste: „*23.10.44 Wurde weg. Verd. der Teilnahme am Attentat am 20.7.44 festgenommen u. nach Bln. überführt. Sollte Pol.-Beauftragter des Wehrkreises IX werden. Festnahme: 23.7.44.*“[253] Noske verbrachte die restliche Zeit des II. Weltkrieges in Gefängnissen und Konzentrationslagern in Frankfurt am Main, Fürstenberg und Berlin. Nach dem Ende des Krieges kehrte er nach Hannover zurück und unterstützte kurzzeitig die Neugründung der Sozialdemokratischen Partei Deutschlands. Am 30. November 1946 starb er an den Folgen eines Schlaganfalls in Hannover und wurde dort beigesetzt.[254]

7.5. Zwei Auffälligkeiten: Die TH-Leitung widersteht der NSDAP-Gauleitung

In den Akten des UniA Hannover werden einige Personen genannt, die seitens der zuständigen Gauleitung Südhannover-Braunschweig für zumindest entziehungswürdig gehalten wurden, darunter Kurt Finkenwirth und Heinrich Tiefers, die nachfolgend beispielshaft beschrieben werden sollen. Die überlieferten Akten enthalten keine schlüssigen Erklärungen, warum die Entziehungen anschließend nicht umgesetzt worden sind. Gleiches gilt auch für die

[248] UniA Hannover, wie zuvor, handschriftliche Notiz v. 18.08.1933 auf Schreiben v. 12.08.1933. Anm.: Allerdings wird auch gelegentlich v. 12.08.1933 als Entscheidungsdatum in den Akten gesprochen, vgl. auch UniA Hannover, Hann. 146A, Acc. 64/81 Nr. 53, Schreiben des Rektors der TH Hannover v. 06.04.1934 an den Preußischen Minister für Wissenschaft, Kultur und Volksbildung. Vgl. auch den heute nicht mehr nachvollziehbaren Vorgang U 1 No. 32413; Hinweis enthalten unter UniA Hannover, keine Signatur, Verzeichnis der Ehrenbürger der TH Hannover.

[249] ITS Bad Arolsen, Krankenbuch des Polizeigefängnisses Berlin, Dokumentennummer 12243651.

[250] ITS Bad Arolsen, Krankenbuch des Polizeigefängnisses Berlin, Dokumentennummer 12487964.

[251] ITS Bad Arolsen, Krankenbuch des Polizeigefängnisses Berlin, Dokumentennummer 12487964.

[252] ITS Bad Arolsen, Krankenbuch des Polizeigefängnisses Berlin, Dokumentennummer 12243651.

[253] ITS Bad Arolsen, Krankenbuch des Polizeigefängnisses Berlin, Dokumentennummer 12243651.

[254] Bode, Noske als Oberpräsident; Czisnik, Staatsmann; Noske, Erlebtes.

mehrfache Denunziation eines im Ausland lebenden Mannes, der offenbar jüdischer Abstammung gewesen sein soll. Das Schreiben beginnt mit: „*Im Anschluß an unsere vor kurzem stattgefundene Besprechung gebe ich Ihnen noch einige ergänzende Mitteilungen zu dem Verzeichnis der Ehrensenatoren, Ehrenbürger und Ehrendoktoren der Technischen Hochschule Hannover, die für Ihre Nachforschungen wertvoll sein könnten.*" Anschließend heißt es darin unter anderem: „*Wegen des Direktors Julius Laufer ist der Gauleitung bereits mitgeteilt worden, daß die Entziehung der Würde eines Ehrenbürger einzuleiten ist.*" In diesem Schreiben werden sodann weitere Namen aufgeführt, und zwar Karl Börgemann (Ehrenbürger; sei im September 1938 bereits verstorben), Walter Gropius[255] (Ehrendoktor; „*die Einstellung* [...] *Schöpfer des Bauhauses in Dessau, wird noch besonders nachzuprüfen sein*"), N.[256] Scheidt (Ehrendoktor; Staatssekretär a.D., verwickelt in einen *unliebsamen Prozeß*, aus Mangel an Beweisen freigesprochen) und Alfred Wohl (Ehrendoktor; Geh. Reg. Rat in Danzig, die Überprüfungen seiner *deutschblütigen* Abstammung seitens der dortigen Gauleitung seien noch nicht abgeschlossen). Die überlieferten Unterlagen im UniA Hannover lassen nicht erkennen, warum hier kein Entzug eingeleitet worden ist. Immerhin teilt das *Staatliche Sippenamt* Danzig am 25. Februar 1939, Posteingang am 3. März 1939, der TH Hannover über Alfred Wohl mit: „*Nach den diess. Ermittlungen ist* (...) *am 3. Oktober 1863 zu Graudenz (jetzt polnisch) als Sohn des Fabrikbesitzers Adolf Wohl und seiner Ehefrau Emma geb. Rosenberg geboren. Letztere sind volljüdisch.*" Obwohl sich am 18. April 1939 der *Reichsführer SS* noch einmal bei der Leitung der TH Hannover nach „*dem Juden*" Laufer erkundigte, enthalten die Unterlagen keine Hinweise auf eine eventuell vollzogene Entziehung.[257]

7.5.1. Kurt Finkenwirth – Syndikus der Industrie- und Handelskammer

Geboren am 4. Mai 1885 im reußischen Greiz als Sohn eines Fabrikbesitzers aus der Textilbranche und einem erfolgreichen Studium der Rechte und der Betriebswissenschaften, die mit der Promotion zum Dr. jur. abschloss, kam Kurt Finkenwirth 1920 als Syndikus zur Handelskammer nach Hannover. Hier entwickelte er unter anderem seine Ideen zur Verschmelzung von Braunschweig, Hannover, Oldenburg und Schaumburg-Lippe zu einem Land Niedersachsen. Aus der zwischenzeitlich in Industrie- und Handelskammer umbenannten Institution schied er nach der Machtergreifung der Nationalsozialisten aus, blieb aber ähnlichen Organisationen stets verbunden. Während des II. Weltkrieges war er u.a. für die Versorgung des

[255] Vgl. hierzu Anlage IV, Nr. 106 sowie die dazugehörige Fußnote.
[256] Anm.: Vorname nicht angegeben.
[257] UniA Hannover, Hann. 146A, Acc. 10/85 Nr. 48, Schreiben v. 27.02.1939 an den Personalamtsleiter Nebelung bei der NSDAP-Gauleitung Süd-Hannover-Braunschweig.

Heeres zuständig und kam am 4. Januar 1943 bei einem Zugunglück bei Wunstorf ums Leben.[258]

Im Stadtarchiv Hannover, Einwohnermeldekartenarchiv, gibt die erhaltene Meldekarte etwas mehr Auskunft über seine Person: Hier wird er u.a. als „*Dr. phil.*" geführt, seine Staatsangehörigkeit zunächst mit „*Reuss*" angegeben. Am 19. April 1920 ist er in die Holscherstraße 9 gezogen, zuvor war er in Krefeld ansässig gewesen. Am 3. Mai 1924 verzog er innerhalb Hannovers in die Bödeckerstraße 18 in der Oststadt. Am 30. September 1934 verzog der zuvor als „*Handelskammer Syndicus*" und nunmehr nur noch als „*Geschäftsführer*" bezeichnete Finkenwirth nach Kassel, Kaiserplatz 31. Ebenfalls auf der Meldekarte sind seine Ehefrau (Marg., geb. Merkel, geb. 4. Mai 1885 in Greiz) und seine Tochter (Ilse, geb. 9. November 1928 in Hannover) vermerkt.[259] Die TH ernannte ihn am 12. Mai 1931 zu ihrem akademischen Ehrenbürger.[260] Mit Schreiben vom 16. April 1934 teilte der Rektor der TH Hannover der Dozentenschaft mit, dass laut des Schreibens vom 6. April 1934 Nachforschungen ergeben hätten, dass durch ein ablehnendes Urteil der NSDAP-Gauleitung die Notwendigkeit eines Titelentzuges gegeben sei.[261] Aus den überlieferten Unterlagen geht nicht hervor, wie weiterhin mit diesem akademischen Ehrentitel verfahren worden ist. Am 28. Juni 1939 teilte der Rektor der TH Hannover aus einem heute nicht mehr nachvollziehbaren Grunde dem Reichsminister für Wissenschaft, Erziehung und Volksbildung in Berlin mit, dass nach Mitteilung der NSDAP-Gauleitung Südhannover-Braunschweig u.a. gegen den Syndikus Finkenwirth keinerlei politische Einwendungen erhoben werden.[262] Dieses bedeutete gegenüber der noch fünf Jahre zuvor herrschenden Meinung eine komplette Kehrtwendung. Bis in das Studienjahr 1941/42 wurde sein Name weiterhin im Vorlesungsverzeichnis der TH Hannover verzeichnet.[263]

7.5.2. Heinrich Tiefers – Bankdirektor, Königlich-Niederländischer Konsul

Über die Lebensdaten des ehemaligen Niederländischen Konsuls in Hannover und Direktor der Braunschweig-Hannoverschen Hypothekenbank, Landschaftstraße 8, ist in Hannover nur sehr wenig überliefert.[264] Nach Angaben des Niederländischen Ministeriums für Auswärtige Angelegenheiten wurde er am 4. August 1873 in Krefeld geboren. Aufgrund eines Königlich-

[258] Böttcher u.a., Hannoversches biographisches Lexikon, S. 117.
[259] Stadtarchiv Hannover, Einwohnermeldekarte.
[260] UniA Hannover, Hann. 146A, Acc. 64/81 Nr. 53, Aufstellung von 27.11.1933.
[261] UniA Hannover, wie zuvor, Schreiben v. 16.04.1934.
[262] UniA Hannover, Hann. 146A, Acc. 10/85 Nr. 48, Schreiben v. 28.06.1939; Antwortschreiben der Gauleitung v. 24.06.1939 aufgrund einer Anfrage der TH Hannover v. 03.06.1939.
[263] UniA Hannover, „ohne, Programme der TH Hannover 1930/31-1941/42".
[264] UniA Hannover, Hann. 146A, Acc. 62/81 Nr. 29, Schreiben v. 17.06.1922.

Niederländischen Beschlusses vom 4. März 1912 wurde er Konsul in Hannover. Seine Sprachkenntnisse waren neben Deutsch und Französisch auch Niederländisch, so dass seine Ernennung nicht ganz überraschend kam. Vor Herbst 1918 erhielt er für seine Verdienste im Ersten Weltkrieg das königlich-preußische Verdienstkreuz für Kriegshilfe.[265] Der Hannoversche Kurier vom 1. April 1933 berichtet aus Anlass seines 25jährigen Jubiläums als Direktor der Braunschweigisch-Hannoverschen Hypothekenbank:

> „(…) *Konsul Tiefers ist an vielen Stellen des öffentlichen Lebens in unserem Bezirke hervorgetreten, er war 11 Jahre Handelsrichter beim Landgericht, ist stellvertretender Vorsitzender des Hannoverschen Verkehrsvereins und Mitglied des Ausschusses des Verkehrsverbandes Niedersachsen-Kassel, er betätigte sich auch als Mitglied des Vorstandes der Hannoverschen Börse.*
>
> *Während des Krieges, in dem er u. a. auch die britischen und griechischen Interessen vertrat, war er Delegierter des Niederländischen Roten Kreuzes und der Niederländischen Ambulanz für Deutschland; durch diese Hilfswerke hat er der Stadt Jahre hindurch auch nach dem Kriege, zuletzt auch noch bei der großen Typhus-Epidemie, reiche Gaben verschafft; wegen seines wirksamen Eintretens für die Studentenhilfe ernannte ihn die Technische Hochschule Hannover im Jahre 1922 zu ihrem Ehrenbürger.* (…)“[266]

1924 wurde er von einem Herrn Wederkind wegen „*...der Art und Weise wie er mit gesunden Lebensmitteln usw. gehandelt hat...*“ angeklagt. Mit Schreiben vom 16. April 1934 teilte der Rektor der TH Hannover der Dozentenschaft mit, dass laut des Schreibens vom 6. April 1934 Nachforschungen ergeben hätten, dass ein ablehnendes Urteil der NSDAP-Gauleitung die Notwendigkeit eines Titelentzuges gegeben sei.[267] Aus den überlieferten Unterlagen geht anschließend nicht hervor, wie sodann mit diesem akademischen Ehrentitel verfahren worden ist.[268] Aufgrund eines Königlich-Niederländischen Beschlusses vom 17. August 1935 wurde er Ritter des Ordens von Oranien-Nassau.[269] Am 11. Dezember 1935 ist er verstorben.[270] Weitere Lebensdaten waren bislang nicht zu ermitteln.

7.5.3. Versuch einer Einordnung mit Blick auf Fraenkels *Doppelstaat*

Grundsätzlich ist es schwierig, aufgrund der dürftigen Aktenlage diese Vorgänge heute genau zu bewerten. Dennoch sind sie bereits im Ansatz eine Bestätigung für Ernst Fraenkels Analyse der nationalsozialistischen deutschen Diktatur aus dem Jahr 1941: Es muss daher hinterfragt werden, ob die TH Hannover sich in diesen Fällen seinerzeit maßnahmenstaatlich oder normenstaatlich verhielt. Anscheinend hat sich die TH Hannover hier normenstaatlich – „in dubio pro reo“ – gegenüber diesen beiden Schicksalen verhalten, während gegenüber Wal-

---

[265] Anm.: Angaben mittels eMail v. 21.10.2010 der Presse- und Kulturabteilung der Botschaft des Königreiches der Niederlande, Berlin.
[266] UniA Hannover, Hann. 146A, Acc. 62/81 Nr. 29, Hannoverscher Kurier v. 01.04.1933; vgl. auch Signatur Hann. 146A, Acc. 64/81 Nr. 53, Aufstellung von 27.11.1933.
[267] UniA Hannover, wie zuvor, Schreiben v. 16.04.1934.
[268] UniA Hannover, keine Signatur, Verzeichnis der Ehrenbürger der TH Hannover.
[269] Anm.: Angaben mittels eMail v. 21.10.2010 der Presse- und Kulturabteilung der Botschaft des Königreiches der Niederlande, Berlin.
[270] UniA Hannover, keine Signatur, Verzeichnis der Ehrenbürger der TH Hannover.

ter Dux und den anderen entzogenen Ehrentitelträgern eine maßnamenstaatliche Vorgehensweise angewandt wurde. Dieser Zwitterzustand ist nach Fraenkel symptomatisch für den NS-Staat.[271] Ein Nachweis für den Maßnahmenstaat ist u.a. die Tatsache, dass hier die Gauleitung der NSDAP Entscheidungskompetenz auszuüben versuchte.[272]

Insoweit stimmen die hier aufgeführten Beispiele auch mit den Untersuchungen von Rüdiger Fleiter überein, der zur Stadtverwaltung Hannovers im Dritten Reich geforscht hat.[273] Auch er weist deutlich darauf hin, wie es bereits 1941 Ernst Fraenkel analysierte, dass hier *„nicht die Kategorien ‚Staat' und ‚Partei' im Vordergrund stehen, sondern Rechtsstaatlichkeit und das Normgefüge der Diktatur.*"[274] Insgesamt wäre es sicherlich lohnend, alle überlieferten Vorgänge an der TH Hannover aus der Zeit zwischen 1933 und 1945 mit Blick auf Fraenkels *Doppelstaat* eingehend zu untersuchen und zu bewerten; dieses war jedoch nicht Gegenstand der vorliegenden Arbeit.

7.6. Ehrensenatoren – Keine Auffälligkeiten

Für die Zeit zwischen 1918 und 1933 lassen sich in den erhaltenen Unterlagen des Universitätsarchives Hannover fünf Verleihungen zum Ehrensenator nachweisen.[275] Hinsichtlich dieser Titel haben sich keine Hinweise auf Entziehungen während der NS-Zeit auffinden lassen. Die vorhandenen Quellen, insbesondere die erhalten gebliebenen Vorlesungsverzeichnisse aus der Zeit vor 1945, wurden intensiv überprüft; hierbei konnten keine Auffälligkeiten festgestellt werden. Alle bis 1945 verliehenen Ehrensenatorentitel sind in der Anlage VI aufgeführt.

8. Der Umgang mit den entzogenen Titeln an der TH Hannover nach 1945

Mit Schreiben vom 22. März 1947 hatte sich die Universität Göttingen an den niedersächsischen Minister für Volksbildung, Kunst und Wissenschaft gewandt und nachgefragt, wie es sich mit dem Entziehungen akademischer Grade von Ausgebürgerten verhielten.[276] Daraufhin antwortete die inzwischen als niedersächsisches Kulturministerium bezeichnete Behörde mit Schreiben vom 28. April 1947, dass die sogenannte *„Zweite Durchführungsverordnung zum Gesetz vom 29. März 1943 über die Entziehung akademischer Grade*" weiterhin in Kraft sei. Eine Wiedergutmachung nationalsozialistischen Unrechts käme daher nur im Rahmen einer Neuverleihung durch die betroffenen Fakultäten der Universitäten und Hochschulen infrage,

---

[271] Fraenkel, Doppelstaat, S. 25ff., aber auch S. 96ff.
[272] Fraenkel, Doppelstaat, S. 62ff.
[273] Fleiter, Stadtverwaltung.
[274] Fleiter, Stadtverwaltung, S. 18.
[275] UniA Hannover, Hann. 146A, Acc. 64/81 Nr. 53, Aufstellung von 27.11.1933.
[276] UniA Hannover, Nds. 423 Acc. 11/85 Nr. 149, Schreiben v. 22.03.1947.

Vier menschliche Schicksale stehen stellvertretend an der TH Hannover für das Leid, welches im nationalsozialistischen Deutschen Reich anders denkende und künstlich ausgegrenzte Menschen erdulden mussten. Waren diese vier Personen vor 1933 angesehene Bürger Deutschlands und der meisten Deutschen gewesen, so waren ihre akademischen Ehren im NS-Staat nichts mehr wert. Die TH Hannover hat, wie so viele andere Hochschulen und Universitäten im Deutschen Reich, ehemals anerkannten Wissenschaftlern und Personen der damaligen Zeitgeschichte ihre akademischen Titel beziehungsweise Ehrentitel aberkannt. Diese Aberkennungen sind ein Teil des damaligen nationalsozialistischen Unrechtsregimes, obwohl diesem Verfahren erlassene Gesetze und Verordnungen zu Grunde lagen, die zumindest den Anschein eines vermeintlich rechtsstaatlichen Verfahrens vermittelten.

Nach 1945 wurden diese Bestimmungen nicht sofort aufgehoben, was zunächst eine vermeintliche Legitimation für die vor 1945 erfolgten Entziehungen darstellte. In Niedersachsen dauerte es zwei Jahre bis 1947, bis sich das niedersächsische Kultusministerium erst aufgrund einer Anfrage der Universität Göttingen mit diesem Thema beschäftigte. Auch dieses ist ein Beispiel für die vermeintliche Annahme, dass in der unmittelbaren Nachkriegszeit nicht alle erlassenen Vorschriften des Dritten Reiches als typisches nationalsozialistisches Unrecht galten. Allerdings befasste sich das angeschriebene Ministerium nur mit den ausgebürgerten Akademikern. Personen, denen ihr Titel infolge von Verurteilungen und aufgrund anderer Benachteiligungen entzogen worden war, fielen erst einmal nicht unter diese Neuregelungen. Hierin manifestiert sich wiederum eine Haltung gegenüber den vor 1945 geltenden Bestimmungen, die durch dieses Verhalten den Anschein von Rechtmäßigkeit erhalten.

Viele Hochschulen und Universitäten des ehemaligen Deutschen Reiches haben sich ihrer NS-Vergangenheit gestellt und sich damit spät, aber dennoch aktiv der bundesrepublikanischen Nachkriegspolitik der Integration von NS-Belasteten entgegengestellt. Damit haben sie zwar nicht mehr den Entrechteten zu ihren Rechten verholfen, sie haben aber wenigstens aufgezeigt, dass auch diese vertriebenen Wissenschaftler Teil der deutschen Kultur sind und im Grunde nie davon zu trennen waren. Die Auswirkungen dieses Exodusses auf die Nachkriegsgesellschaft sind noch nicht umfassend wissenschaftlich untersucht worden, ansatzweise kann jedoch davon ausgegangen werden, dass die Kontinuität der zuvor herrschenden Nationalsozialisten von der Exilierung dieser Wissenschaftler maßgeblich profitierte und zudem dafür sorgte, dass die Erinnerung an diese Vertriebenen mit der Zeit verblassen konnte.

Leider war es aufgrund der wenigen erhaltenen Unterlagen nicht möglich, ein umfassendes Bild vom Handeln der Leitung der TH Hannover in der Zeit des Nationalsozialismus in Bezug auf das vorliegende Forschungsthema zu bekommen. Die erhaltenen Senatsprotokolle enthielten leider nicht die entsprechenden Hinweise auf entsprechend eingerichtete Ausschüsse, die sich beispielsweise an anderen deutschen Universitäten mit diesem Themenkomplex beschäftigten. Daraus lässt sich jedoch nicht ableiten, dass es solche Ausschüsse nicht gegeben hat. Vielmehr zeigen die wenigen überlieferten Unterlagen, dass auch an der TH Hannover die Umsetzung nationalsozialistischen Gedankengutes hinsichtlich des Entzuges akademischer Titel Wirkung entfaltete und vier Personen ihrer akademischen Ehrentitel verlustig gingen.

Die Beschäftigung mit diesem Thema war insoweit wichtig, um aufzuzeigen, dass es auch an der TH Hannover Entziehungen einiger akademischer Grade gegeben hat, wenngleich hier als Besonderheit auch akademischer Ehrentitel. Es ist ausdrücklich zu bedauern, dass diese vorhandenen Unterlagen nicht bereits zum 175. Jubiläum unserer Universität gesichtet und gewürdigt worden sind; damals wäre eine interessierte Öffentlichkeit besser mit diesem Thema konfrontiert gewesen. Es bleibt zu hoffen, dass die vorliegende Arbeit die Universitätsleitung, die studentischen Gremien und die zuständigen staatlichen Stellen dazu motivieren wird, sich in Bezug auf die heutige LUH abschließend mit diesem Bereich zu befassen.

Entzogene akademische Titel der vormaligen TH Hannover können gemäß dem Schreiben des Niedersächsischen Kultusministeriums vom 28. April 1947 und in Anlehnung an die an anderen Universitäten und Hochschulen in der Bundesrepublik Deutschland und in Österreich erfolgten Wiederzuerkennungen erfolgen. Neben diesen formalrechtlichen Möglichkeiten wäre anzuregen, dass sich die Universitätsleitung darum bemüht, Angehörige und Nachfahren der Betroffenen aufzufinden, um diesen Ihr Bedauern über die Handlungen während der NS-Zeit auszusprechen. Nach dem derzeitigen Forschungsstand kann ausgeschlossen werden, dass es noch weitere Personen gibt, denen ebenfalls ein akademischer Titel der damaligen TH Hannover und heutigen LUH in der NS-Zeit entzogen wurde. Sollten dennoch Archivfunde in der Zukunft weitere Hinweise auf vergleichbare Schicksale liefern, so ist hinsichtlich der Rehabilitation ähnlich zu verfahren. Es gehört selbstverständlich dazu, dass die entzogenen akademischen Titel öffentlichkeitswirksam als nationalsozialistisches Unrecht gebrandmarkt werden. Hierbei ist es zudem wichtig, dass die Besonderheiten hinsichtlich der entzogenen akademischen Titel an der TH Hannover und heutigen LUH klar und deutlich aufgezeigt und berücksichtigt werden.

Für die LUH stellt die vorliegende Abhandlung eine Dokumentation der damaligen Vorgänge dar. Zugleich soll sie eine Grundlage zur Wiederzuerkennung entzogener akademischer Titel der damaligen TH Hannover bieten und eine adäquate Rehabilitierung vorbereiten helfen. Das Bild der TH Hannover in der Zeit des Nationalsozialismus ist allerdings noch immer nicht vollständig aufgearbeitet. Beispielsweise sind die überlieferten Senatsprotokolle als Quellengrundlage sicherlich geeignet, sich im Rahmen weiterer wissenschaftlicher Arbeiten mit dem System Nationalsozialismus und Hochschule zu beschäftigen. Es bleibt eine Herausforderung für die heutige LUH, sich mit ihrer nicht immer leichten Vergangenheit auseinanderzusetzen und darüber nachzudenken, ob es heute noch zeitgemäß ist, bestehende Institute mit Namen von Personen mit einer belasteten NS-Vergangenheit zu schmücken. Aber das ist nicht Gegenstand dieser Arbeit.

9.2. Abschließendes Fazit

Auch an der damaligen TH Hannover wurden Menschen ihre zuvor erworbenen bzw. verliehenen akademischen Grade und Ehrentitel entzogen. Insoweit unterscheidet sich die TH Hannover nicht von anderen Hochschulen und Universitäten im nationalsozialistischen Dritten Reich. Gleichwohl muss festgestellt werden, dass nicht alle Vorgaben der Gauleitung umgesetzt wurden; dieses ist teilweise an anderen Instituten im gleichen Zeitraum ebenfalls so gehandhabt worden. Bei den Betroffenen handelte es sich vordergründig um Menschen mit einer Zugehörigkeit zum jüdischen Glauben bzw. um Menschen, die im NS-System als jüdisch galten; ferner betraf es Menschen, die politisch anders ausgerichtet waren oder in der Weimarer Republik Führungsrollen übernommen hatten, wie dieses bei Gustav Noske der Fall war.

Der Entzug erfolgte nach den allgemeinen gesetzlichen Vorlagen und Bestimmungen des NS-Regimes. Diese Vorschriften wurden nach 1945 nicht als typisches NS-Unrecht außer Kraft gesetzt, teilweise galten sie noch bis 2010 weiter. Nach Ende des II. Weltkrieges wurden seitens der Leitung der TH Hannover keinerlei Maßnahmen unternommen, zuvor aberkannte Titel wieder zu verleihen bzw. dieses NS-Unrecht aufzuheben. Zuvor an nationalsozialistische bzw. faschistische Personen verliehene Ehrentitel wurden weiterhin als ordnungsgemäß geführt. Diese wurden bis zur Abgabe dieser Arbeit nicht aufgehoben. Zudem muss noch geprüft werden, inwieweit die an der Entziehung des Doktortitels von Walter Dux beteiligten Professoren ebenfalls posthum belangt werden können, zum Beispiel durch die Aberkennung ihrer von der TH Hannover verliehenen Ehrentitel. Diese vier Hochschullehrer haben sich ihrer akademischen Würden wahrlich unwürdig erwiesen, nicht aber Walter Dux, der sich und seine Familie vor der Verfolgung der Nationalsozialisten in Sicherheit brachte und sich selbst im Exil noch um ebenfalls Exilierte kümmerte. Wenn die heutige LUH Vorbilder benötigt, dann darf künftig der Name Walter Dux nicht fehlen!

Ergebnisse nach Abgabe der Masterarbeit

Nach der Abgabe sind eine Reihe von Begebenheiten eingetreten, die so wichtig sind, dass diese Erwähnung in dieser Veröffentlichung finden muss. Zuallererst ist der Beschluss des Studentischen Rates (StuRa) der LUH vom 26. Oktober 2011 zu nennen, der die Universitätsleitung – leider nicht einstimmig – aufforderte, sich aktiv mit der NS-Vergangenheit der LUH auseinanderzusetzen. Bei diesem Beschluss waren neben dem Universitätspräsidenten Barke, der erstmalig im StuRa zugegen war, auch zwei Dekane und Vertreter anderer Fakultäten anwesend. Nachfolgend berichteten die Hannoversche Allgemeine Zeitung (HAZ) und die Hannoversche Neue Presse (NP) über dieses Ereignis. Weitere Medien schlossen sich der Berichterstattung an.

Wichtigstes Ergebnis dieser Medienpräsenz war die Kontaktaufnahme mit Herrn Prof. Horst Gentsch, früherer Privatdozent am Institut für Physikalische Chemie, der sich, obwohl Jahrgang 1924, präzise daran erinnern konnte, dass Walter Dux 1963 die Goldene Promotionsurkunde ausgehändigt worden war. Die Information beantwortete die Frage, warum sich die Promotionsliste über Jahrzehnte im Archiv der Fakultät für Maschinenbau befunden hatte: 1963/64 war Albert Vierling Rektor der TH Hannover. Er war 1940 aktiv am Entzug der Promotion von Walter Dux beteiligt.[281] Somit ist zu vermuten, dass er es war, der die Promotionsliste in die Fakultät für Maschinenbau verbrachte. Zuvor war es üblich, das Datum der Erneuerung der Promotion dort handschriftlich zu vermerken. Wäre seine Mitwirkung am Dr.-Entzug von Walter Dux bekannt geworden, so wäre er sicherlich als Rektor nicht halt- und tragbar gewesen.

Im Zuge der Einsetzung des Senatsausschusses zur Vorbereitung der Rehabilitierung der NS-Opfer an der TH Hannover sind weitere, bedeutende Ergebnisses zutage gefördert worden: So wurde eine Fotografie von Walter Dux von Herrn Prof. Butenschön aufgefunden und auch die Kette, die sich Walter Dux in Erinnerung an die ähnliche Kette Max Bodensteins zur ersten Beschreibung der Kettenreaktion hatte anfertigen lassen, konnte wohlbehalten aufgefunden werden. Sie liegt noch heute dort, wohin er sie 1963 gegeben hatte: In seinem alten Institut, im dortigen Tresor. Große Überraschung boten völlig unerwartet Tonbänder, die sich ebenfalls in seinem altem Wirkungsumfeld erhalten hatten, eines mit seiner Rede zur Goldenen Promotion im Jahre 1963 und eines mit einem längeren Text anlässlich des 100sten Geburtstages des Nobelpreisträgers von 1931, Friedrich Bergius, besprochen 1984 in London. In

[281] Anm.: Sie hierzu insbesondere Kapitel 6.4. und die darin enthaltenen Informationen.

hochbetagtem Alter, aber mit eine unglaublichen Frische an lebendiger Erinnerung an seine Zeit an der TH Hannover mehr als 70 Jahre zuvor.

Am 13. Juni 2012 rehabilitierte der Senat der LUH einstimmig alle in dieser Masterarbeit behandelten Personen, denen in der NS-Zeit Unrecht wiederfahren ist sowie weitere, denen ebenfalls durch Benachteiligungen ein ähnliches Schicksal beschieden war, rehabilitiert. Gleichzeitig erklärte der Senat alle damaligen Akte für von Anfang an nichtig. Die LUH hat damit, wenn auch relativ spät, einen wichtigen Schritt zur Aufarbeitung der NS-Vergangenheit unternommen.

Im zwischenzeitlich von Studierenden des Historischen Seminares und anderer Institute der LUH begründeten Arbeitskreis „Die NS-Vergangenheit der TH Hannover“ werden in naher und weiterer Zukunft eine ganze Reihe von Abschluss- und Qualifikationsarbeiten zu diesem Themenkomplex zu erwarten sein. Aber auch Dank Kooperationen mit der Stadt und vor allem der Region Hannover wird der eingeschlagenen Weg weiter verfolgt. Diese und weitere Begebenheiten sollen im April 2013 zu einer zentralen Rehabilitationsfeier an der LUH führen; in diesem Monat wird es dann 100 Jahre her sein, das Walter Dux mit seiner Promotion den Grundstein zur erstmaligen Beschreibung der Kettenreaktion durch Max Bodenstein legte. Zudem wird an einer Ausstellung zu diesem Anlass nachgedacht.

Hinsichtlich der nachfolgenden Auswertungen unterschiedlicher Quellen wird derzeit eine „Zentrale Datenbank des Entzuges akademischer Grade in der NS-Zeit in Deutschland und Österreich“ erstellt. Diese wird dann alle bislang verstreut liegenden Informationen bündeln. Anfragen zu den behandelten Universitäten, Hochschulen und sonstigen Einrichtungen sind jederzeit gern gesehen (datenbank_entzug_ns-zeit@web.de).

Auswertungen

Anlage I – Universitäten und Hochschulen im Deutschen Reich bis 1945[282]

0. *unbekannt* (0/0/0/11)[283]

0. *Reichswissenschaftsministerium* (0/0/0/7)[284]

1. **Aachen**[285]

---

[282] Allgemeine Anmerkungen:
1. Die erste Zahl in der Klammer bezieht sich auf die *Leipziger Liste*.
2. Die zweite Zahl auf die zwischenzeitlich aus anderen Quellen bekannten Aberkennungen akademischer Grade und insoweit von der *Leipziger Liste* abweichenden Zahlen.
3. Die dritte Zahl bezieht sich auf die vom Verfasser vom 12. bis 14. Dezember 2011 im Staatsarchiv Schleswig-Holstein, hier Universitätsarchiv Kiel, Schleswig, erfolgten Einsichtnahmen in die dort erhalten gebliebenen Rundschreiben des Reichswissenschaftsministeriums sowie anderer dortiger Quellen. Ohne die Unterstützung der dortigen zuständigen Archivarin, Frau Dr. Bickelmann, wäre eine derart umfassende Auswertung der Unterlagen und Daten nicht möglich gewesen.
4. Die vierte Zahl bezieht sich auf die im UniA Erlangen-Nürnberg während dreier Aufenthalte (12.06., 21.06., 10.07.2012) Auswertung dortiger Unterlagen hinsichtlich erhaltener Rundschreiben der deutschen und österreichischen Universität, Hochschulen und sonstigen Einrichtungen, Signaturen dieser Bestände UAE: A1/3a Nr. 947, UAE: A1/3a Nr. 948, UAE: A1/3a Nr. 949 und UAE: A1/3a Nr. 950. Insgesamt konnten – ohne die Erlanger Aberkennungen – 1682 Titel verifiziert werden.
5. Wenn keine Spezialliteratur angegeben ist, sondern nur die Angaben aus der Chroust'schen Aufarbeitung, so bedeutet das, dass es bislang keine bekannte Beschäftigung oder Veröffentlichung zu dieser Einrichtung gibt. Befindet sich ebenfalls kein Hinweis auf zwischenzeitlich erfolgte Korrespondenz, so ist auch nach mehrfacher Erinnerung keine Rückantwort zu erwarten gewesen. Zudem gibt es eine weitere Entziehung, die bislang keiner anderen Universität zuzuordnen war: Die Veröffentlichung im *Reichsanzeiger* erfolgte am 29.12.1941 aufgrund einer Anweisung des Ärztlichen Bezirksgerichtes Rheinland in Düsseldorf bzw. Bonn vom 22.12.1941 für Dr. med. Luise T., geb. Z., wegen Verurteilung wegen Abtreibung in 27 Fällen zu drei Jahren Gefängnisses.
6. Ob an den ab 1939 im besetzten Polen und späteren Generalgouvernement an der dortigen Universitäten und Hochschulen ähnliche Depromotionen durchgeführt worden sind, ist bislang nicht fachwissenschaftlich erforscht worden. Dieses betrifft auch die diesen Einrichtungen gleichgestellten Fachschulen und Privatinstitute. Insoweit kann offenbar angenommen werden, dass die neue Reichsuniversität Posen bis 1944 nicht an die Traditionen der vorherigen polnischen Hochschule anknüpfte. Dieses bedarf jedoch ebenfalls noch einer weitergehenden wissenschaftlichen Bearbeitung, die nicht Gegenstand dieser Abschlussarbeit gewesen ist.

[283] Anm.: Im UniA Erlangen-Nürnberg sind für elf Personen Unterlagen erhalten, das Reichswissenschaftsministerium in Berlin die Aberkennung von Titeln mittweilte, ohne jedoch anzugeben, von welcher Universität oder Hochschule die Entziehungen durchgeführt wurden.

[284] Anm.: Im UniA Erlangen-Nürnberg haben sich weiterhin Unterlagen erhalten, in denen das Reichswissenschaftsministerium von Berlin aus insgesamt sieben Titel aufgrund der Ausbürgerungslisten die Aberkennung anordnet und so massiv in die Autonomie der Hochschulen eingreift. Da sich jedoch alle die angeordneten Grade erst um solche handelt, bei denen die Ausbürgerung und der damit verbundende Staatsangehörigkeitsverlust erst 1944 oder 1945 erfolgte, kann davon ausgegangen werden, dass die jeweils betroffenen Hochschulen diese Titel nicht noch einmal entzogen haben – mangels Nachweises, um welche jeweils betroffene Hochschule es sich handelt, kann dieses jedoch nicht mit letzter Sicherheit ausgeschlossen werden.

[285] Anm.: Grundsätzlich wurden alle nachfolgenden Hochschulen und Universitäten mittels eMail kontaktiert. Der Text war für alle Institute identisch:
„([…] Anrede), *ich schreibe gerade an einer Master-Abschlussarbeit mit dem Titel: ‚Die Technische Hochschule Hannover und der Entzug akademischer Titel in der NS-Zeit'. Im Rahmen von Recherchearbeiten habe ich mich bereits mit den verfügbaren Veröffentlichungen betroffener TH bzw. TU beschäftigt.*

Ich hätte in diesem Zusammenhang einige Bitten:

1. *Bitte teilen Sie mir mit, welche Ihre aktuellste Veröffentlichung zu diesem Sachverhalt (Aberkennung, Depromotion, Entziehung, Streichung, etc.) ist?*
2. *Ich bin dabei, eine Übersicht der Anzahl entzogener Titel für meine Arbeit zu erstellen. Es liegen mir vor für*
   a. *Name der Hochschule (Anzahl der Entziehungen; Erläuterungen zum bekannten Sachverhalt)*

- **TH** (1/5/2[286]/2; zusätzlich gab es zwölf Professoren, die entlassen wurden [ich danke Frau Horn vom Hochschularchiv der RWTH für diese Auskünfte]; es gibt bislang nur die Beschäftigung hinsichtlich eines entzogenen Titels.[287])

2. **Berlin**
   - **Beuth Hochschule für Technik** (0/unbekannte Anzahl/0/0; bislang keine Veröffentlichung oder Beschäftigung bekannt – Aussage gilt auch für alle weiteren hier aufgeführten und ebenfalls mit *unbekannter Anzahl* gekennzeichneten Institutionen; gleichzeitig bedeutet es auch, wenn keine Fußnote oder zusätzliche Angaben gemacht wurden, dass die entsprechenden nachfolgenden Institutionen bzw. deren Rechtsnachfolger auf Nachfragen nicht geantwortet haben oder aber ein Rechtsnachfolger auch nach intensiver Recherche nicht zu ermitteln war.)
   - **Deutsche Hochschule für Politik** (0/unbekannte Anzahl/0/0)
   - **Handelshochschule** (13/unbekannte Anzahl/13/15)
   - **Hochschule für die Wissenschaft des Judentums** (0/unbekannte Anzahl/0/0; Rechtsnachfolger unbekannt)
   - **Landwirtschaftliche Hochschule** (0/unbekannte Anzahl/0/1; seit 1934 zur heutigen Humboldt-Universität gehörend.)
   - **Militärtechnische Akademie** (0/unbekannte Anzahl/0/0; Rechtsnachfolger unbekannt)
   - **Seminar für Orientalische Sprachen** (0/unbekannte Anzahl/0/0; Rechtsnachfolger unbekannt)
   - **Stern'sches Konservatorium** (0/unbekannte Anzahl/0/0; Rechtsnachfolger unbekannt)
   - **TH Berlin-Charlottenburg** (16/16/1/3; es gibt bislang keine Veröffentlichung zum Thema Entziehung akademischer Grade an der TU Berlin. Nach Frau Dr. Baganz vom Berliner Zentrum für Antisemitismusforschung hergestellt, die sich seit einiger Zeit mit diesem Thema beschäftigt; mit ihr wurden die für diese Arbeit erhobenen Daten aus dem *Reichsanzeiger* miteinander abgeglichen [14 betroffene Personen mit insgesamt 16 entzogenen akademischen Graden, darunter ein Diplomingenieurtitel].)
   - **TiHo** (0/23/1/0)[288]
   - **Universität** (170/57[289]/151[290]/211; die erhebliche Zahlendifferenz war bislang nicht zu klären.)[291]

---

b. *ggf. Name einer weiteren Hochschule (z.B. bei Übernahme in der Zeit ab 1945)*

3. *Gibt es Hinweise auf entzogene akademische Ehrentitel (Ehren-Dr. [Dr. E.h.], akademische Ehrenbürger, Ehrensenator)*

4. *Würden Sie mir eine Liste Ihrer Entziehungen zur Verfügung stellen?*
   a. *Ich erkläre mich gerne bereit, mit Ihnen meine Erkenntnisse über Ihre Hochschule zu teilen.*
   b. *Ich strebe einen Datenaustausch an!*

Als großen Fund habe ich eine Liste mit entzogenen Titeln in unserer Universität entdeckt, in der Entziehungsmitteilungen anderer Hochschule und Universitäten nicht nur infolge Aberkennung der Staatsangehörigkeit (z.B. für Juden), sondern auch diejenigen Titel verzeichnet sind, die aufgrund rechtskräftiger NS-Verurteilungen (z.B. § 175, Rundfunk- oder Devisenvergehen, Abtreibung, Rassenschande, Hochverrat, Heimtücke, u. ä.) entzogen wurden. Gerne würde ich die daraus für Ihre Hochschule sich ableitenden Rehabilitationsverfahren, sofern noch nicht bekannt, mit Ihnen austauschen.

Gibt es bei Ihnen eine ähnliche Aufstellung oder Unterlagen mit einem Hinweis auf die TH Hannover?
   a. *Mindestens 1940 hat es einen Entzug in Hannover gegeben!*
   b. *Gibt es vergleichbare Briefwechsel mit der TH Hannover in der NS-Zeit bei Ihnen?*

([...] Kontaktdaten)."

286 Hierunter befindet sich ein „stud. der Hüttenkunde", der vom damals zuständigen Ausschuss der TH *wegen schwerem Eigentumsvergehen, begangen am seinen Kameraden, dauerhaft vom Studium an allen deutschen Hochschulen ausgeschlossen* wurde.

287 Vgl. http://www.montan-wanderweg.at/gewerken/herbertsimons_00.htm (29.08.2010, 23.00 Uhr).

288 Möllers, Jüdische Tierärzte.

289 Chroust, Bürokratische Verfolgung, S. 137.

290 Anm.: Hierunter befindet sich auch u.a. ein „stud. med.", der nach einem Urteil des Zweiten Senates des Volksgerichtshofes v. 19.09.1938 wegen Vorbereitung zum Hochverrat zu drei Jahren Zuchthaus und drei Jahren Ehrverlust verurteilt und deswegen vom zuständigen Ausschuss der Universität *vom Studium an allen deutschen Hochschulen* ausgeschlossen wurde. Desweiteren wurde ein weiterer „stud. med." *vom Studium an allen deutschen Hochschulen* ausgeschlossen, da er durch ein Urteil des Schwurgerichtes Berlin I wegen Verstoßes gegen § 218 Absatz.1 und 2 RStGB (Abtreibung) zu einem Jahr und fünf Monaten Gefängnis worden war.

291 Happ, Aberkennung von akademischen Graden; Jarausch: Vertreibung der jüdischen Studenten und Professoren, S. 112-133; Spurensuche: Kommilitonen von 1933.

3. **Bethel**
   - **Kirchliche Hochschule** (0/unbekannte Anzahl/0/0; 2007 zur *Kirchlichen Hochschule Wuppertal/Bethel – Hochschule für Kirche und Diakonie an den Standorten Bielefeld und Wuppertal* fusioniert.)
4. **Bochum**
   - **Technische Fachhochschule Georg Agricola für Rohstoff, Energie und Umwelt** (0/unbekannte Anzahl/0/0)
5. **Bonn**
   - **Universität** (48/58[292]/67/69; zu Bonn gibt es bislang keine detaillierte Aufarbeitung, mindestens zwei akademische Ehrentitel wurden jedoch entzogen [Angabe Herr Holz vom UniA Bonn] und darüber hinaus 40 Doktordiplome wurden nicht ausgehändigt.)[293]
6. **Braunschweig**
   - **TH** (0/8[294]/6/7; vier akademische Grade [drei Doktoren- und ein Diplomtitel], drei Ehrendoktorentitel, ein Ehrensenatorentitel.)
7. **Bremen**
   - **Hochschule für Künste** (0/unbekannte Anzahl/0/0)
8. **Breslau**
   - **Staatliche Akademie für Kunst und Kunstgewerbe** (0/unbekannte Anzahl/0/0; Rechtsnachfolger unbekannt)
   - **TH** (0/unbekannte Anzahl/0/1; die TU wurde 1945 neu gegründet; es gibt bislang keine Anzeichen für eine Beschäftigung mit ihrer NS-Vergangenheit bzw. entzogenen akademischen Titeln aus der NS-Zeit.)
   - **Universität** (212/240/244/205; die Universität Köln führt seit 1951 gemäß Senatsbeschluss die Tradition der Schlesischen Friedrich-Wilhelms-Universität Breslau fort; es bleibt unklar, warum bei der Wiederzuerkennung entzogener Titel in Köln dieser Sachverhalt nicht erwähnt und damit nicht auf die entzogenen Breslauer Titel zumindest ansatzweise eingegangen wurde [hierzu teilte mir Herr Dr. Andreas Freiträger vom UniA Köln u.a. mit: „*Ungeachtet der seit 1951 sog. "Traditionswahrung", die seit 2003 nicht mehr wahrgenommen wird, weil sie sich in Erneuerungen der Doktorurkunde nach 50 Jahren erschöpfte – was ja seit 1995 nicht mehr möglich war –, hatte Köln nichts mit den Breslauer Entziehungen zu tun: Dies wurde in den 1960er Jahren in einem entsprechenden Antrag eines depromovierten Breslauer Juristen an die Kölner Rechtswissenschaftliche Fakultät geklärt. Dabei ging es um den Verlust des Doktorgrades als Folge der Nebenstrafe nach § 33 StGB [Verlust der bürgerlichen Ehrenrechte]. Diese konnte der Kultusminister auch im Gnadenwege nie beseitigen, seit 1986 gilt das Gesetzt über die Führung akademischer Grade von 1939 in NRW nicht mehr. Da für die Traditionswahrung keine gesetzlichen Regelungen vor allem hinsichtlich der Befugnisse bestanden, hat sich Köln wegen der Rücknahme der Breslauer Entziehung weise zurückgehalten, da die nach dem Gesetz zuständige Breslauer Fakultät nicht mehr bestand - ungeachtet des Sonderfalls des ohne als irreparable angesehenen Verlustes gemäß § 33.*“; Kai Kranich, Politikwissenschaftler von der TU Dresden schreibt derzeit an seiner Promotion über die entzogenen Titel aus Breslau; der gegenseitige Datenaustausch war für beide Seiten sehr aufschlussreich.)[295]
9. **Brünn**
   - **Deutsche TH** (0/unbekannte Anzahl/0/0; Rechtsnachfolger unbekannt)
10. **Chemnitz**
    - **TH** (0/unbekannte Anzahl/0/0)
11. **Clausthal**
    - **Bergakademie** (0/1/0/1; besagter entzogener Titel aufgrund eigener Ermittlungen, an der heutigen TU Clausthal gibt es bislang keine öffentliche Auseinandersetzung mit diesem Thema. Frau Imkhaimer von der Universitätsbibliothek Clausthal teilt hierzu nach gezielter Nachfrage mit, dass der „*Herrn Bergassessor a. D. Max Knepper im Jahre 1936 entzogene Doktortitel* […] *ihm am 16. Juli 1968 von der Fa-*

---

292 Chroust, Bürokratische Verfolgung, S. 136.

293 Forsbach, Rehabilitierung der Opfer; Borchard, Bonn.

294 Hoffmann-von-Fallersleben-Schule Braunschweig: Braunschweig im Nationalsozialismus. Braunschweig 2010 (http://www.tu-braunschweig.de/Medien-DB/datenschutz/vortrag-hvf-schule.pdf, 30.08.2010, 22.00 Uhr); siehe auch Wettern und Weßelhöft, Braunschweig 1930 bis 1945, S. 71-75 (auf S. 9 werden richtigerweise acht Personen aufgeführt – laut Mitteilung des Herausgebers offenbar ein „Lektorenfehler“ auf S. 71.)

295 Vgl. http://rektorenportraits.uni-koeln.de/rektoren/theodor_wessels/ (31.08.2010, 12.15 Uhr); vgl. vor allem Kranich, Breslau.

kultät für Bergbau, Hüttenwesen und Maschinenwesen der TU Clausthal wiederverliehen worden [ist].")[296]

12. **Danzig**
    - **TH** (0/unbekannte Anzahl/0/0; ebenfalls 1945 neu gegründet)
13. **Darmstadt**
    - **Akademie für Tonkunst** (0/unbekannte Anzahl/0/0)
    - **TH** (4/4/5[297]/4)[298]
14. **Dillingen**
    - **Philosophisch-Theologische Hochschule** (0/unbekannte Anzahl/0/0; seit 1971 zur Universität Augsburg gehörend.)
15. **Dresden**
    - **Hochschule für Bildende Künste (HBK)** (0/unbekannte Anzahl/0/0)
    - **TH** (0/3/2/2; in den bislang bekannten Veröffentlichungen wurde sich nicht mit dem Themenkomplex Entziehung akademischer Grade beschäftigt; Herr Göller, Archiv der TU Darmstadt teil hierzu ergänzend mit: „*Aus Dresden sind mir 3 Entziehungen bekannt, darunter ein Diplom-Ingenieur und ein Dr. der Wirtschaftswissenschaften. Letztgenanntem wurde der Grad wegen einer Straftat entzogen.*")[299]
    - **TiHo** (0/unbekannte Anzahl/0)
16. **Düsseldorf**
    - **Kunstakademie** (0/unbekannte Anzahl/0/0)
    - **Med. Akademie** (0/unbekannte Anzahl/0/2)[300]
17. **Eberswalde**
    - **Forstakademie** (0/bislang unbekannt[301]/0/0)[302]
18. **Erlangen**
    - **Universität** (106/163[303] bzw. 162[304] [160 betreffende Personen]/114[305]/0; hinsichtlich Tierärzten ist ein Fall bekannt[306].)[307]
19. **Flensburg**
    - **Fachhochschule** (0/unbekannte Anzahl/0/0)
20. **Frankfurt am Main**
    - **Philosophisch-Theologische Hochschule Sankt Georgen** (0/unbekannte Anzahl/0/0)
    - **Staatliche HBK – Städelschule** (0/unbekannte Anzahl/0/0)
    - **Universität** (85/114 [Ich bedanke mich für die erteilten Auskünfte bei Frau Becker vom UniA Frankfurt am Main]/71[308]/71.)

---

296 Müller, TU Clausthal (http://www.gbv.de/dms/clausthal/E_BOOKS/2007/2007EB739.pdf, 30.08.2010, 22.30 Uhr); siehe auch drgl.: Vom Stahlhelm zum Hakenkreuz.

297 Anm.: Enthält eine Mitteilung des damals zuständigen Ausschusses der Hochschule über *einen Ausschluss* eines *Studierenden des Bauingenieurswesens wegen Verstosses gegen Sonderpflichten der TH Darmstadt*.

298 Göller, Praxis-Theorie-Innovation, S. 165-198.

299 Pommerin, Geschichte TU Dresden.

300 Chroust, Bürokratische Verfolgung, S. 137.

301 Anm.: Erst am 27.08.2012 in diese Liste eingefügt, bislang keinerlei Forschungen zu dieser Hochschule bekannt.

302 Anm.: Promotionsrecht seit 1921, seit 2010 Hochschule für nachhaltige Entwicklung Eberswalde.

303 Chroust, Bürokratische Verfolgung, S. 137.

304 Schöck, Aberkennung, S. 76.

305 Anm.: Hierunter befindet sich auch ein „stud. theol.", der am 09.06.1939 vom Landgericht Nürnberg-Fürth wegen sechs Verbrechen der Unzucht mit Kindern davon jedes in Tateinheit mit einem Verbrechen der erschwerten Unzucht zwischen Männern und eines weiterhin in Tateinheit mit einem Verbrechen der Unzucht mit Abhängigen, wegen dreier versuchter Verbrechen der Unzucht mit Kindern, davon jedes in Tateinheit mit einem versuchten Verbrechen der erschwerten Unzucht zwischen Männern und eines weiterhin in Tateinheit mit einem versuchten Verbrechen der Unzucht mit Abhängigen, wegen eines Verbrechens der erschwerten Unzucht zwischen Männern, sowie eines Vergehens der Unzucht mit Männern, zu einem Jahr und 10 Monaten Gefängnis unter Anrechnung der Untersuchungshaft verurteilt wurde. Bei einem weiteren Fall sexueller Handlungen erfolgte die vorläufige Einstellung des Verfahrens. Zuletzt im Sommersemester 1938 in Erlangen immatrikuliert, wurden alle deutschen Hochschulen dennoch über diese Verurteilung informiert. Inwieweit es sich hierbei um ein Verfahren im Rahmen der seinerzeitig in großer Zahl laufenden sogenannten *Klosterprozesse* handelte, konnte bislang nicht abschließend geklärt werden.

306 Möllers, Jüdische Tierärzte.

307 Mertins, Feketitsch-Weber, Erlangen im Nationalsozialismus; Wittern und Frewer, Aberkennungen.

21. **Freiberg**
    - **Bergakademie** (0/unbekannte Anzahl/0/0)
22. **Freiburg im Breisgau**
    - **Universität** (100/135[309]/0/0; Prof. Dr. Speck vom UniA und Uniseum teilt u.a. mit: „*zu Freiburg gibt es bisher noch keine vollständigen Veröffentlichungen.* [...] *die* [...]*genannten Delikte sind mit Vorsicht zu werten, da vieles noch bis weit in die 60er Jahre strafwürdig war und nicht immer eindeutig und in jedem Fall als NS-lastig zu bewerten ist. Eine Unterscheidung zwischen Ehrentiteln und normaler Promotion wurde bei Entziehungen in Freiburg nicht gemacht.* [...] *Zudem ist ein Vergleich einer TU mit einer klassischen Universität mit Schwerpunkt Medizin und Geisteswissenschaften wie Freiburg sicher mit Vorsicht zu genießen, zumal die Entziehungen im medizinischen Bereich i.d.R. sehr hoch sind, in anderen Fächern/Fakultäten relativ gering. Dies liegt in der hohen Zahl jüdischer Mediziner begründet.* [...] *Bitte greifen Sie daher einstweilen auf die Veröffentlichungen zu München, Tübingen, Heidelberg, Bonn u.a. als Vergleichsmaterial zurück.*“)[310]
23. **Fulda**
    - **Theologische Fakultät** (0/unbekannte Anzahl/0/0)
24. **Furtwangen**
    - **Hochschule** (0/unbekannte Anzahl/0/0; Herr Kintzinger, Leitung Marketing, PR u. Wirtschaftskontakte der Hochschule Furtwangen University of Applied Sciences, teilt mit: „*Um Ihre Fragestellung solide zu beantworten bedarf es zeitlicher und personeller Ressourcen, über die ich derzeit nicht verfüge. Ich bitte Sie hierfür um Verständnis.*“)
25. **Gießen**
    - **Staatliche Gewerbeschule** (0/unbekannte Anzahl/0/0; seit 1971 Fachhochschule Gießen-Friedberg.)
    - **Universität** (32/52/36/47; unter den 52 Personen befindet sich eine Person mit zwei aberkannten Graden [Mitteilung von Frau Dr. Felschow vom UniA Gießen]; hinsichtlich Tierärzten sind sechs Personen bekannt[311].)[312]
26. **Göttingen**
    - **Universität** (72/79/1[313]/9; das UniA Göttingen verzeichnet 80 Entziehungen – Ehrentitel wurden bislang nicht mit aufgearbeitet.)[314]
27. **Graz**
    - **TH** (0/unbekannte Anzahl/0/0; Herr Weingand hat sich in seiner einschlägigen Beschäftigung mit der NS-Zeit dieser TH nicht mit dem Themenkomplex Depromotion beschäftigt; Unterlagen hierzu sind im UniA Graz nicht aufzufinden [Angaben von Frau Vesulak, heutige TU Graz].)[315]
    - **Universität** (7/7/0/0)[316]
28. **Greifswald**
    - **Universität** (56/77/0/1; hierunter sieben akademische Ehrentitel; ich danke dem UniA Greifswald für die Zurverfügungstellung von entsprechendem Material.)[317]
29. **Halle an der Saale**
    - **Hochschule Burg Giebelstein** (0/unbekannte Anzahl/0/0)
    - **Universität** (0/51/34/42; zzgl. fünf abgelehnter Entziehungen.)[318]

---

[308] Anm.: Hierunter befindet sich auch ein „stud. med.“, der am 01.12.1939 vom Landgericht Frankfurt am Main wegen Unzucht mit Männern in 11 Fällen zu 11 Monaten Gefängnis verurteilt worden war und infolgedessen vom zuständigen Ausschuss der Universität *vom Studium an allen deutschen Hochschulen* ausgeschlossen wurde. Desweiteren wurde ein „can. phil.“ wegen Verurteilung durch das Landgericht Frankfurt am Main vom 18.05.1938 wegen *Unzucht mit einem Kinde und Beihilfe zur Abtreibung* zu einem Jahr und einem Monat Gefängnis vom zuständigen Ausschuss der Universität *vom Studium an allen deutschen Hochschulen* ausgeschlossen.

[309] Chroust, Bürokratische Verfolgung, S. 137.

[310] Schupp, Aberkennung, S. 9-19.

[311] Möllers, Jüdische Tierärzte.

[312] Breitbach, Amt des Universitätsrichters, S. 267-334; Chroust, Bürokratische Verfolgung; drgl., Doktorgradentziehungen.

[313] Anm.: Dieser eine Fall betrifft einen „stud. Volkswirtschaft“, der ohne Nennung eines Grundes vom zuständigen Ausschuss der Universität *vom Studium an allen deutschen Hochschulen* ausgeschlossen wurde.

[314] Thieler, Göttingen.

[315] Chroust, Bürokratische Verfolgung, S. 138; Weingand, TH Graz im Dritten Reich.

[316] Vgl. hierzu z.B. Egger, Emigration in der Türkei. Vgl. ferner siehe auch Lichtenberger-Fenz, Universitäten und Hochschulen; Huber, Geschichte der Wissenschaften, S. 559-588.

[317] Vgl. http://www.uni-protokolle.de/nachrichten/id/67765/ (29.08.2010, 23.30 Uhr); Alvermann, Aberkennungen.

30. **Hamburg**
   - **Hamburger Konservatorium** (0/unbekannte Anzahl/0/0)
   - **HBK** (0/unbekannte Anzahl/0/0)
   - **Hochschule für Lehrerbildung** (0/unbekannte Anzahl/1[319]/0)
   - **Universität** (31/59/45/57; [ich danke Herrn Prof. Dr. Nicolaysen für die hilfreiche Unterstützung].)[320]
31. **Hannover**[321]
   - **Musikhochschule** (0/unbekannte Anzahl/0/0)
   - **TH** (0/7/1/1)
   - **TiHo** (0/11/3/4)[322]
32. **Hannoversch Münden**
   - **Königlich Preußische Forstakademie** (0/unbekannte Anzahl/0/0; seit 1922 Forstliche Hochschule mit Promotions- und Habilitationsrecht, 1939 in die Universität Göttingen eingegliedert, 1970 Ursprungsstandort aufgegeben.)
33. **Heidelberg**
   - **Hochschule für Kirchenmusik** (0/unbekannte Anzahl/0/0)
   - **Universität** (158/172[323]/138/143; die Differenz zur Moritz'schen Zahl von 124[324] lässt sich derzeit nicht abschließend klären.)
34. **Hildesheim**
   - **Baugewerkschule** (0/unbekannte Anzahl/0/0; seit 1971 zur HAWK Fachhochschule Hildesheim/Holzminden/Göttingen.)
35. **Hohenheim**
   - **Landwirtschaftliche Hochschule** (0/unbekannte Anzahl/0/0)[325]
36. **Holzminden**
   - **Baugewerkschule** (0/unbekannte Anzahl/0/0; seit 1971 zur HAWK Fachhochschule Hildesheim/Holzminden/Göttingen.)
37. **Innsbruck**
   - **Universität** (4/6/11/14)[326]
38. **Jena**
   - **Universität** (1/28/38/56; an dieser Universität werden *mindestens 27 Juden* als des akademischen Titels verlustig aufgeführt, sowie eine Person, der nach § 175 RStGB 1942 zu zwei Jahren sechs Monaten verurteilt worden war; es ist bislang nicht festzustellen gewesen, ob eine Rehabilitierung oder Wiederzuerkennung, weder vor noch nach 1990, durch geführt worden ist.)[327]
39. **Karlsruhe**
   - **Musikhochschule** (0/unbekannte Anzahl/0/0)
   - **Staatliche Akademie der bildenden Künste** (0/unbekannte Anzahl/0/0; die vorhandene Literatur lässt keine Rückschlüsse auf etwaige Rehabilitationsbemühungen erkennen.[328] Herr Prof. Dr. Metzger [Jahrgang 1961] schreibt ergänzend dazu: „*auf Umwegen ist Ihre Anfrage bezüglich Ihrer Master-Arbeit bei mir gelandet. Ich kann Ihnen dazu folgendes sagen: Seit einiger Zeit wird der Mechanismus der Selbstlizenzierung im ‚Wissenschaftsbetrieb' überbordend. Weil Sie Ihre Untersuchung offenbar mit dem Prädikat moralischer Dringlichkeit ausstatten, gehen Sie davon aus, es ließe sich die Arbeit, die ausschließlich Ihnen obliegt, delegieren. So, als hätte man sich gleichsam aus Gründen historischer Wiedergutmachung damit zu befassen. Leisten Sie doch die ‚Recherchearbeiten', von denen Sie sprechen und die selbstverständlich primär Ihrer Karriere dienlich sind, selber. Mit freundlichen Grüßen*.")
   - **TH** (3/6/4/6; hier sind die Entziehung dreier [davon einer wegen rechtskräftiger Verurteilung als Wilddieb] Doktoren- und zweier Diplomingenieurstitel [möglichicherweise infolge rechtskräftiger Verurteilung] bekannt; ergänzende Angaben durch Herrn Dr. Nippert, Archiv der Universität Karlsruhe, sowie

---

318 Vgl. http://www.sehepunkte.de/2004/10/1999.html (29.08.2010, 23.30 Uhr). Vgl. auch Eberle, MLU 1933-1945; Zöllner, Rehabilitiert, S. 23-25; Chroust, Bürokratische Verfolgung, S. 136.

319 Anm.: Dieser eine Fall beinhaltet einen „stud.", der wegen *wiederholtem Diebstahls* vom zuständigen Ausschuss der Hochschule *vom Studium an allen deutschen Hochschulen* ausgeschlossen wurde.

320 Krause u.a., Hochschulalltag, S. 1503ff.

321 Anm.: Ich danke Herrn Pascale Stellmacher für die Korrektur der Reihenfolge im Rahmen seines Praktikums.

322 Möllers, Jüdische Tierärzte.

323 Chroust, Bürokratische Verfolgung, S. 136.

324 Moritz, Heidelberg während der NS-Zeit, S. 540-562.

325 Chroust, Bürokratische Verfolgung, S. 137.

326 Universität Innsbruck, Unizeitung, Ausgabe Nr. 35, S. 7.

327 Harms, Zeitenwende; Hoßfeld, u.a., Profilwandel.

328 Heusinger von Waldegg, Hochschule.

durch Herrn Göller, Archiv der TU Darmstadt; zzgl. eines akademischen Ehrentitels [gemäß entsprechender Liste der TH Hannover].)[329]

40. **Kiel**
    - **Marineakademie** (0/unbekannte Anzahl/0/0; Rechtsnachfolger unbekannt)
    - **Universität** (25/unbekannte Anzahl/41/50; das zuständige Landesarchiv Schleswig-Holstein, Frau Dr. Bickelmann, teilt freundlicherweise mit, dass es „*bisher* [...] *keine grundlegende Untersuchung über die Aberkennung von Doktorgraden/Ehrenbürgerwürden an der Christian-Albrechts-Universität* [gibt]. *Vorhanden ist hier eine Akte über die Verleihung von Ehrenbürgerwürden der Kieler und auswärtiger Universitäten mit einer Laufzeit von 1938 bis 1944 [Abt. 47, Nr. 9696]. Möglicherweise sind darin auch Entziehungen beigelegt. Weiterhin gibt es je drei Bände über Entziehungen von Doktorgranden der Kieler [Abt. 47 Nrn. 2039, 2040, 2044, Laufzeit 1937-1945] und auswärtiger Universitäten [Abt. 47 Nrn. 2041, 2042, 2043, Laufzeit 1938 – 1943].* Diese Bestände sind vom Verfasser zwischenzeitlich ausgewertet worden, vgl. Fußnote 282)[330]
41. **Köln**
    - **Gewerbeschule** (0/unbekannte Anzahl/0/0; heute Fachhochschule Köln)
    - **Musikhochschule** (0/unbekannte Anzahl/0/0)
    - **Universität** (70/66/47[331]/70; die Zahlendifferenz konnte bis zum Ende dieser Arbeit nicht abschließend geklärt werden.)[332]
42. **Königsberg**
    - **Handelshochschule** (0/unbekannte Anzahl/0/0; die Universität Mannheim übt seit 1960 eine Patenschaft aus und verwaltet seit 1970 die Unterlagen.)
    - **Kunstakademie** (0/unbekannte Anzahl/0/0; Rechtsnachfolger unbekannt)
    - **Universität** (33/unbekannte Anzahl/42/42; für die heutige *Russländische Immanuel-Kant-Universität Kaliningrad*, ist keine Veröffentlichung zum Thema bekannt.)
43. **Konstanz**
    - **Technikum** (0/unbekannte Anzahl/0/0)
44. **Leipzig**
    - **Handelshochschule** (0/unbekannte Anzahl/1[333]/3)
    - **Hochschule für Grafik und Buchkunst** (0/unbekannte Anzahl/0/0)
    - **Musikhochschule** (0/0/0/0; Frau Gessendorfer vom Archiv der Hochschule für Musik und Theater „Felix Mendelssohn Bartholdy" teilt mit: „*An unserer Hochschule lag unserem jetzigen Wissenstand nach kein Fall von Titelentziehung vor. Es gibt demnach auch keine Akten oder Veröffentlichungen zum Thema.*")
    - **Universität** (94/174/0/12; hinsichtlich Tierärzten sind sechs Entziehungen bekannt[334].)[335]
45. **Leoben**
    - **Montanistische Hochschule** (0/unbekannte Anzahl/0/0)[336]
46. **Marburg**

[329] Hoepke, Geschichte der Universität Karlsruhe, S. 120.
[330] Loch, Gespräch der Generationen, S. 17-40; Uhlig, Ergänzende Bemerkungen, S. 41-55; drgl., Vertriebene Wissenschaftler, S. 13-20; drgl., Vertreibung der Kieler Wissenschaftler, S. 211-240; Wichardt, Verleihung und Entziehung.
[331] Anm.: Hierunter befinden sich auch ein „Dipl.-Kaufmann" und zwei „Dipl.-Volkswirte". Während dem Dipl.-Kaufmann und einem der Dipl.-Volkswirte ihre akademischen Grade infolge Staatsangehörigkeitsverlustes aberkannt wurden, war bei dem zweiten Dipl.-Volkswirt Grundlage der Titelaberkennung eine Verurteilung durch das Landgericht Wuppertal wegen fortgesetzter Untreue zu 10 Monaten Gefängnis sowie 100 RM Geldstrafe; ein anderes lfd. Verfahren wegen unzulässigen Führens eines Dr.-Titels wurde eingestellt durch Amnestiegesetz v. 30.04.1938.
[332] Szöllösi-Janzet und Freiträger, Köln.
[333] Anm.: Dieser Einzelfall beinhaltet ein „stud.", der wegen einer Verurteilung nach § 263 RSTGB (Betrug) zu sechs Monaten Gefängnis vom zuständigen Ausschuss der Hochschule *vom Studium an allen deutschen Hochschulen* ausgeschlossen wurde. Eine gegen diese Entscheidung beim Reichswissenschaftsministerium eingelegte Beschwerde wurde zurückgewiesen.
[334] Möllers, Jüdische Tierärzte.
[335] Gruner, Jüdische Studenten; Hahn, Schicksal jüdischer Ärzte, S. 174-176; Hellwig, Dissertationssystem, S. 23-30; Henne u.a., Grundlagen von Depromotionen; Hoyer, Vertreibung, S. 168 ff.; Kästner, Personalpolitik, S. 39-49; Parak, Hochschule und Wissenschaft; Polter, Universität Leipzig; Schröder, Schicksale jüdischer Zahnärzte; Steffens, Karriere von Frauen.
[336] Chroust, Bürokratische Verfolgung, S. 139.

- **Universität** (49 [50[337]]/60/36/44; 60 entzogene Titel aufgrund Mitteilung von Frau Dr. Schaal, Archiv der Philipps-Universität Marburg [im Hessischen Staatsarchiv Marburg]; unter diesen befinden sich zwei akademische Ehrentitel[338].)[339]

47. **München**
    - **Akademie der Bildenden Künste** (0/unbekannte Anzahl/0/0)
    - **Hochschule für Philosophie** (0/unbekannte Anzahl/0/0)
    - **Musikhochschule** (0/unbekannte Anzahl/0/0)
    - **TH** (3/4/4/5)[340]
    - **Universität** (132/183/30[341]/45; hinsichtlich Tierärzten sind drei Personen bekannt[342].)[343]
48. **Münster**
    - **Universität** (5/13/6[344]/11)[345]
49. **Nürnberg**
    - **Akademie der Bildenden Künste** (0/unbekannte Anzahl/0/0)
    - **Hochschule für Wirtschafts- und Sozialwissenschaften** (0/unbekannte Anzahl/0/0)
    - **Ohm-Hochschule** (0/unbekannte Anzahl/0/0)
50. **Offenbach am Main**
    - **Hochschule für Gestaltung** (0/unbekannte Anzahl/0/0)
51. **Posen**
    - **Universität** (0/unbekannte Anzahl/0/0; Rechtsnachfolger unbekannt)
52. **Pforzheim**
    - **Hochschule** (0/unbekannte Anzahl/0/0)
53. **Plauen**
    - **Staatliche Kunstschule für Textilindustrie** (0/unbekannte Anzahl/0/0)
54. **Prag**
    - **TH** (0/unbekannte Anzahl/0; Rechtsnachfolger unbekannt)
    - **Universität** (1/unbekannte Anzahl/22/26)
55. **Reutlingen**
    - **Hochschule** (0/unbekannte Anzahl/0/0)
    - **Theologische Hochschule** (0/unbekannte Anzahl/0/0)
56. **Rostock**
    - **Universität** (37/46/0/0; in der letzten Zahl sind nur *rassisch* und *politisch* begründete Depromotionen enthalten; andere Fälle, z.B. wegen Homosexualität werden dort weiterhin als rechtskräftig verurteilte kriminelle Handlungen behandelt und auch nicht hochschulöffentlich rehabilitiert.)[346]
57. **Saarbrücken**
    - **HBK Saar** (0/unbekannte Anzahl/0/0)
58. **Salzburg**
    - **Mozarteum** (0/unbekannte Anzahl/0/0)
59. **Schwäbisch Gmünd**
    - **Hochschule für Gestaltung** (0/unbekannte Anzahl/0/0)
60. **Schweinfurt**

---

[337] Anm.: Zur abweichenden Zahl vgl. Niedersächsisches Landesarchiv, Staatsarchiv Wolfenbüttel, 43 A Neu 4 Jg. 1938 Nr. 1677. Siehe auch Wäldner, Wolfenbüttel, S. 11-14.

[338] Nagel, Marburg.

[339] Lemberg, Marburg.

[340] Pabst, TU München, S. 45-47.

[341] Anm.: Hierunter befindet sich auch ein „stud. med.", der vom Landgericht Guben wegen zweier Fälle nach § 175 RStGB (Homosexualität) zu sechs Monaten Gefängnis verurteilt worden war. Am 06.04.1939 hatte er einen Antrag auf Wiederzulassung als Student gestellt, diesen jedoch am 03.05.1939 wegen Aufgabe des Studiums zurückgezogen. Dennoch erfolgte eine Information an alle deutschen Hochschulen.

[342] Möllers, Jüdische Tierärzte.

[343] Harrecker, Degradierte Doktoren; Kraus, Universität München im Dritten Reich; Pohl, Pädagogische Hochschule Kiel, S. 56-71; Schreiber, Dekan und Rektor.

[344] Anm.: Hierunter befindet sich ein „stud. phil.", der vom damals zuständigen Ausschuss der Universität *wegen Verstosses gegen Sonderpflichten für alle deutschen Hochschulen* ausgeschlossen wurde. Desweiteren wurde ein „stud. chem." *vom Studium an allen deutschen Hochschulen* ausgeschlossen, *da er eine Bescheinigung des Chemischen Laboratoriums der Uni München über angefertigte Präparate verfälschte und später von dieser verfälschten Bescheinigung in Münster Gebrauch machte, um eine Zurückstellung vom Wehrdienst zu erreichen.*

[345] Happ, Münster in den Jahren 1920 bis 1960.

[346] Abel, Rostock 1933-1945; Hartwig, Aberkennungen, S. 48-50; Hartwig: Universitätsarchiv.

- **Polytechnikum** (0/unbekannte Anzahl/0/0; heute Fachhochschule Würzburg-Schweinfurt.)

61. **Straßburg**
    - **Universität** (7/unbekannte Anzahl/1/1; bislang keine Veröffentlichung oder Beschäftigung bekannt.)
62. **Stuttgart**
    - **Freie Hochschule** (0/unbekannte Anzahl/0/0)
    - **Merz Akademie** (0/unbekannte Anzahl/0/0)
    - **Musikhochschule** (0/unbekannte Anzahl/0/0; dort befinden sich lt. dem Rektor, Herrn Prof. Dr. Heinrichs, keine Hinweise auf Aberkennungen, zumal das Promotionsrecht erst nach dem Kriege verliehen worden ist; gleiches gilt auch auf mögliche Diplome vor 1945.)
    - **Staatliche Akademie der Bildenden Künste** (0/unbekannte Anzahl/0/0; Frau Müller M.A., Stiftung Fritz von Graevenitz, Stuttgart, die über diesen Themenkomplex ihre Dissertation schreibt, teilt mit: [...] „*g.) Auch ich war leicht irritiert, daß ich Ihnen doch so viele Infos aus meiner jahrelangen Recherche, in fast 50 Archiven zukommen lassen soll, aber ich hätte es gemacht!! Allerdings erst dann, wenn meine Diss publiziert ist. h.) Vorab kann ich Ihnen jedoch sagen, daß ich keine Informationen über die Entziehung von Senatorentiteln, Doktorwürden oder ähnlichem in Stuttgart habe, die Aktenlage ist hier besonders bescheiden. Einige Professoren wurden jedoch politisch motiviert in der NS-Zeit entlassen.*“)
    - **TH** (1/3[347]/2[348]/1; keine Veröffentlichung an der vormaligen TH und heutigen Universität Stuttgart ausfindig gemacht werden; Herr Göller, Archiv der TU Darmstadt teilt mit: „*Zu Stuttgart ist mir nur ein Fall bekannt*“; hinsichtlich Tierärzten ist ein Fall bekannt[349].)
63. **Tharandt**
    - **Forstliche Hochschule** (0/unbekannte Anzahl/0/0; seit 1929 der TU Dresden angegliedert.)
64. **Tübingen**
    - **Universität** (46/45[350]/41/36)[351]
65. **Vallendar**
    - **Philosophisch-Theologische Hochschule** (0/0/0/0; Der Rektor, Herr Rheinbay SAC, erstattete kurz und knapp *Fehlanzeige* für dieses Institut.)
66. **Weimar**[352]
    - **Bauhaus** (0/unbekannte Anzahl/0/0)
    - **Großherzoglich-Sächsische Kunstschule** (0/unbekannte Anzahl/0/0)
    - **TH** (0/unbekannte Anzahl/0/0)
67. **Wien**
    - **Akademie der Bildenden Künste** (0/unbekannte Anzahl/0/0)
    - **Hochschule für Bodenkultur** (0/unbekannte Anzahl/0/2)[353]
    - **Hochschule für Welthandel** (0/unbekannte Anzahl/0/0)[354]
    - **TH** (3/11/5/6; hierunter ein entzogener Ehrendoktortitel; Quellenlage dazu sehr unübersichtlich, vermutlich noch einige Fälle mehr [Angaben Frau Mikoletzky, Archiv der TU Wien].)[355]
    - **TiHo** (1/5/3/3)[356]
    - **Universität** (228/278/125/125; von 125 wurden drei Personen je zwei verschiedene Grade aberkannt, in einem Fall drei unterschiedliche Titel [ich danke Herrn Mag. Dr. Posch für die diesbezüglich ergänzenden Angaben und die Zurverfügungstellung einer Namensliste].)[357]

[347] Chroust, Bürokratische Verfolgung, S. 137.

[348] Anm.: Enthält einen Fall der Mitteilung an alle deutschen Hochschulen, dass ein *Gesuch* eines *Dipl.-Volkswirts auf Dr.-Verleihung wegen der an eine Dissertation zu stellende Anforderung nicht genügte und diese unter irrtümlichen Voraussetzungen erfolgte*.

[349] Möllers, Jüdische Tierärzte.

[350] Chroust, Bürokratische Verfolgung, S. 137.

[351] Vgl. http://www.uni-tuebingen.de/uni/qvo/pm/pm2003/pm703.html (22.08.2010, 22.15 Uhr). Vgl. auch Wischnath, Tübingen, Tübingen 2004, S. 42-43.

[352] Anm.: Ich danke Herrn Pascale Stellmacher für die Korrektur der Reihenfolge im Rahmen seines Praktikums.

[353] Chroust, Bürokratische Verfolgung, S. 139.

[354] Chroust, Bürokratische Verfolgung, S. 139.

[355] Mikoletzky, TU Wien; Chroust, Bürokratische Verfolgung, S. 139.

[356] Chroust, Bürokratische Verfolgung, S. 139.

- **Universität für angewandte Kunst** (0/unbekannte Anzahl/0/0)
- **Universität für Musik und darstellende Kunst** (0/unbekannte Anzahl/0/0)

68. **Wismar**
    - **Hochschule** (0/unbekannte Anzahl/0/0)
69. **Würzburg**
    - **Bayerisches Staatskonservatorium der Musik** (0/unbekannte Anzahl/0/0)
    - **Universität** (40/239/184[358]/208; zusätzlich sind fünf weitere Fälle bekannt: drei vorenthaltene Doktorurkunden und je einmal Plagiat und eine unklare Strafverurteilung [Ich danke Frau Rupp für die freundliche Mitteilung dieser Daten aus dem dortigen laufenden Aufarbeitungsverfahren]; für die Medizinische Fakultät wurde am 17. Mai 2010 eine Kommission eingesetzt.[359])

Anlage II – Sonstige Fachschulen ohne Promotionsrecht in der NS-Zeit

1. **Benediktbeuern**
    - **Philosophisch-Theologische Hochschule** (0/0; Herr Prof. Dr. Bily, Rektor, teilte mit, „*dass in der NS-Zeit* diese Einrichtung *noch eine kirchliche Studienanstalt war, die keinerlei akademische Titel vergeben konnte* [...]. *Die Studienanstalt, die damals ausschließlich den ordensinternen Priesternachwuchs ausbildete [seit 1931], konnte – wenn auch z.T. mit Einschränkungen – die gesamte NS- und Kriegszeit hindurch ihren Lehrbetrieb aufrechterhalten*".)
2. **Berlin**
    - **Alice Salomon Hochschule** (0/0; Frau Feustel teilt hierzu mit: „*Die Rektorin der Alice Salomon Hochschule hat mir Ihre interessante Anfrage zugeleitet, zu der ich Ihnen einige Informationen geben kann. In Bezug auf unsere Hochschule ist für Ihre Untersuchung dreierlei von Belang: 1. Die Hochschule war in den dreißiger Jahren eine Fachschule ohne Promotionsrecht. 2. Die Gründerin und langjährige Leiterin der Schule [Soziale Frauenschule in Berlin-Schöneberg] war die [1906 an der Friedrich-Wilhelms Universität in Berlin] promovierte Nationalökonomin Alice Salomon, die 1937 von der Gestapo zur Emigration gezwungen wurde. Ihr wurde im April 1939 der Doktortitel aberkannt. Die Humboldt-Universität hat 1997 diese Aberkennung für nicht*[ig] *erklärt. 3. An der Sozialen Frauenschule und an der mit ihr verbundenen Deutschen Akademie für soziale und pädagogische Frauenarbeit unterrichteten vor 1933 eine Vielzahl von jüdischen Dozentinnen und Dozenten, von denen die meisten promoviert waren. Wir haben für unser 100-jähriges Jubiläum eine - NICHT veröffentlichte - Dokumentation mit den uns bekannten Daten zu diesen Personen zusammengestellt. Über die Sie interessierende Frage, ob es in diesem Personenkreis weitere Aberkennungen des Doktortitels gegeben hat, ist mir leider nichts bekannt.*")[360]
    - **Hochschule für die bildenden Künste** (0/0; der Leiter des Universitätsarchivs Herr Dr. Schenk schreibt: „*Haben Sie vielen Dank für Ihre Anfrage, die an mich weitergeleitet wurde! Die Vorgängerinstitutionen der heutigen Universität der Künste in der Zeit des Nationalsozialismus besaßen keinen universitären Status. Sie besaßen nicht das Recht, akademische Titel im Sinne des Universitätswesens zu verleihen. Der Professorentitel war in der Zeit der Weimarer Republik eine bloße Amtsbezeichnung. In vielen künstlerischen Studiengängen war es nicht einmal üblich, dass Studierende am Ende ihres Studiums einen Abschluss machten, da gerade die besten eine Berufskarriere ohne ‚Bildungspatent' erfolg-*

---

[357] Anm.: Das Thema Aberkennung akademischer Grade ist an der Universität Wien am umfangreichsten aller im *Reichsanzeiger* dokumentierten Entziehungen aufgearbeitet. Vgl. Akademischer Senat, Wien 1938 – 1945; Hein, Studentischer Antisemitismus; Heiß u.a., Willfährige Wissenschaft; Jabloner, Umgang mit der NS-Vergangenheit, S. 71-84; Lichtenberger-Fenz, Opfer oder Wegbereiter, S. 3-16; Massiczek, Universität Wien März/April 1938, S. 216-279; Mühlberger, Vertriebene Intelligenz 1938; Müller, Dynamische Adaptierung, S. 592-618; Posch, "Akademische Ausbürgerungen"; Posch, Aberkennung der Doktorate im Nationalsozialismus; Stadler, Folgen; Stadler u.a., 'Arisierung', Berufsverbote und ‚Säuberungen'; Stadler und Weibel, Cultural Exodus.) vor; Herbert Posch konnte weitere 123 zwischen 1938 und 1944 entzogene akademische Grade nachweisen (persönliches Gespräch hierüber am 31.08.2010). Allgemeine Literatur über Österreich und das Thema Entzug akademischer Titel: Feichtinger, Hochschullehrer in der Emigration; Lichtenberger-Fenz, Universitäten und Hochschulen, S. 269-282; Olenhusen, Die „nichtarischen" Studenten, S. 175-206.

[358] Anm.: Hierunter befindet sich auch ein „Dipl.-Kaufmann", der am 18.03.1938 vom Landgericht Dresden wegen § 175a3 RStGB (Homosexualität) unter Anrechnung einer früheren Verurteilung zu einem Jahr und drei Monaten Zuchthaus verurteilt wurde. Seine Beschwerde hiergegen wurde am 13.02.1939 durch das Reichswissenschaftsministerium zurückgewiesen.

[359] Vgl. http://www.uni-wuerzburg.de/ueber/fakultaeten/medizin/dekant/kommissionen/kommission_depromotionen_waehrend_der_ns_zeit/ (30.08.2010, 22.45 Uhr).

[360] Feustel und Koch, 100 Jahre.

reich beginnen konnten. Die Erforschung der NS-Zeit konzentriert sich bei uns demzufolge auf andere Themen. Im Bereich der Musik, der besonders betroffen ist, spielt der hohe jüdische Anteil unter den Studierenden und Lehrenden eine herausragende Rolle; was dies betrifft, gibt es seit den 1980er Jahren Forschungen. Heute befasst sich eine eigene Forschungsstelle ‚Exil und Nachkriegskultur' an der Fakultät Musik, zu deren Sprechern ich gehöre, mit verwandten Fragestellungen, auch im Hinblick auf unsere Hochschulgeschichte.")

3. **Elstal**
   - **Theologisches Seminar** (0/0; Herr Prof. Dr. phil. Rothkegel, Th.D., teilt hierzu mit: „*Das Theologische Seminar Elstal besteht als Institution zwar bereits seit 1880 [bis 1997 in Hamburg], hat aber erst seit 2003 eine staatliche Anerkennung, aufgrund welcher Bachelor- und Masterabschlüsse verliehen werden. Bis dahin hat es sich um eine rein innerkirchliche Ausbildung gehandelt. Die Absolventen gingen in aller Regel als Prediger in den Dienst deutscher und ausländischer Baptisten- und Mennoniten-Brüder-Gemeinden. Von 1940 bis 1945 gab es am Theologischen Seminar keine deutschen Studierenden mehr, da die alle zum Wehrdienst eingezogen waren. Daher fand der Unterricht in den letzten Kriegsjahren in polnischer und russischer Sprache für osteuropäische Studierende statt. Möglicherweise ist das ein Kuriosum der deutschen Hochschulgeschichte der NS-Zeit [vgl. Bela Bodo, Foreign Students in Nazi Germany, East European Quarterly 37, 2003]*".)
4. **Köthen**
   - **TH** (0/unbekannte Anzahl; früheres Polytechnikum, seit 1991 Teil der neuen Hochschule Anhalt; die Archivarin dieser Hochschule machte nur telefonische Angaben und weigerte sich, die fernmündlich getätigten Aussagen und auch ihren genauen Titel und Namen kurz schriftlich via eMail zu übermitteln. Es stellt sich offenbar so dar, dass es keinerlei Unterlagen über Absolventen aus der Zeit vor 1945 gibt und sie auch nicht wisse, wie diese Zeit zu bewerten sei, da das frühere Polytechnikum eine Art Zwittereinrichtung gewesen wäre.)
5. **Sankt Augustin**
   - **Philosophisch-Theologische Hochschule SVD** (0/0; Der Rektor, Herr Prof. Dr. Piepke, teilt hierzu mit: „*Ihre Anfrage betrifft unsere Hochschule nicht, da sie zur NS-Zeit nicht staatlich anerkannt war. Dennoch hat die Gestapo am 6. August 1941 das Gebäude der Hochschule konfisziert und alle Professoren und Studenten ausgewiesen. Erst nach Kriegsende konnte das Gebäude zurückerhalten und der Hochschulbetrieb wieder aufgenommen werden. Näheres dazu finden Sie in dem Buch von Annette Mertens: Himmlers Klostersturm. Paderborn. Ferdinand Schöningh 2006, S. 197 und folgende. Das Umschlagbild ist übrigens von unserer Hochschule. Ansonsten wurde aus unserem Orden [SVD] nur Prof. Dr. Wilhelm Koppers, Mitglied des Anthropos Instituts [heute in Sankt Augustin angesiedelt], aus seinem Amt als Ordinarius für Ethnologie an der Universität Wien entfernt. Dies geschah im Jahr 1938 nach dem Einmarsch Hitlers in Österreich, damals als Anschluss an das Reich deklariert. Koppers war als Ethnologe und Priester ein erklärter Gegner der NS-Rassenideologie und vertrat diese Gegnerschaft auch öffentlich von seinem Lehrstuhl aus. In seiner letzten Vorlesung in Wien wies er nach, dass die „nordische Rasse" eine ideologische Fiktion ist und sich der blonde/blauäugige Phänotyp aus einer Mischung verschiedenster Völkerschaften Asiens ergeben hat.*")

Anlage III – Verzeichnis aller Promotionen an der TH Hannover bis 1945

lfd. Nr.	I[361]	II[362]	III[363]	Nachname	Vorname	Titel	IV[364]	V[365]	VI[366]
1	31.05. 1901	05.06. 1901	05.06. 1901	Schreiber	Hermann	Dipl.-Ing.	Che-mie	Hannover	*31.10.1873 Hannover[367]
2	28.06. 1901	26.06. 1901	28.06. 1901	Klapproth	Wilhelm	Dipl.-Ing.	Che-mie	Hannover	
3	siehe rechts	05.07. 1901	11.07. 1901	Thurm	Richard	Chemiker	n. a.[368]	Herzberg	

361 Tag der Dr.-Ing. Prüfung.
362 Tag der mündlichen Prüfung.
363 Tag der Aushändigung des Dr.-Diploms.
364 Fakultät.
365 Woher? / teilweise Geburtsdatum/-Ort.
366 Bemerkungen / teilweise Geburtsort.
367 Ergänzende Angaben aus dem Promotionsverzeichnis: Reifezeugnis Realgymnasium I Hannover am 17.04.1895, zehn Semester Chemie April 1895 bis März 1900, Dipl.-Ing. 02.06.1901, Prüfung 26.03.1900, Titel der Promotion: „Über Halogenderivate der β-Aminosäure und Aminosäureesters".
368 Anm.: Die Abkürzung „n. a." bedeutet „Nicht angegeben".

4	siehe rechts	12.07. 1901	18.07. 1901	Klatt	Hugo	Chemiker	n. a.	Elbing	
5	n. e.[369]	19.06. 1902	20.06. 1902	Schüppel	Wilhelm	E-Techniker	n. a.	Tübingen	
6	siehe rechts	11.11. 1901	22.11. 1901	Behrens	Wilhelm	Chemiker	n. a.	Hannover	
7	siehe rechts	16.12. 1901	20.12. 1901	Grünewald	Richard	Chemiker	n. a.	Hannover	
8	siehe rechts	21.11. 1901	22.11. 1901	Heidebroek	Enno	Masch.-Ing.	n. a.	Hannover	
9	siehe rechts	05.12. 1902	11.12. 1902	Schulze	Günther	Elektro-Ing.	n. a.	Hannover	
10	siehe rechts	15.12. 1902	18.12. 1902	Fricke	Ludwig	Chemiker	n. a.	Peine	
11	siehe rechts	18.12. 1902	18.12. 1902	Dierssen	Heinrich	Chemiker	n. a.	Schwanewede	
12	siehe rechts	05.12. 1902	11.12. 1902	Beckmann	Erich	Elektro-Ing.	n. a.	Hannover	
13	siehe rechts	09.06. 1903	29.06. 1903	Jänecke	Wilhelm	Architekt	n. a.	Alt-Warmbüchen bei Hannover	Buch I[370]
14	siehe rechts	26.06. 1903	29.06. 1903	Drewes	Hans	Elektro-Ing.	n. a.	Helmstedt	
15	siehe rechts	12.07. 1901	18.07. 1901	Klatt[371]	Hugo	Chemiker	n. a.	Elbing	
16	siehe rechts	26.02. 1903	27.02. 1903	von Handorff	Franz	Masch.-Ing.	n. a.	Handorf	
17	siehe rechts	02.04. 1903	09.04. 1903	Diepen	Hermann	Masch.-Ing.	n. a.	Tillburg	
18	siehe rechts	12.06. 1903	16.06. 1903	Hesse	Paul	Chemiker	n. a.	Hannover	
19	siehe rechts	14.07. 1903	16.07. 1903	Wolters	Karl	Masch.-Ing.	n. a.	Hannover	
20	siehe rechts	08.07. 1903	16.07. 1903	Michel	Eugen	Architekt	n. a.	Wiesbaden	Buch I
21	siehe rechts	03.12. 1903	10.12. 1903	Roth	Paul	Chemiker	n. a.	Eisern	
22	siehe rechts	05.02. 1904	18.02. 1904	Eichwede	Ferdinand	Architekt	n. a.	Hannover	Buch I
23	siehe rechts	20.03. 1903	30.03. 1903	Jordan	Hermann	Bau-Ing.	n. a.	Karlsruhe	Buch II[372]
24	siehe rechts	22.02. 1904	07.03. 1904	Griffel	Georg	Masch.-Ing.	n. a.	Vegesack	
25	siehe rechts	17.12. 1903	07.01. 1904	Carstens	Johann	Chemiker	n. a.	Lübeck	
26	siehe rechts	16.04. 1904	05.05. 1904	Weiske	Paul	Bau-Ing.	n. a.	Cassel	Buch II
27	siehe rechts	11.02. 1904	18.04. 1904	Siemonsen	Ludwig	Chemiker	n. a.	Hadersleben	
28	siehe rechts	24.06. 1904	28.06. 1904	Rowald	Paul	Architekt	n. a.	Hannover	Buch I
29	siehe rechts	16.07. 1903	16.07. 1903	von Jacobi	Georg	Architekt	n. a.	Hannover	
30	siehe rechts	08.12. 1904	15.12. 1904	Hennicke	Hans	Chemiker	n. a.	Oberkassel	
31	siehe rechts	24.11. 1904	30.11. 1904	Friedrich	Hermann	Chemiker	n. a.	Hohlstedt	
32	siehe rechts	08.12. 1904	15.12. 1904	Heikel	Gunnar	Chemiker	n. a.	Wasa/Finnland	
33	siehe rechts	18.01. 1905	02.02. 1905	Hufschmidt	Karl	Chemiker	n. a.	Siegen	
34	siehe rechts	13.07. 1904	14.07. 1904	Scherbius	Arthur	E-Techniker	n. a.	Frankfurt/Main	
35	siehe rechts	17.12. 1904	11.01. 1905	Pohl	Robert	E-Techniker	n. a.	Hamm	
36	siehe	03.12.	09.12.	Oldiges	Benno	E-	n. a.	Vechta	

[369] Anm.: Nicht im Promotionsverzeichnis der TH Hannover enthalten.
[370] Anm.: Ergänzende Angaben lt. Promotionsbuch für Architektur, aufgefunden im Archiv der Fakultät für Bau-Ingenieurswesen und Geodäsie.
[371] Anm.: Aus den vorliegenden Unterlagen ist nicht ersichtlich, warum er doppelt im Vorlesungsverzeichnis aufgeführt worden ist.
[372] Anm.: Ergänzende Angaben lt. Promotionsbuch der Fakultät für Bau-Ingenieurswesen und Geodäsie.

	rechts	1903	1903			Techniker			
37	siehe rechts	17.12. 1904	11.01. 1905	v. Studniarski	Johann	E-Techniker	n. a.	Samter	
38	siehe rechts	18.03. 1905	26.09. 1905	Kux	Eduard	Masch.-Ing.	n. a.	Köln	Buch II
39	siehe rechts	30.03. 1905	26.09. 1905	Osten	Hans	Chemiker	n. a.	Grevenbrück	
40	siehe rechts	22.06. 1905	26.09. 1905	Offe	Gustav	Chemiker	n. a.	Dornbusch	
41	siehe rechts	21.12. 1905	11.01. 1906	Mügge	Karl	Bau-Ing.	n. a.	Hannover	Buch II
42	siehe rechts	13.12. 1905	16.12. 1905	Albrecht	Richard	Masch.-Ing.	n. a.	Sommerfeld	
43	siehe rechts	15.02. 1906	01.03. 1906	Hirschland	Franz Herbert	Masch.-Ing.	n. a.	Essen	
44	siehe rechts	20.12. 1905	17.11. 1905	von Cube	Gustav	Architekt	n. a.	Tegernsee	Buch I[373]
45	siehe rechts	07.02. 1906	10.02. 1906	Schütz	Heinrich	Bau-Ing.	n. a.	Emden	Buch II
46	siehe rechts	06.10. 1905	19.10. 1905	Hoebel	Otto	Chemiker	n. a.	Hannover	
47	n. a.	12.10. 1905	n. a.	Heinze	n. a.	Architekt	n. a.	n. a.	Buch I
48	siehe rechts	01.02. 1906	10.02. 1906	Brandes	Friedrich	E-Techniker	n. a.	Nordassel	
49	siehe rechts	07.02. 1906	10.02. 1906	Anthes	Hugo	Masch.-Ing.	n. a.	Frankfurt/Main	
50	siehe rechts	22.05. 1906	08.06. 1906	Rheinfels	Curt	Chemiker	n. a.	Hannover	
51	siehe rechts	21.05. 1906	08.06. 1906	Denicke	Gustav	Chemiker	n. a.	Bremerhaven	
52	siehe rechts	19.06. 1906	29.06. 1906	Voigt	Otto	Chemiker	n. a.	Jerxheim	
53	siehe rechts	22.05. 1906	08.06. 1906	Kießling	Walter	Chemiker	n. a.	Dresden	
54	siehe rechts	12.07. 1906	24.07. 1906	Löser	Karl	Chemiker	n. a.	Halle/Saale	
55	siehe rechts	12.07. 1906	24.07. 1906	Rüdenberg	Reinhold	E-Techniker	n. a.	Hannover	
56	siehe rechts	29.11. 1906	03.12. 1906	Weitzner	Emil	Chemiker	n. a.	Hannover	
57	siehe rechts	28.02. 1907	11.03. 1907	Berg	Friedrich	Masch.-Ing.	n. a.	Ueberau	
58	siehe rechts	07.03. 1907	11.03. 1907	Grun	Willibald	Masch.-Ing.	n. a.	Patschkau	
59	siehe rechts	28.02. 1907	11.03. 1907	Adler	Franz	Masch.-Ing.	n. a.	Brieg	
60	siehe rechts	20.10. 1907	17.11. 1905	Heinz	Wilhelm	Architekt	n. a.	Wetzlar	
61	siehe rechts	30.03. 1905	26.09. 1905	Schaefer	Otto	Masch.-Ing.	n. a.	Hannover	
62	siehe rechts	23.07. 1907	30.07. 1907	Barten	Hermann	Masch.-Ing.	n. a.	Wichrathberg	
63	siehe rechts	21.12. 1907	23.12. 1907	Brückmann	Alexander	Elektro-Ing.	n. a.	Frankfurt/Main	
64	siehe rechts	24.07. 1907	30.07. 1907	Kinkel	Manfred	Bau-Ing.	n. a.	Zürich	Buch II
65	siehe rechts	05.12. 1907	23.12. 1907	Küster	Heinrich	Architekt	n. a.	Breslau	Buch I
66	siehe rechts	23.03. 1908	23.03. 1908	Lohr	Friedrich	Chemiker	n. a.	Bremen	
67	siehe rechts	21.12. 1907	23.12. 1907	Meyer-Delius	Heinrich	Elektro-Ing.	n. a.	Hamburg	
68	siehe rechts	11.07. 1907	22.07. 1907	Wende	Oskar	Architekt	n. a.	Bunzlau	Buch I
69	siehe rechts	12.06. 1908	15.06. 1908	Gennerich	Georg	Chemiker	n. a.	Hannover	
70	siehe rechts	21.12. 1907	23.12. 1907	Grabe	Walter	Elektro-Ing.	n. a.	Harbke	

[373] Anm.: Laut Buch I fand die mündliche Prüfung am 12.10.1905 statt.

71	siehe rechts	25.06.1908	27.03.1908	Müller	Richard	Bau-Ing.	n. a.	Reps (Ungarn)	Buch II[374]
72	siehe rechts	01.04.1908	03.04.1908	Vormfelde	Karl	Masch.-Ing.	n. a.	Bielefeld	
73	siehe rechts	11.05.1908	18.05.1908	Andres	Karl	Masch.-Ing.	n. a.	Hannover	
74	siehe rechts	10.07.1908	13.07.1908	Dreyer	Heinrich	Masch.-Ing.	n. a.	Göttingen	
75	siehe rechts	03.07.1908	13.07.1908	Ruths	Johannes	Elektro-Ing.	n. a.	Karlskrona	(Schweden)
76	siehe rechts	23.07.1907	30.07.1907	Wach	Hans	Masch.-Ing.	n. a.	Höchst/Main	
77	siehe rechts	20.11.1908	30.11.1908	Niemeyer	Rudolf	Chemiker	n. a.	Wilhelmshaven	
78	siehe rechts	15.12.1908	21.12.1908	Schultz	Roland	Chemiker	n. a.	Hannover	geb. in Livorno
79	siehe rechts	01.12.1908	21.12.1908	Hofmann	Adolf	Chemiker	n. a.	Karlsruhe	
80	siehe rechts	22.03.1907	27.08.1908	Tilemann	Georg	Architekt	n. a.	Norden	Buch I
81	siehe rechts	22.01.1909	28.01.1909	Sidow	Hans	Architekt	n. a.	Düsseldorf	Buch I
82	siehe rechts	19.03.1909	24.03.1909	Voerkelius	Gustav Adolf	Chemiker	n. a.	Kammin	
83	siehe rechts	22.01.1909	28.01.1909	Coers	Paul	Architekt	n. a.	Dortmund	Buch I
84	siehe rechts	24.06.1909	28.06.1909	Contag	Hellmut	Bau-Ing.	n. a.	Hohensalza	Buch II
85	siehe rechts	18.12.1908	21.12.1908	Mannes	Hermann	Masch.-Ing.	n. a.	Weimar	
86	siehe rechts	09.01.1909	28.01.1909	Hinrichs	Walter	Architekt	n. a.	Hannover	Buch I[375]
87	siehe rechts	24.06.1909	28.06.1909	Adam	Otto	Elektro-Ing.	n. a.	Hildesheim	
88	siehe rechts	08.07.1909	12.07.1909	Bock	Ernst	Masch.-Ing.	n. a.	Sehlem	
89	siehe rechts	16.07.1909	24.07.1909	Lambrecht	Erich	Chemiker	n. a.	Broistedt	
90	siehe rechts	15.07.1909	24.07.1909	Neuenhofer	Karl	Masch.-Ing.	n. a.	M.-Gladbach	
91	siehe rechts	14.02.1910	unbekannt	Meyer	Franz	Architekt	n. a.	Bonn	Buch I
92	siehe rechts	unbekannt	unbekannt	ter Meer	Gustav	Masch.-Ing.	n. a.	Hannover	
93	siehe rechts	15.07.1909	24.07.1909	Pape	Martin	Masch.-Ing.	n. a.	Berlin	
94	siehe rechts	unbekannt	unbekannt	Ludewig	Wilhelm	Chemiker	n. a.	Hannover	
95	siehe rechts	unbekannt	unbekannt	Struwe	Karl	Chemiker	n. a.	Osterode/Harz	
96	siehe rechts	unbekannt	unbekannt	Schliephacke	Gerhard	Chemiker	n. a.	Ilsenburg	
97	siehe rechts	unbekannt	unbekannt	Schliemann	Wilhelm	Chemiker	n. a.	Rastorfer Papiermühle	
98	siehe rechts	unbekannt	unbekannt	Henkel	Paul	Chemiker	n. a.	Hildesheim	
99	siehe rechts	unbekannt	unbekannt	Reinsberg	Willy	Chemiker	n. a.	Cottbus	
100	siehe rechts	10.02.1910	unbekannt	Remy	Karl	Bau-Ing.	n. a.	Höchst/Main	Buch II
101	siehe rechts	unbekannt	unbekannt	Walther	Franz	Masch.-Ing.	n. a.	Dahlheim	
102	siehe rechts	unbekannt	unbekannt	Kühn	Ludwig	Elektro-Ing.	n. a.	München	
103	siehe rechts	unbekannt	unbekannt	Zimmermann	Werner	Masch.-Ing.	n. a.	Dresden	
104	siehe rechts	unbekannt	unbekannt	Spillner	Friedrich	Chemiker	n. a.	Habelschwerdt	
105	siehe rechts	unbekannt	unbekannt	Krausz	Moritz	Chemiker	n. a.	Pecz (Ungarn)	

[374] Anm.: Laut Buch II fand die mündliche Prüfung am 26.03.1908 statt.
[375] Anm.: Laut Buch I aus *London* stammend.

106	siehe rechts	unbe-kannt	unbe-kannt	Klinckhard	Theodor	Chemiker	n. a.	Duderstadt	
107	siehe rechts	12.07. 1909	24.07. 1909	Niemann	Richard	Architekt	n. a.	Marwede[376]	Buch I
108	siehe rechts	unbe-kannt	unbe-kannt	Hoyer	Heinrich	Chemiker	n. a.	Hannover	
109	siehe rechts	unbe-kannt	unbe-kannt	Grohmann	Oskar	Chemiker	n. a.	Hannover	
110	siehe rechts	unbe-kannt	unbe-kannt	Mertelsmann	Martin	Chemiker	n. a.	Wunstorf	
111	siehe rechts	21.11. 1910	unbe-kannt	Fusch	Gustav	Architekt	n. a.	Hannover	Buch I
112	siehe rechts	unbe-kannt	unbe-kannt	Geßner	Ludwig	Chemiker	n. a.	Darmstadt	
113	siehe rechts	unbe-kannt	unbe-kannt	Westhoff	Franz	Chemiker	n. a.	Clarholz	
114	siehe rechts	unbe-kannt	unbe-kannt	Moog	Otto	Masch.-Ing.	n. a.	Trier	
115	siehe rechts	unbe-kannt	unbe-kannt	Döhne	Ferdinand	Masch.-Ing.	n. a.	Pankow	
116	siehe rechts	08.02. 1911	unbe-kannt	Dieckmann	Dietrich	Architekt	n. a.	Hamburg	Buch I
117	siehe rechts	unbe-kannt	unbe-kannt	Runte	August	Chemiker	n. a.	Münster i.W.	
118	siehe rechts	unbe-kannt	unbe-kannt	Bückendorff	Oskar	Chemiker	n. a.	Uchte	
119	siehe rechts	unbe-kannt	unbe-kannt	Kircher	Wilhelm	Chemiker	n. a.	Eisenach	
120	siehe rechts	unbe-kannt	unbe-kannt	Noeggerath	Jacob	Elektro-Ing.	n. a.	Wiesbaden	
121	siehe rechts	unbe-kannt	unbe-kannt	Rosenow	Max	Chemiker	n. a.	Perlhof	
122	siehe rechts	23.03. 1911	unbe-kannt	Otto	Karl	Architekt	n. a.	Hamburg	Buch I
123[377]	siehe rechts	07.07. 1911	10.07. 1911	Bretnütz	Alfred	Chemiker	n. a.	Nebra	
124	siehe rechts	08.02. 1911	unbe-kannt	Dunaj	Leon	Architekt	n. a.	Hannover	Buch I
125	siehe rechts	unbe-kannt	unbe-kannt	Löbel	Rudolf	Chemiker	n. a.	Vaslui/Rumänien	
126	siehe rechts	10.05. 1911	unbe-kannt	Schmidt	Wilhelm	Bau-Ing.	n. a.	Dannenberg	Buch II
127	siehe rechts	15.06. 1911	unbe-kannt	Nonn	Konrad	Architekt	n. a.	Breslau	Buch I
128	siehe rechts	24.06. 1910	unbe-kannt	Quietmeyer	Friedrich	Bau-Ing.	n. a.	Hannover	Buch II
129	siehe rechts	25.01. 1912	05.02. 1912	Beythien	Rudolf	Chemiker	n. a.	Hannover	
130	siehe rechts	14.03. 1912	18.03. 1912	Theobald	Wilhelm	Masch.-Ing.	n. a.	Gr.-Lichterfelde	
131	siehe rechts	06.06. 1912	10.06. 1912	Greeff	Max	Chemiker	n. a.	Bonn	
132	siehe rechts	06.03. 1912	18.03. 1912	Rabbow	Fritz	Bau-Ing.	n. a.	Posen	Buch II
133	siehe rechts	11.07. 1912	15.07. 1912	Becker	Paul	Chemiker	n. a.	Nordhausen	
134	siehe rechts	13.07. 1911	23.10. 1911	Linke	Willy	Elektro-Ing.	n. a.	Felderhoferbrück e	
135	siehe rechts	11.07. 1912	15.07. 1912	ten Doornkaat-Koolman	Gerhard	Chemiker	n. a.	Norden	
136	siehe rechts	15.06. 1911	n. a.	Hans		Archi-tekt	n. a.	Münder/Deister	Buch I[378]
137	siehe rechts	29.02. 1912	04.03. 1912	Klein	Friedrich	Chemi-ker	n. a.	Darmstadt	
138	siehe rechts	25.01. 1912	05.02. 1912	Rinau	Walter	Chemi-ker	n. a.	Köln	
139	siehe rechts	06.06. 1902	10.06. 1912	Kranendieck	Franz	Chemi-ker	n. a.	Essen	(1902 sic!)

[376] Anm.: Buch I schreibt *Königsberg in Preußen*.
[377] Anm.: Neue Nummerierung im Band II mit 127, vorheriger Band I hört mit Nummer 90 auf.
[378] Anm.: Diese Angaben sind völlig unklar.

140	siehe rechts	16.07. 1912	25.07. 1912	Fink	Eugen	Bau-Ing.	n. a.	Vaihingen	Buch II
141	siehe rechts	23.04. 1912	13.05. 1912	Müller	Paul	Masch.-Ing.	n. a.	Hannover	
142	siehe rechts	05.12. 1912	18.12. 1912	Oertel	Rudolf	Chemiker	n. a.	Dülmen	
143	siehe rechts	30.10. 1911	13.11. 1911	Bertschinger	Otto	Bau-Ing.	n. a.	Aarau/Schweiz	Buch II
144	siehe rechts	19.12. 1912	08.01. 1913	Albers	Fritz	Chemiker	n. a.	San José	
145	siehe rechts	14.05. 1912	10.06. 1912	Wege	Gustav	Architekt	n. a.	Halberstadt	Buch I
146	siehe rechts	13.03. 1913	14.04. 1913	Mühlmeister	Hermann	Chemiker	n. a.	Hannover	
147	siehe rechts	09.07. 1912	15.07. 1912	Röver	Albert	Masch.-Ing.	n. a.	Braunschweig	
148	siehe rechts	11.02. 1913	14.02. 1913	Aschof	Karl	Masch.-Ing.	n. a.	Hannover	
149	siehe rechts	06.12. 1912	18.12. 1912	Jänecke	Louis	Bau-Ing.	n. a.	Hannover[379]	Buch II
150	siehe rechts	13.03. 1913	14.04. 1913	Anderson	George	Chemiker	n. a.	Hannover	
151	**siehe rechts**	**12.06. 1913**	**26.07. 1913**	**Dux**	**Walter**	**Chemiker**	**n. a.**	**Hildesheim**	**Titel entzogen 10.01.1940**
152	siehe rechts	17.02. 1912	04.03. 1912	Kulka	Hugo	Bau-Ing.	n. a.	Leipnik, Mähren	Buch II
153	siehe rechts	14.06. 1913	26.06. 1913	Haase	Paul	Bau-Ing.	n. a.	Lüdenscheid	Buch II
154	siehe rechts	12.10. 1912	25.10. 1912	Thürnau	Karl	Bau-Ing.	n. a.	Hannover[380]	Buch II
155	siehe rechts	24.04. 1913	29.04. 1913	Behne	Erich	Elektro-Ing.	n. a.	Magdeburg	
156	siehe rechts	21.10. 1913	23.10. 1913	Cordes	Eduard	Architekt	n. a.	Bentheim	Buch I
157	siehe rechts	21.06. 1913	30.07. 1913	Nipkow	Karl	Bau-Ing.	n. a.	*19.06.1877 Lauenburg i.P.[381]	Buch II
158	siehe rechts	02.07. 1914	09.07. 1914	Birk	Karl	Chemiker	n. a.	Aach.-Burscheid	
159	siehe rechts	28.06. 1913	05.07. 1913	Schmidt	Ernst	Bau-Ing.	n. a.	Hannover	Buch II
160	n. e.[382]	14.07. 1913	30.07. 1913	Wickert	Erich	Masch.-Ing.	n. a.	Linden/Hann.	
161	siehe rechts	14.07. 1913	30.07. 1913	Neubert	Paul	Masch.-Ing.	n. a.	Döbeln	
162	siehe rechts	25.06. 1914	unklar	Drönewolf	Walter	Architekt	n. a.	Leipzig	Buch I
163	siehe rechts	13.12. 1913	18.12. 1913	Stratmann	Gottfried	Masch.-Ing.	n. a.	Olsberg	
164	siehe rechts	15.09. 1914	19.09. 1914	Mohrmann	Gerhard	Chemiker	n. a.	Hannover	
165	siehe rechts	03.02. 1915	18.02. 1915	Raapke	Konrad	Masch.-Ing.	n. a.	Thorn-Mocker	
166	siehe rechts	31.03. 1915	15.04. 1915	Kaune	Ewald	Architekt	n. a.	Clauen	Buch I
167	siehe rechts	15.02. 1915	18.02. 1915	Wreden	Richard	Bau-Ing.	n. a.	Geestemünde	Buch II
168	siehe rechts	31.03. 1915	15.04. 1915	Heynßen	Franz	Architekt	n. a.	Hamburg	Buch I
169	siehe rechts	19.01. 1915	25.01. 1915	Klopfer	Leo	Masch.-Ing.	n. a.	München	
170	siehe rechts	01.04. 1915	15.04. 1915	Reese	Ludwig	Architekt	n. a.	Berlin	Buch I
171	siehe rechts	31.03. 1915	15.04. 1915	Kneebusch	Ernst	Architekt	n. a.	Dortmund	Buch I
172	siehe rechts	29.04. 1915	06.05. 1915	Zieger	Rudolf	Chemiker	n. a.	Werdau	

379 Anm.: Laut Buch II aus *Magdeburg* stammend.
380 Anm.: Laut Buch II aus *Vöhl, Hessen-Nassau*, stammend.
381 Anm.: Laut Buch II aus *Charlottenburg* stammend.
382 Anm.: Nicht im Vorlesungsverzeichnis enthalten; laut zentraler Promotionsliste Prüfung mit Auszeichnung bestanden.

173	siehe rechts	n. e.		Voigt	Heinz	Masch.-Ing.	n. a.	Frankfurt/Main	
174	siehe rechts	03.06. 1915	10.06. 1915	Cramer	Fritz	Elektro-Ing.	n. a.	Barmen	
175	siehe rechts	14.05. 1915	10.06. 1915	Nyström	Karl Henrik	Bau-Ing.	n. a.	Wasa/Finnland	Buch II[383]
176	siehe rechts	24.01. 1914	29.01. 1913	Lührs	Johannes	Bau-Ing.	n. a.	Hamburg	Buch II[384]
177	siehe rechts	17.11. 1914	03.12. 1914	Bleibaum	Friedrich	Architekt	n. a.	Davenstedt, Kreis Linden	Buch I
178	siehe rechts	11.03. 1915	25.03. 1915	Kempe	Fritz	Elektro-Ing.	n. a.	Hann.-Linden	
179	siehe rechts	01.04. 1915	15.04. 1915	Burgheim	Alfred	Architekt	n. a.	Hamburg	Buch I
180	siehe rechts	27.10. 1915	18.11. 1915	Bach	Max	Architekt	n. a.	Langendorf bei Weißenfels	Buch I
181	siehe rechts	16.11. 1915	18.11. 1915	Bölte	Johannes	Bau-Ing.	n. a.	Krackow, Mecklenburg	Buch II[385]
182	siehe rechts	18.11. 1915	18.11. 1915	Ohlinger	Karl	Elektro-Ing.	n. a.	Kusel/Rheinpfalz	
183	siehe rechts	02.12. 1915	16.12. 1915	Nottbohm	Otto	Chemiker	n. a.	Eixe, Kr. Peine	
184	siehe rechts	20.12. 1915	13.01. 1916	Giese	Kurt	Masch.-Ing.	n. a.	Danzig	
185	siehe rechts	02.02. 1916	10.02. 1916	Brandes	Ernst	Bau-Ing.	n. a.	Schmalkalden	Buch II
186	siehe rechts	05.02. 1916	10.02. 1916	Kaufmann	Walther	Bau-Ing.	n. a.	Lützen	Buch II
187	siehe rechts	05.02. 1916	10.02. 1916	Reuter	Paul	Bau-Ing.	n. a.	Weidenau/Sieg	Buch II
188	n. e.	01.05. 1916	18.05. 1916	Goettke	Hans	Masch.-Ing.	n. a.	Mühlhausen/Th.	
189	siehe rechts	16.06. 1916	23.03. 1916	Sachtleben	Kurt	Chemiker	n. a.	Krefeld	
190	siehe rechts	11.06. 1914	20.06. 1914	Madsen	Joseph	Chemiker	n. a.	Süderotting, Kr. Hadersleben	Dipl.-Ing.
191	siehe rechts	25.06. 1914	09.07. 1914	Drönewolf	Walter	Architekt	n. a.	Leipzig	Dipl.-Ing.[386]
192	siehe rechts	17.07. 1914	24.08. 1914	Voigt	Heinz	Masch.-Ing.	n. a.	Frankfurt/Main	Dipl.-Ing.
193	siehe rechts	n. e.		Reese	Ludwig	Architekt	n. a.	Berlin	Dipl.-Ing.[387]
194	siehe rechts	18.02. 1916	23.03. 1916	Rode	Hans Henrik	Bau-Ing.	n. a.	Röros/Norwegen	Dipl.-Ing. Buch II
195	siehe rechts	22.05. 1916	15.06. 1916	Ziegler	Wilhelm	Architekt	n. a.	Verden	Dipl.-Ing. Buch I
196	siehe rechts	20.07. 1916	20.07. 1916	Wilke	Wilhelm	Masch.-Ing.	n. a.	Hannover	Dipl.-Ing.
197	n. e.	21.10. 1916	02.11. 1916	Peter	August	Masch.-Ing.	n. a.	Witzenhausen	
198	siehe rechts	09.02. 1917	10.02. 1917	Haase	Julius	Masch.-Ing.	n. a.	München	Buch II[388]
199	siehe rechts	21.03. 1917	18.04. 1917	Arnoldt	Oswald	Masch.-Ing.	n. a.	Dortmund	Dipl.-Ing.
200	n. e.	02.04. 1917	18.04. 1917	Knäbel genannt Stock	Richard	Bau-Ing.	n. a.	*22.02.1886 Magdeburg	Buch II
201	siehe rechts	03.04. 1917	18.04. 1917	Dreyer	Karl	Chemiker	n. a.	Westendorf (Rinteln)	Dipl.-Ing.
202	siehe rechts	23.03. 1916	23.03. 1916	Ahmels	C/Karl	Architekt	n. a.	Hannover	Dipl.-Ing. Buch I
203	n. e.	08.04. 1917	31.05. 1917	Mautner	Viktor	Bau-Ing.	n. a.	Prag[389]	*23.07.1883 Prag
204	siehe rechts	27.10. 1917	29.10. 1917	Dreves	Egon	Masch.-Ing.	n. a.	Wellen	Dipl.-Ing.

383 Anm.: Laut Buch II aus *Helsingfors* stammend.
384 Anm.: Laut Buch II aus *Burrien* stammend.
385 Anm.: Laut Buch II aus *Hannover* stammend.
386 Anm.: Im Vorlesungsverzeichnis als *verstorben* gekennzeichnet.
387 Anm.: Vgl. Nr. 170.
388 Anm.: Laut Buch II als *Intendantur- und Baurat, Architekt*, bezeichnet.
389 Anm.: Laut Buch II aus *Wien* stammend.

205	siehe rechts	28.05. 1918	11.06. 1918	Düttmann	Bernhard	Archi-tekt	n. a.	Oldenburg i. Gr.	Buch I[390]
206	siehe rechts	09.03. 1918	08.04. 1918	Heintze	Georg	Masch.-Ing.	n. a.	Hannover	Dipl.-Ing.
207	siehe rechts	28.05. 1918	11.06. 1918	Jahr	Hermann	Archi-tekt	n. a.	Hannover	Buch I[391]
208	siehe rechts	29.06. 1917	12.07. 1917	Jncho[392]	Heinrich	Bau-Ing.	n. a.	Dortmund	Dipl.-Ing. Buch II
209	siehe rechts	03.05. 1918	06.05. 1918	Zechlin	Max	Masch.-Ing.	n. a.	Berlin	Dipl.-Ing.
210	siehe rechts	30.07. 1919	31.07. 1919	Agatz	Arnold	Bau-Ing.	n. a.	Hannover	Dipl.-Ing. Buch II
211	siehe rechts	04.08. 1919	04.08. 1919	Dempwolff	Hans	Bau-Ing.	n. a.	Hamburg	Dipl.-Ing. Buch II
212	siehe rechts	19.12. 1918	23.12. 1918	Ederhoff	Richard	Bau-Ing.	n. a.	Lippstadt	Dipl.-Ing.
213	siehe rechts	31.03. 1919	15.04. 1919	Geerdts	Ferdinand	Archi-tekt	n. a.	Altenwalde	Dipl.-Ing. Buch I
214	siehe rechts	17.07. 1919	31.07. 1919	Gieseking	Ernst	Elektro-Ing.	n. a.	Bückeburg	Dipl.-Ing.
215	siehe rechts	11.07. 1919	17.07. 1919	Hachmeister	Kurt	Chemi-ker	n. a.	Hannover	Dipl.-Ing.
216	siehe rechts	16.01. 1919	27.01. 1919	Heyer	George	Chemi-ker	n. a.	Hamburg	Dipl.-Ing.
217	siehe rechts	08.07. 1919	10.07. 1919	Jacobi	n. a.	Bau-Ing.	n. a.	Elberfeld[393]	Reg.-/Baurat
218	siehe rechts	10.07. 1919	10.07. 1919	Kammüller	Karl	Masch.-Ing.	n. a.	Wollbach	Dipl.-Ing.
219	siehe rechts	23.12. 1918	23.12. 1918	Klarhorst	Ludwig	Archi-tekt	n. a.	Bielefeld	Dipl.-Ing. Buch I
220	siehe rechts	18.07. 1918	30.09. 1919	Krull	Otto	Chemi-ker	n. a.	Mittel-Laszik	Dipl.-Ing.
221	siehe rechts	31.03. 1919	15.04. 1919	Luckhaus	Willi	Archi-tekt	n. a.	Mexico	Dipl.-Ing. Buch I
222	siehe rechts	13.03. 1918	24.03. 1918	Munk	Max	Masch.-Ing.	n. a.	Hamburg	Dipl.-Ing.
223	siehe rechts	08.02. 1919	15.02. 1919	Nagel	Rudolf	Elektro-Ing.	n. a.	Cölln/Rhein	Dipl.-Ing.
224	siehe rechts	05.12. 1918	07.12. 1918	Odenwald	Hans	Chemi-ker	n. a.	Peine	Dipl.-Ing.
225	siehe rechts	15.02. 1919	15.02. 1919	Otte	Wilhelm	Masch.-Ing.	n. a.	Flensburg	Dipl.-Ing.
226	siehe rechts	24.03. 1918	24.03. 1918	Pf(l)eiderer	Max	Archi-tekt	n. a.	Bonn	Dipl.-Ing. Buch I
227	siehe rechts	n. e.		Reineke	Hermann	Bau-Ing.	n. a.	Bremen	Dipl.-Ing. Buch II
228	siehe rechts	24.07. 1918	31.07. 1918	Sander	Willy	Bau-Ing.	n. a.	Jena	Dipl.-Ing. Buch II
229	siehe rechts	23.05. 1919	16.06. 1919	Schmidt	Robert	Bau-Ing.	n. a.	Altenburg	Dipl.-Ing. Buch II
230	siehe rechts	23.05. 1919	16.06. 1919	Seyderhelm	Kurt	Masch.-Ing.	n. a.	Straßburg i.E.	Dipl.-Ing.
231	siehe rechts	31.07. 1919	31.07. 1919	Stephan	Walter	Chemi-ker	n. a.	Gangloff-sömmern	Dipl.-Ing.
232	n. e.	10.11. 1915	24.03. 1918	Wiebers	Konrad	Archi-tekt	n. a.	Weißenfels	Buch I
233	siehe rechts	04.12. 1919	11.12. 1919	Matthies	Otto	Chemi-ker	n. a.	Peine	
234	siehe rechts	03.12. 1919	11.12. 1919	Wey	Jost	Bau-Ing.	n. a.	Rorschach	Buch II[394]
235	siehe rechts	03.12. 1919	11.12. 1919	Schr(ö/oe)der	Wilhelm	Bau-Ing.	n. a.	Wilhelmshaven	Buch II
236	siehe rechts	12.12. 1919	18.12. 1919	Slabi	Rudolf	[395]	n. a.	Charlottenburg	

[390] Anm.: Laut Buch I als *Reg.-Baumeister, Dipl.-Ing.*, bezeichnet.
[391] Anm.: Laut Buch I als *Reg.-Baumeister, Dipl.-Ing.*, bezeichnet.
[392] Anm.: Im zentralen Promotionsverzeichnis und Buch II als *Jucho* geschrieben.
[393] Anm.: Laut Buch II aus *Erfurt* stammend; auch im Promotionsverzeichnis kein Vorname eingetragen. Als Geburtstag wird März 1859 in Altona angegeben.
[394] Anm.: Laut Buch II in der Schweiz liegend.
[395] Anm.: Im Vorlesungsverzeichnis als *Maschineningenieur und Elektroingenieur* bezeichnet.

237	siehe rechts	20.12. 1919	15.01. 1920	Henne	Erich	Masch.-Ing.	n. a.	Holzminden	
238	siehe rechts	03.01. 1920	15.01. 1920	Reusche	Gerhard	Architekt	n. a.	Hannover	Buch I
239	siehe rechts	12.02. 1920	25.02. 1920	Härtling	Kurt	Architekt	n. a.	Borna	Buch I
240	siehe rechts	26.02. 1920	03.03. 1920	Hävel[396]	Gustav	Chemiker	n. a.	Jever	
241	siehe rechts	04.02. 1920	10.03. 1920	Gaede	Kurt	Bau-Ing.	n. a.	Nienburg a. H.	Buch II[397]
242	siehe rechts	29.03. 1920	14.04. 1920	Prosiegel	Robert	Chemiker	n. a.	Hamburg	
243	siehe rechts	09.06. 1920	14.06. 1920	Fischer	Kurt	Architekt	n. a.	Schwerin i. M.	Buch I
244	siehe rechts	15.07. 1920	28.07. 1920	Nell	Walter	Elektro-Ing.	n. a.	Merseburg	
245	siehe rechts	28.07. 1920	28.07. 1920	Bütefisch	Heinrich	Chemiker	n. a.	Hannover	
246	siehe rechts	24.07. 1920	28.07. 1920	Landgraf	Kurt	Masch.-Ing.	n. a.	Frankenhausen	
247	siehe rechts	26.11. 1920	01.12. 1920	Moll	Kurt	Chemiker	n. a.	Aschersleben	
248	siehe rechts	11.11. 1920	01.12. 1920	Michael	Julius	Architekt	n. a.	Potsdam	Buch I
249	siehe rechts	04.11. 1920	16.12. 1920	Heuer	Georg	Bau-Ing.	n. a.	Uelzen	Buch II
250	siehe rechts	16.12. 1920	21.01. 1921	Groth	Wilhelm	Bau-Ing.	n. a.	Charlottenburg	Buch II
251	siehe rechts	31.07. 1920	20.10. 1920	Focke	Rudolf	Masch.-Ing.	n. a.	Gera	
252	siehe rechts	27.01. 1921	09.02. 1921	Meyer	Hermann	Chemiker	n. a.	Silberhütte/Anh.	
253	siehe rechts	27.01. 1921	09.02. 1921	Zill	Erich	Bau-Ing.	n. a.	Wilhelmshaven	Buch II
254	siehe rechts	28.01. 1921	09.02. 1921	Hasse	Friedrich	Bau-Ing.	n. a.	Berlin	Buch II
255	siehe rechts	23.02. 1921	02.03. 1921	Reichmann	Heinz	Architekt	n. a.	Hannover	Buch I
256	siehe rechts	10.03. 1921	16.03. 1921	Lehmstedt	Kurt	Chemiker	n. a.	Halberstadt	
257	siehe rechts	17.03. 1921	20.04. 1921	Kümmell	Oskar	Bau-Ing.	n. a.	Corbach (Waldeck)	Buch II[398]
258	siehe rechts	04.05. 1921	06.05. 1921	Neale	Jeames	Chemiker	n. a.	Hamburg	
259	siehe rechts	23.05. 1921	01.06. 1921	Foedisch	Franz	Masch.-Ing.	n. a.	Rogalin	
260	siehe rechts	04.05. 1921	01.06. 1921	Meldau	Robert	Masch.-Ing.	n. a.	Köln	
261	siehe rechts	20.05. 1921	01.06. 1921	Meyer-Heinrich	Hans	Bau-Ing.	n. a.	Limburg	Buch II
262	siehe rechts	06.05. 1921	01.06. 1921	Florien	Wilhelm	Architekt	n. a.	Hannover	Buch I
263	siehe rechts	17.06. 1921	22.06. 1921	Steuernagel	Karl	Bau-Ing.	n. a.	Köln	Buch II
264	siehe rechts	27.06. 1921	29.06. 1921	Hesemann	Friedrich	Chemiker	n. a.	Hannover	
265	siehe rechts	n. e.		Otte	Wilhelm	Masch.-Ing.	n. a.	Flensburg	
266	siehe rechts	14.07. 1921	20.07. 1921	Gewecke	Johann	Elektro-Ing.	n. a.	Bevensen	
267	siehe rechts	14.07. 1921	20.07. 1921	Quick	Adolf	Elektro-Ing.	n. a.	Otterndorf	
268	siehe rechts	27.09. 1921	26.10. 1921	Nowag	Wilhelm	Elektro-Ing.	n. a.	Anderten	
269	siehe rechts	24.11. 1921	15.12. 1921	Knoth	Georg	Chemiker	n. a.	Hamburg	
270	siehe rechts	n. e.		Fischer	Kurt	Architekt	n. a.	Schwerin	

[396] Anm.: Im zentralen Promotionsverzeichnis mit *Härtel* geführt.

[397] Anm.: Laut Buch II Nienburg a.W.

[398] Anm.: Laut Buch II aus Kassel stammend.

271	siehe rechts	15.02. 1921	21.12. 1921	Herrmann	Paul	Chemiker	n. a.	Hannover	
272	siehe rechts	27.09. 1921	26.10. 1921	Schmitz	Ludwig	Elektro-Ing.	n. a.	Dülmen	
273	siehe rechts	15.07. 1921	20.07. 1921	Scheuer	Rudolf	Chemiker	n. a.	Hannover	
274	siehe rechts	14.12. 1921	11.01. 1922	Hartmann	Paul	Chemiker	n. a.	Hille	
275	siehe rechts	26.11. 1921	15.12. 1921	van Gris	Aloys	Masch.-Ing.	n. a.	Köln	
276	siehe rechts	15.12. 1921	21.12. 1921	Grimert[399]	Wilhelm	Chemiker	n. a.	Hannover	
277	siehe rechts	10.12. 1921	15.12. 1921	Nierhoff	Julius	Bau-Ing.	n. a.	Lindenhorst	Buch II
278	siehe rechts	13.12. 1921	15.12. 1921	Munke	Georg	Bau-Ing.	n. a.	Hannover	Buch II
279	siehe rechts	10.12. 1921	15.12. 1921	Siemonsen	Ferdinand	Bau-Ing.	n. a.	Husum	Buch II
280	siehe rechts	14.12. 1921	15.12. 1921	Hoffmann	Paul	Bau-Ing.	n. a.	Hamburg	Buch II
281	siehe rechts	13.12. 1921	15.12. 1921	Gaehme	Max	Bau-Ing.	n. a.	Hannover	Buch II
282	siehe rechts	11.02. 1922	08.03. 1922	Güttel	Werner	Architekt	n. a.	Hamburg	Buch I
283	siehe rechts	n. e.		Kümmell	Oskar	Bau-Ing.	n. a.	Corbach	
284	siehe rechts	15.05. 1922	24.05. 1922	Lange	Heinrich	Architekt	n. a.	Bremerhaven	Buch I
285	n. e.	11.02. 1922	08.03. 1922	Wilms	Friedrich	Architekt	n. a.	*14.01.1886 Bremerhaven	Buch I
286	n. e.	22.05. 1922	24.05. 1922	Hansen	Anton	Bau-Ing.	n. a.	*01.09.1893 Insel Röm(ö)	Buch II
287	siehe rechts	22.05. 1922	24.05. 1922	Esselmann	Paul	Chemiker	n. a.	Hannover	
288	siehe rechts	22.05. 1922	24.05. 1922	Poggenpohl	Ludwig	Bau-Ing.	n. a.	Hannover	Buch II
289	siehe rechts	26.05. 1922	14.06. 1922	Paetsch	Wolfgang	Chemiker	n. a.	Düsseldorf	
290	siehe rechts	14.12. 1921	21.12. 1921	Ramstetter	Heiner	Chemiker	n. a.	Hannover	
291	siehe rechts	28.11. 1921	15.12. 1921	Schatzberg	Adolf	Bau-Ing.	n. a.	Hannover	Buch II
292	siehe rechts	11.07. 1922	04.08. 1922	Weise	Paul	Chemiker	n. a.	Bad Sassendorf	s. B.[400]
293	siehe rechts	17.05. 1922	24.05. 1922	Renfert	Bernhard	Bau-Ing.	n. a.	Stoppenberg	Buch II[401]
294	siehe rechts	27.02. 1922	27.02. 1922	Herrmann	Konrad	Bau-Ing.	n. a.	Breslau	Buch II
295	siehe rechts	17.05. 1922	24.05. 1922	Hering	Fritz	Bau-Ing.	n. a.	Frankfurt/Main	Buch II
296	siehe rechts	10.07. 1922	12.07. 1922	Pirath	Karl	Bau-Ing.	n. a.	Hellenthal (Eifel)	Buch II
297	siehe rechts	27.05. 1922	14.06. 1922	Glietenberg	Eugen	Chemiker	n. a.	Wallefeld	
298	siehe rechts	26.05. 1922	14.06. 1922	Röhrs	Wilhelm	Chemiker	n. a.	Hellern	
299	siehe rechts	29.06. 1922	05.07. 1922	Kahle	Heinrich	Chemiker	n. a.	Schwarzfeld a.H.	
300	siehe rechts	15.07. 1921	20.07. 1921	Geßner	Adam	Chemiker	n. a.	Crumstadt	
301	siehe rechts	30.06. 1922	25.10. 1922	Babenzien	Johannes	Architekt	n. a.	Rathenow	Buch I
302	siehe rechts	26.05. 1922	14.06. 1922	Windelband	Paul	Chemiker	n. a.	Malchin	
303	siehe rechts	21.07. 1922	25.10. 1922	Meyer	Karl	Chemiker	n. a.	Sötterlingen	
304	siehe	22.05.	24.05.	Gehle	Heinrich	Chemi-	n. a.	Warburg	

[399] Anm.: Laut Promotionsverzeichnis wird der Nachname *Greinert* geschrieben.
[400] Anm.: Das Promotionsverzeichnis enthält den schwerlesbaren Hinweis: „*12.07.1922 Senatsbeschluß, dass ... irrtüm. Das Datum vom 4.8.22 erlassen*“; Bedeutung bislang unklar.
[401] Anm.: Laut Buch II Prüfung am 21.05.1921 nicht bestanden.

	rechts	1922	1922			ker			
305	siehe rechts	20.11. 1922	05.12. 1922	Pankoke	Karl	Chemiker	n. a.	Langelsheim	(am Harz)
306	siehe rechts	15.05. 1922	24.05. 1922	Mügge	Hans	Bau-Ing.	n. a.	St. Andreasberg	Buch II
307	siehe rechts	30.11. 1922	05.12. 1922	Holtschmidt	Adolf	Architekt	n. a.	Laer	Buch I
308	siehe rechts	11.07. 1922	12.07. 1922	Horst	Heinrich	Chemiker	n. a.	Trier	
309	siehe rechts	30.11. 1922	05.12. 1922	Heinrich	Alfred	Bau-Ing.	n. a.	Berlin	Buch II
310	siehe rechts	16.12. 1922	30.01. 1923	Ebeling	Friedrich	Bau-Ing.	n. a.	Hannover	Buch II
311	siehe rechts	14.12. 1921	21.12. 1921	Birk	Erwin	Chemiker	n. a.	Altona	
312	siehe rechts	16.01. 1922	01.02. 1922	Siebert	Karl	Bau-Ing.	n. a.	Wietzenhausen	Buch II
313	siehe rechts	20.12. 1922	16.01. 1923	Voigt	Arthur	Chemiker	n. a.	Döhren i.H.	
314	siehe rechts	30.11. 1922	05.12. 1922	Berlage	Hans	Architekt	n. a.	Altona	Buch I
315	siehe rechts	16.11. 1922	05.12. 1922	Heinemeier	Wilhelm	Architekt	n. a.	Hann.-Heinholz	Buch I
316	siehe rechts	27.05. 1922	14.06. 1922	Goebell	Kurt	Chemiker	n. a.	Cassel	
317	siehe rechts	29.01. 1923	30.01. 1923	Hildebrandt	Fritz	Chemiker	n. a.	Wegeleben	
318	siehe rechts	10.02. 1923	27.02. 1923	Hacker	Ernst	Architekt	n. a.	Darmstadt	Buch I
319	siehe rechts	29.01. 1923	30.01. 1923	Bornmüller	Hans	Chemiker	n. a.	Hannover	
320	siehe rechts	24.03. 1923	24.04. 1923	Engel	Kurt	Chemiker	n. a.	Hannover	
321	siehe rechts	14.03. 1923	22.03. 1923	Kalk	Wolfgang	Bau-Ing.	n. a.	Hannover	Buch II
322	siehe rechts	08.05. 1923	29.05. 1923	Lehmann	Arthur	Architekt	n. a.	Siemnianowitz in Schlesien	Buch I
323	siehe rechts	17.04. 1923	24.04. 1923	Adrian	Walter	Masch.-Ing.	n. a.	Deutz-Köln	
324	siehe rechts	24.03. 1923	24.04. 1923	Plaut	Heinrich	Chemiker	n. a.	Leipzig	
325	siehe rechts	08.05. 1923	29.05. 1923	Rehder	Werner	Architekt	n. a.	Altona	Buch I
326	siehe rechts	24.03. 1923	24.04. 1923	Hellweg	Heinrich	Chemiker	n. a.	Gudendorf	
327	siehe rechts	04.06. 1923	26.06. 1923	Dunst	Wilhelm	Chemiker	n. a.	Greußen	
328	n. e.	11.07. 1922	12.07. 1922	Lücking	Heinrich	Chemiker	n. a.	*25.01.1886	Gellershagen
329	siehe rechts	04.06. 1923	26.06. 1923	Fischer	Wilhelm	Chemiker	n. a.	n. a.	
330	siehe rechts	24.03. 1923	24.04. 1923	Behne	Gottfried	Chemiker	n. a.	n. a.	
331	siehe rechts	26.05. 1923	29.05. 1923	Warnecke	Martin	Chemiker	n. a.	n. a.	
332	siehe rechts	26.05. 1923	29.05. 1923	Klingenberg	Wilhelm	Bau-Ing.	n. a.	n. a.	Buch II
333	siehe rechts	16.11. 1922	05.12. 1922	Wispler	Leo	Architekt	n. a.	Münder/Deister	Buch I[402]
334	siehe rechts	14.07. 1923	09.10. 1923	Lange	Friedrich Karl	Bau-Ing.	n. a.	Hannover	Buch II
335	siehe rechts	13.07. 1923	09.10. 1923	Bubert	Joachim	Elektro-Ing.	n. a.	n. a.	
336	siehe rechts	13.07. 1923	09.10. 1923	M(ö/oe)ller	Kurt	Architekt	n. a.	Hildesheim	Buch I
337	siehe rechts	13.07. 1923	09.10. 1923	Schulze	Hermann	Elektro-Ing.	n. a.	n. a.	
338	siehe rechts	23.10. 1923	06.11 1923	Knauer	Friedrich	Elektro-Ing.	n. a.	n. a.	
339	siehe rechts	20.07. 1923	09.10. 1923	Piening	Bernhard	Chemiker	n. a.	n. a.	

[402] Anm.: Laut Buch I Prüfung am 17.03.1921 nicht bestanden.

340	siehe rechts	21.07. 1923	09.10. 1923	Meinecke	Erich	Chemiker	n. a.	n. a.	
341	siehe rechts	21.07. 1923	09.10. 1923	Kornmehl	Franz	Chemiker	n. a.	n. a.	
342	siehe rechts	21.07. 1923	09.10. 1923	Follmann	Joseph	Chemiker	n. a.	n. a.	
343	siehe rechts	28.01. 1924	05.02. 1924	Schulze	Erich	Elektro-Ing.	n. a.	n. a.	
344	siehe rechts	10.12. 1923	18.12. 1923	Kleffmann	Wilhelm	Chemiker	n. a.	n. a.	
345	siehe rechts	20.07. 1923	09.10. 1923	Haase	Carl	Chemiker	n. a.	n. a.	
346	siehe rechts	20.07. 1923	09.10. 1923	Spatzier	Hans	Chemiker	n. a.	n. a.	
347	siehe rechts	23.01. 1924	04.03. 1924	Schmedes	Kurt	Chemiker	n. a.	n. a.	
348	siehe rechts	18.03. 1924	22.03. 1924	Heinrichs	Hermann	Chemiker	n. a.	n. a.	
349	siehe rechts	20.07. 1923	09.10. 1923	Droste	Walter	Chemiker	n. a.	n. a.	
350	siehe rechts	22.03. 1924	22.03. 1924	Jeep	Karl	Chemiker	n. a.	n. a.	
351	siehe rechts	26.03. 1923	29.05. 1923	Kühne	Hans	Chemiker	n. a.	n. a.	
352	siehe rechts	18.03. 1924	22.03. 1924	Huckstorf	Heinrich	Elektro-Ing.	n. a.	n. a.	
353	siehe rechts	23.01. 1924	04.03. 1924	Specht	Franz	Chemiker	n. a.	n. a.	
354	siehe rechts	28.01. 1924	05.02. 1924	Wörtmann	Franz	Elektro-Ing.	n. a.	n. a.	
355	siehe rechts	07.06. 1924	24.06. 1924	Gobbin	Hans Heinrich	Bau-Ing.	n. a.	Hannover	Buch II
356	n. e.	13.07. 1923	09.10. 1923	Witte	Paul	Bau-Ing.	n. a.	*27.02.1894 Hamburg	Buch II
357	n. e.	13.07. 1923	09.10. 1923	Jäger (Jaeger)	Karl	Architekt	n. a.	*24.12.1896 Hannover	Buch I
358	siehe rechts	29.02. 1924	04.03. 1924	Winkelmüller	Otto	Architekt	n. a.	Hannover	Buch I
359	siehe rechts	14.07. 1923	09.10. 1923	Baumann	Hans[403]	Bau-Ing., Dr. rer.pol.	n. a.	n. a.	Buch II
360	siehe rechts	18.12. 1923	15.01. 1924	Seelmann	Franz	Masch.-Ing.	n. a.	n. a.	
361	siehe rechts	23.05. 1924	27.05. 1924	Grundmann	Martin	Masch.-Ing.	n. a.	n. a.	
362	siehe rechts	29.02. 1924	04.03. 1924	Dalldorf	Hans	Architekt	n. a.	Neuhaus/Oste	Buch I
363	siehe rechts	01.07. 1924	15.07. 1924	Wegener	Richard	Bau-Ing.	n. a.	*27.06.1882 Hannover	Buch II[404]
364	siehe rechts	19.07. 1924	19.07. 1924	Mertens	Walter	Masch.-Ing.	n. a.	n. a.	
365	siehe rechts	01.07. 1924	15.07. 1924	Schiller	Hans	Bau-Ing.	n. a.	*23.03.1891 Bautzen	Buch II[405]
366	siehe rechts	22.03. 1924	22.03. 1924	Pieper	Heinz	Chemiker	n. a.	n. a.	
367	siehe rechts	19.05. 1924	24.06. 1924	Hielmann	Walter	Bau-Ing.	n. a.	Anderten	Buch II
368	siehe rechts	18.03. 1924	22.03. 1924	von Löbbecke	Gerhard	Chemiker	n. a.	n. a.	
369	siehe rechts	14.07. 1924	19.07. 1924	Prüfer	August	Chemiker	n. a.	n. a.	
370	siehe rechts	21.06. 1924	24.06. 1924	Petzel	Walter	Bau-Ing.	n. a.	Hannover, Ifflandstraße 4	Buch II
371	siehe rechts	16.07. 1924	19.07. 1924	Schlüter	Wilhelm	Chemiker	n. a.	n. a.	
372	siehe rechts	29.01. 1924	04.03. 1924	Feldmann	Bernhard	Chemiker	n. a.	n. a.	
373	siehe rechts	18.03. 1924	22.03. 1924	Wagner	Walter	Chemiker	n. a.	n. a.	

403 Anm.: Im zentralen Promotionsverzeichnis mit „*Johannes*“ angegeben.
404 Anm.: Laut Buch II aus Beuthen OS, Wilhelmsplatz 24, stammend.
405 Anm.: Laut Buch II aus Hannover-Kleefeld stammend.

374	siehe rechts	20.07. 1923	09.10. 1923	Demöff	Ferdinand	Chemiker	n. a.	n. a.	
375	siehe rechts	21.06. 1924	24.06. 1924	Reingruber	Hans	Bau-Ing.	n. a.	Elberfeld	Buch II
376	siehe rechts	18.07. 1924	19.07. 1924	Ahmels	Adolf	Architekt	n. a.	Küppels bei Jever i. O.	Buch I
377	siehe rechts	10.12. 1923	18.12. 1923	Kranz	Friedrich	Chemiker	n. a.	n. a.	
378	siehe rechts	23.01. 1924	04.03. 1924	Suhr	Hans	Chemiker	n. a.	n. a.	
379	siehe rechts	21.06. 1924	24.06. 1924	Köhle	Julius	Bau-Ing.	n. a.	Blaubeueren	Buch II
380	siehe rechts	29.02. 1924	04.03. 1924	Schloemann	Heinrich	Bau-Ing.	n. a.	Rabber	Buch II
381	siehe rechts	19.07. 1924	19.07. 1924	Kattentidt	Heinrich	Architekt	n. a.	Gelsenkirchen	Buch I
382	siehe rechts	21.06. 1924	24.06. 1924	Zuck	Hermann	Bau-Ing.	n. a.	Tangermünde	Buch II
383	siehe rechts	16.07. 1924	19.07. 1924	Stüssel	Rudolf	Chemiker	n. a.	n. a.	
384	siehe rechts	29.11. 1924	22.12. 1924	Weisgerber	Wilhelm	Bau-Ing.	n. a.	Stettin	Buch II
385	siehe rechts	14.07. 1924	19.07. 1924	Bretschneider	Richard	Chemiker	n. a.	n. a.	
386	siehe rechts	29.02. 1924	04.11. 1924	Pleuser	Hans	Architekt	n. a.	Barmen	Buch I
387	siehe rechts	14.07. 1924	19.07. 1924	Mayer	Hermann	Chemiker	n. a.	n. a.	
388	siehe rechts	22.12. 1924	22.12. 1924	Kristen	Theodor	Bau-Ing.	n. a.	Hann.-Waldheim	Buch II
389	siehe rechts	12.11. 1924	02.12. 1924	Kleemann	Max	Bau-Ing.	n. a.	*12.05.1892 Kiel	Buch II[406]
390	siehe rechts	30.07. 1924	04.11. 1924	Wichtendahl	Rudolf	Masch.-Ing.	n. a.	n. a.	
391	siehe rechts	23.07. 1924	04.11. 1924	Vietze	Arthur	Elektro-Ing.	n. a.	n. a.	
392	siehe rechts	16.07. 1924	19.07. 1924	Messerknecht	Carl	Chemiker	n. a.	n. a.	
393	siehe rechts	18.12. 1924	22.12. 1924	Wein	Walther	Chemiker	n. a.	n. a.	
394	siehe rechts	19.12. 1924	22.12. 1924	Kohl	Ernst	Bau-Ing.	n. a.	*17.02.1900 Wetter (Ruhr)	Buch II
395	siehe rechts	17.12. 1924	22.12. 1924	Holverscheidt	Walter	Chemiker	n. a.	n. a.	
396	siehe rechts	18.12. 1924	22.12. 1924	Rothmann	Gerhard	Masch.-Ing.	n. a.	n. a.	
397	siehe rechts	17.12. 1924	22.12. 1924	Lütkemeyer	Heinz	Chemiker	n. a.	n. a.	
398	siehe rechts	26.02. 1925	03.03. 1925	Paap	Paul	Chemiker	n. a.	n. a.	
399	siehe rechts	26.02. 1925	02.03. 1925	Kaiser	Karl	Masch.-Ing.	n. a.	n. a.	
400	siehe rechts	14.07. 1924	19.07. 1924	Vaje	Werner	Chemiker	n. a.	n. a.	
401	siehe rechts	23.05. 1924	27.05. 1924	Upmeyer	Adolf	Masch.-Ing.	n. a.	n. a.	
402	siehe rechts	26.01. 1925	03.02. 1925	Mummendey	Richard	Chemiker	n. a.	n. a.	
403	siehe rechts	26.03. 1925	04.05. 1925	Graucob	Friedrich	Bau-Ing.	n. a.	Hannover	Buch II
404	siehe rechts	26.01. 1925	03.02. 1925	Koch	Ernst	Chemiker	n. a.	n. a.	
405	siehe rechts	04.07. 1924	15.07. 1924	Bartel	Friedrich	Masch.-Ing.	n. a.	n. a.	
406	siehe rechts	19.01. 1925	23.01. 1925	Wichert	Alfred	Elektro-Ing.	n. a.	n. a.	
407	siehe rechts	15.12. 1924	22.12. 1924	Hentschel	Ludwig	Elektro-Ing.	n. a.	*21.05.1895	Kassel
408	siehe rechts	18.03. 1925	24.03. 1925	Jansen	Bernhard	Elektro-Ing.	n. a.	n. a.	
409	siehe	26.01.	03.02.	Eckenberg	Wilhelm	Elektro-	n. a.	n. a.	

406 Anm.: Laut Buch II aus Forbach in Baden, Schwarzenbachtalsperre, Siemens-Bauunion, stammend.

	rechts	1925	1925			Ing.			
410	n. e.	19.07. 1924	19.07. 1924	Collrorio	Felix	Bauwesen (Wasserbau)	n. a.	*25.08.1895 München	Buch II[407]
411	n. e.	18.11. 1924	02.12. 1924	Budde	Hermann	Masch.-Ing.	n. a.	*15.06.1899	Wittmund
412	n. e.	18.12. 1924	22.12. 1924	Mau	Carl	Chemiker	n. a.	*18.08.1891	Wetzlar
413	n. e.	12.12. 1924	22.12. 1924	Schmies	Paul	Bau-Ing.	n. a.	*09.12.1896 Dortmund	Buch II
414	n. e.	19.12. 1924	22.12. 1924	Graatt	Friedrich	Bau-Ing.	n. a.	*05.08.1899 Libau/Kurland	Buch II
415	n. e.	23.07. 1924	04.11. 1924	Tuxhorn	Georg	Elektro-Ing.	n. a.	*28.03.1887	Isselhorst
416	n. e.	25.03. 1925	04.05. 1925	Yachya	Güssamed in	Chemiker	n. a.	*08.09.1899 Monastü	(Türkei)
417	n. e.	08.06. 1925	09.06. 1925	Hahn	Otto	Chemiker	n. a.	*17.06.1900	Hannover
418	n. e.	11.03. 1925	24.03. 1925	Weidmann	Friedrich	Masch.-Ing.	n. a.	*28.04.1888	Grevenberg bei Aachen
419	n. e.	05.03. 1925	24.03. 1925	Sprengel	Erich	Bau-Ing.	n. a.	*18.09.1895 Harburg/Elbe	Buch II
420	n. e.	25.03. 1925	04.05. 1925	Tiedje	Walter	Chemiker	n. a.	*13.06.1895	Hannover
421	n. e.	29.06. 1925	30.06. 1925	Schwachheim	Otto	Chemiker	n. a.	*19.01.1896	Bodenstein
422	n. e.	29.06. 1925	30.06. 1925	Süssenguth	Hermann	Chemiker	n. a.	*04.12.1900	Hannover
423	n. e.	29.06. 1925	30.06. 1925	Harau	Bruno	Berg-Ing.	n. a.	*21.08.1876	Berlin
424	siehe rechts	12.05. 1926	01.06. 1926	Goetzke	Max	Bau-Ing.	n. a.	Hannover	Buch II
425	siehe rechts	15.03. 1926	16.03. 1926	Hoffmeister	Fritz	Chemiker	n. a.	n. a.	
426	siehe rechts	13.07. 1925	07.10. 1925	Petzold	Wilhelm	Chemiker	n. a.	n. a.	
427	siehe rechts	08.03. 1926	16.03. 1926	Brieger	Carl	Chemiker	n. a.	n. a.	
428	siehe rechts	28.06. 1926	29.06. 1926	Müller	Walter	Chemiker	n. a.	n. a.	
429	siehe rechts	08.07. 1926	13.07. 1926	Heidorn	Walter	Chemiker	n. a.	n. a.	
430	siehe rechts	08.03. 1926	16.03. 1926	Heuer	Otto	Chemiker	n. a.	n. a.	
431	siehe rechts	12.07. 1926	13.07. 1926	Karmaus	Hans	Chemiker	n. a.	n. a.	
432	siehe rechts	12.07. 1926	13.07. 1926	Kluckow	Paul	Chemiker	n. a.	n. a.	
433	siehe rechts	15.03. 1926	16.03. 1926	Poetsch	Georg	Chemiker	n. a.	n. a.	
434	siehe rechts	30.11. 1925	12.01. 1926	Reich	Friedrich	Masch.-Ing.	n. a.	n. a.	
435	siehe rechts	17.12. 1925	12.01. 1926	Maenicke	Max	Bau-Ing.	n. a.	n. a.	
436	siehe rechts	13.07. 1926	13.07. 1926	Berghaus	Bruno	Masch.-Ing.	n. a.	n. a.	
437	siehe rechts	15.11. 1926	30.11. 1926	Langenheim	Friedrich	Bau-Ing.	n. a.	n. a.	
438	siehe rechts	13.07. 1926	17.07. 1926	von Bülow	Friedrich	Bau-Ing.	n. a.	Essen	Buch II
439	siehe rechts	01.02. 1926	02.02. 1926	Theis	Erich	Chemiker	n. a.	n. a.	
440	siehe rechts	22.06. 1926	29.06. 1926	Schwengler	Johannes	Masch.-Ing.	n. a.	n. a.	
441	siehe rechts	15.11. 1926	30.11. 1926	Stets	Johannes	Berg-Ing.	n. a.	n. a.	
442	siehe rechts	01.02. 1926	02.02. 1926	Löwenherz	Hartwig	Masch.-Ing.	n. a.	*17.11.1898	Lauenförde
443	siehe rechts	04.07. 1924	15.07. 1924	Poth	Eugen	Masch.-Ing.	n. a.	n. a.	

[407] Anm.: Laut Buch II aus Hannover stammend.

444	siehe rechts	11.11. 1925	01.12. 1925	Brouër	Reinhold	Masch.-Ing.	n. a.	n. a.	
445	siehe rechts	20.07. 1926	05.10. 1926	Luetkens	Otto	Bau-Ing.	n. a.	Altona	Buch II
446	siehe rechts	12.07. 1926	13.07. 1926	Hennig	Paul	Chemiker	n. a.	n. a.	
447	siehe rechts	07.02. 1927	12.02. 1927	Herzer	Hans	Chemiker	n. a.	n. a.	
448	siehe rechts	18.02. 1927	01.03. 1927	Niebuhr	Heinrich	Bau-Ing.	n. a.	Hannover	Buch II
449	siehe rechts	03.03. 1927	16.03. 1927	Brockmann	Hans	Bau-Ing.	n. a.	Hannover	Buch II
450	siehe rechts	21.11. 192[408]	01.02. 1927	Meyer	Heinrich	Bau-Ing.	n. a.	*11.05.1885 Hannover	Buch II
451	siehe rechts	14.12. 1925	12.01. 1926	Maix	Fritz	Masch.-Ing.	n. a.	n. a.	
452	n. e.	03.07. 1925	06.07. 1925	Dencker	Karl Friedrich	Elektro-Ing.	n. a.	*23.05.1900	Hamburg
453	n. e.	06.07. 1925	14.07. 1925	Hemmke	Erich	Chemiker	n. a.	*30.06.1897	Hannover
454	n. e.	06.07. 1925	14.07. 1925	Schmidt	Albert	Chemiker	n. a.	*08.10.1891	Hamburg
455	n. e.	04.07. 1925	07.10. 1925	Wiendieck	Kurt	Bau-Ing.	n. a.	*15.04.1897 Bersenbrück	Buch II
456	n. e.	04.07. 1925	07.10. 1925	Frey	Karl	Bau-Ing.	n. a.	*01.11.1889 Hannover	Buch II
457	n. e.	12.06. 1925	07.10. 1925	Schleyer	Walther	Architektur	n. a.	*10.04.1891 Angermünde	Buch I[409]
458	n. e.	06.07. 1925	07.10. 1925	Hering	Fritz	Bau-Ing.	n. a.	*22.04.1898 Hamburg	Buch II
459	n. e.	15.07. 1925	07.10. 1925	Croon	Louis	Verkehr-Masch.-Ing.	n. a.	*18.06.1886	Hannover
460	n. e.	13.07. 1925	07.10. 1925	Lieneweg	Fritz	Chemiker	n. a.	*28.12.1900	Werther i.W.
461	n. e.	13.07. 1925	07.10. 1925	Bodensiek	August	Chemiker	n. a.	*28.02.1898	Wunstorf
462	n. e.	11.11. 1925	01.12. 1925	Schweigmann	Paul	Masch.-Ing.	n. a.	*04.01.1894	Witten/Ruhr
463	n. e.	14.12. 1925	12.01. 1926	Scholler	Karl	Masch.-Ing.	n. a.	*13.05.1884	Augsburg
464	n. e.	17.12. 1925	12.01. 1926	Streck	Alfred	Bau-Ing.	n. a.	*31.08.1896 Coburg	Buch II
465	n. e.	19.12. 1925	12.01. 1926	Oppermann	Erich	Masch.-Ing.	n. a.	*31.07.1894	Arnsberg i.W.
466	n. e.	19.12. 1925	12.01. 1926	Modemann	Karl	Masch.-Ing.	n. a.	*17.05.1900	Köln
467	n. e.	12.01. 1926	27.01. 1926	Jordan	Hans	Elektro-Ing.	n. a.	*10.09.1899	Hüsten i.W.
468	n. e.	12.01. 1926	27.01. 1926	Römhild	Edgar	Elektro-Ing.	n. a.	*15.10.1891	Hamburg
469	n. e.	17.02. 1926	23.02. 1926	Fritz	Leo	Bau-Ing.	n. a.	*11.08.1893 Fulda	Buch II
470	n. e.	17.02. 1926	23.02. 1926	Behring	Hilmar	Bau-Ing.	n. a.	*18.02.1891 Insterburg	Buch II[410]
471	n. e.	05.02. 1926	23.02. 1926	Heyn	Werner	Bau-Ing.	n. a.	*16.09.1892 Stettin	Buch II
472	n. e.	01.03. 1926	16.03. 1926	Hoffmeister	Karl	Masch.-Ing.	n. a.	*06.05.1900	Hannover
473	n. e.	08.03. 1926	16.03. 1926	Günzler-Seiffert	Kurt	Chemiker	n. a.	*29.08.1888	Halle/Saale
474	n. e.	08.06. 1926	21.06. 1926	Horst	Hans	Bau-Ing.	n. a.	*30.12.1898 Altona	Buch II
475	siehe rechts	24.03. 1926	14.05. 1926	Ritter	Wilhelm	Architektur	n. a.	Minden i.W.	Buch I
476	siehe rechts	11.03. 1924	18.03. 1924	Tecklenburg	Heinrich	Bau-Ing.	n. a.	Müsingen	Buch II
477	siehe rechts	13.12. 1926	18.12. 1926	Hasemann	Walther	Chemie	n. a.	n. a.	

[408] Anm.: Laut Buch II mündliche Prüfung am 21.12.1926.
[409] Anm.: Laut Buch I mündliche Prüfung am 24.06.1925.
[410] Anm.: Laut Buch II aus *Schwickel* (?), *Kreis Peine*, stammend.

478	siehe rechts	15.03. 1927	29.04. 1927	Witte	Ernst	Bau-Ing.	n. a.	Hannover	Buch II
479	siehe rechts	14.07. 1926	17.07. 1926	Junge	Alfred	Bau-Ing.	n. a.	Elmshorn	Buch II
480	siehe rechts	21.03. 1927	22.03. 1927	Wiedemann	Hermann	Allg. Wiss.[411]	n. a.	n. a.	
481	siehe rechts	28.02. 1927	01.03. 1927	Lehmann	Hermann	Chemie	n. a.	n. a.	
482	siehe rechts	19.07. 1926	05.10. 1926	Amelung	Johannes	Chemie	n. a.	n. a.	
483	siehe rechts	08.07. 1926	13.07. 1926	Hesemann	Julius	Berg-Ing.	n. a.	n. a.	
484	siehe rechts	n. e.		Stelter	Karl	Allg. Wiss.	n. a.	n. a.	
485	siehe rechts	14.07. 1926	17.07. 1926	Tölke	Friedrich	Bau-Ing.	n. a.	Hannover	Buch II
486	siehe rechts	20.04. 1927	24.05. 1927	Ulrich	Rudolf	Masch.-Ing.	n. a.	n. a.	
487	siehe rechts	14.03. 1927	16.03. 1927	Gerke	Gustav	Berg-Ing.	n. a.	n. a.	
488	siehe rechts	14.03. 1927	16.03. 1927	Schmidt	Jürgen	Chemie	n. a.	n. a.	
489	siehe rechts	23.05. 1927	24.05. 1927	Müller	Helmut	Chemie	n. a.	n. a.	
490	siehe rechts	17.12. 1926	18.12. 1926	Paulsmeier	Heinrich	Masch.-Ing.	n. a.	n. a.	
491	siehe rechts	18.03. 1927	24.05. 1927	Richter	Paul	Bau-Ing.	n. a.	Buer	Buch II
492	siehe rechts	20.06. 1927	29.06. 1927	Henning	Friedrich	Chemie	n. a.	n. a.	
493	siehe rechts	19.07. 1926	05.10. 1926	Ippach	Hugo	Chemie	n. a.	n. a.	
494	siehe rechts	15.07. 1927	22.07. 1927	Weicken	Karl	Masch.-Ing.	n. a.	n. a.	
495	siehe rechts	05.03. 1927	16.03. 1927	Niggemeyer	Robert	Architektur	n. a.	Köln	Buch I
496	siehe rechts	15.02. 1927	01.03. 1927	Baumann	Ernst	Masch.-Ing.	n. a.	n. a.	
497	siehe rechts	22.03. 1927	22.03. 1927	Rahlves	Kurt	Masch.-Ing.	n. a.	n. a.	
498	siehe rechts	14.03. 1927	16.03. 1927	Rahlfs	Erich	Chemie	n. a.	n. a.	
499	siehe rechts	11.07. 1927	12.07. 1927	Höltje	Robert	Chemie	n. a.	n. a.	
500	siehe rechts	05.07. 1927	12.07. 1927	Rauh	Kurt	Masch.-Ing.	n. a.	n. a.	
501	siehe rechts	23.11. 1925	01.12. 1925	Knapp	Heinz	Chemiker	n. a.	n. a.	
502	siehe rechts	29.11. 1926	30.11. 1926	Bräutigam	Max	Chemiker	n. a.	n. a.	
503	siehe rechts	28.02. 1927	01.03. 1927	Witte	Hans	Chemiker	n. a.	n. a.	
504	siehe rechts	23.11. 1926	30.11. 1926	Ninnelt	Alfred	Masch.-Ing.	n. a.	n. a.	
505	siehe rechts	24.06. 1927	29.06. 1927	Geller	Julius	Masch.-Ing.	n. a.	n. a.	
506	siehe rechts	07.03. 1927	16.03. 1927	Nill	Walter	Chemiker	n. a.	n. a.	
507	siehe rechts	10.11. 1927	06.12. 1927	Haller	Otto	Bau-Ing.	n. a.	Bochum	Buch II
508	siehe rechts	15.07. 1927	22.07. 1927	Köhnecke	Walther	Masch.-Ing.	n. a.	n. a.	
509	siehe rechts	09.03. 1927	24.05. 1927	Möhlmann	Bernhard	Bau-Ing.	n. a.	n. a.	Buch II[412]
510	siehe rechts	n. e.		Winkler	Hermann	Chemiker	n. a.	n. a.	
511	siehe rechts	17.11. 1927	06.12. 1927	Rabe	Hans	Bau-Ing.	n. a.	Harburg/Elbe	Buch II
512	siehe rechts	23.11. 1926	30.11. 1926	Stockmann	Carl	Masch.-Ing.	n. a.	n. a.	

[411] Anm.: Im zentralen Promotionsverzeichnis der TH Hannover als „*Bergingenieur*" geführt.
[412] Anm.: Laut Buch II mündliche Prüfung am 12.03.1927.

513	siehe rechts	13.07. 1927	22.07. 1927	Ebel	Friedrich	Masch.-Ing.	n. a.	n. a.	
514	siehe rechts	15.07. 1927	22.07. 1927	Taute	Friedrich	Chemiker	n. a.	n. a.	
515	siehe rechts	13.05. 1927	24.05. 1927	Renfordt	Arno	Masch.-Ing.	n. a.	n. a.	
516	siehe rechts	08.12. 1927	10.01. 1928	Flachsbarth	Otto	Bau-Ing.	n. a.	Paderborn	Buch II
517	siehe rechts	05.07. 1927	12.07. 1927	Requa	Kurt	Masch.-Ing.	n. a.	n. a.	
518	siehe rechts	19.07. 1926	05.10. 1926	Müller	Kurt	Chemie	n. a.	n. a.	
519	siehe rechts	24.06. 1927	29.06. 1927	Kemna	Erich	Masch.-Ing.	n. a.	n. a.	
520	siehe rechts	n. e.		Horst	Erich	Masch.-Ing.	n. a.	n. a.	
521	siehe rechts	29.11. 1926	30.11. 1926	Stelter	Carl	Physik	n. a.	n. a.	
522	n. e.	20.06. 1927	29.06. 1927	Dinkeler	Hermann	Chemiker	n. a.	*15.12.1901 Hannover	(Linden?)
523	n. e.	11.07. 1927	12.07. 1927	Biester	Georg	Chemiker	n. a.	*23.12.1891	Langenhagen
524	n. e.	20.07. 1927	22.07. 1927	Backofen	Carl Maria	Bau-Ing.	n. a.	*24.05.1882 Znaim/Mähren	Buch II
525	siehe rechts	19.11. 1927	06.12. 1927	Kabel	Erich	Architekt	n. a.	Hamburg	Buch I
526	siehe rechts	05.07. 1927	22.07. 1927	Bieligk	Otto	Bau-Ing.	n. a.	Züllichau	Buch II
527	siehe rechts	22.02. 1927	16.03. 1927	Varvarovsky	Werner	Architekt	n. a.	Elberfeld	Buch I
528	siehe rechts	18.07. 1927	22.07. 1927	Grüning	Wolf	Elektro-Ing.	n. a.	n. a.	
529	siehe rechts	27.02. 1928	06.03. 1928	Jürgens	Ernst	Chemiker	n. a.	n. a.	
530	siehe rechts	07.02. 1927	12.02. 1927	Schreyer	Bernhard	Chemiker	n. a.	n. a.	
531	siehe rechts	24.03. 1927	24.05. 1927	Eiser	Friedrich	Architekt	n. a.	Rheinhausen (Niederrhein)	Buch I
532	siehe rechts	16.12. 1927	10.01. 1928	Keil	Fritz	Chemiker	n. a.	n. a.	
533	siehe rechts	24.06. 1927	29.06. 1927	Fischer	Raoul	Masch.-Ing.	n. a.	n. a.	
534	siehe rechts	26.07. 1927	18.10. 1927	Pauly	Georg	Architekt	n. a.	Kiel	Buch I
535	siehe rechts	13.03. 1928	01.05. 1928	Schlink	Wilhelm	Masch.-Ing.	n. a.	n. a.	
536	siehe rechts	05.03. 1928	06.03. 1928	Kallmeyer	Friedrich Wilhelm	Physik	n. a.	n. a.	
537	siehe rechts	18.06. 1928	28.06. 1928	Rittmeister	Wilhelm	Chemiker	n. a.	n. a.	
538	siehe rechts	18.07. 1927	22.07. 1927	Kahrs	Friedrich	Masch.-Ing.	n. a.	n. a.	
539	siehe rechts	28.03. 1928	01.05. 1928	Kloer	Hans	Architektur	n. a.	Greifswald	Buch I
540	siehe rechts	03.07. 1928	10.07. 1928	Fratschner	Ottomar	Masch.-Ing.	n. a.	n. a.	
541	siehe rechts	03.07. 1928	10.07. 1928	Klüsener	Otto	Masch.-Ing.	n. a.	n. a.	
542	siehe rechts	05.03. 1928	06.03. 1928	Fendius	C/Kurt	Chemiker	n. a.	n. a.	
543	siehe rechts	15.07. 1927	22.07. 1927	Meyer	Fritz	Chemiker	n. a.	n. a.	
544	siehe rechts	15.07. 1927	22.07. 1927	Ritz	Joseph	Masch.-Ing.	n. a.	n. a.	
545	siehe rechts	17.12. 1926	18.12. 1926	Hartner-Seberich	Richard	Masch.-Ing.	n. a.	n. a.	
546	siehe rechts	14.07. 1928	16.10. 1928	Voß (Voss)	Heinrich	Architekt	n. a.	Hildesheim	Buch I
547	siehe rechts	16.07. 1928	16.10. 1928	Rockstroh	Joachim	Chemiker	n. a.	n. a.	
548	siehe rechts	05.12. 1927	06.12. 1927	Fischer	Werner	Chemiker	n. a.	n. a.	
549	siehe rechts	28.06. 1926	29.06. 1926	Müller	Hans	Chemiker	n. a.	n. a.	

550	siehe rechts	13.03. 1928	01.05. 1928	Dinglinger	Erich	Masch.-Ing.	n. a.	n. a.	
551	siehe rechts	23.07. 1921	27.07. 1921	Madelung	Georg	Masch.-Ing.	n. a.	Rostock	
552	siehe rechts	09.07. 1928	10.07. 1928	Ackermann	Walter	Chemiker	n. a.	n. a.	
553	n. e.	13.07. 1927	13.07. 1927	*nicht lesbar*	Hans	Masch.-Ing.	n. a.	*26.07.1898	Recklinghsn.
554	n. e.	16.12. 1927	10.01. 1928	Kuhlmann	Karl	Chemiker	n. a.	*16.02.1890	Eschershausen
555	n. e.	13.02. 1928	06.03. 1928	Goldschmidt	Paul	Chemiker	n. a.	*22.04.1900	Meiningen
556	n. e.	18.06. 1928	28.06. 1928	Gewecke	Fritz	Chemiker	n. a.	*30.04.1895 Bevensen	Kreis Uelzen
557	siehe rechts	09.03. 1927	16.03. 1927	Gerich	Ottokar	Architekt	n. a.	Riga	Buch I
558	siehe rechts	18.06. 1928	28.06. 1928	Kietz	Hans	Physiker	n. a.	n. a.	
559	siehe rechts	11.05. 1928	12.06. 1928	Ewald	Kurt	Masch.-Ing.	n. a.	n. a.	
560	siehe rechts	12.03. 1928	01.05. 1928	Jaroschek	Kurt	Masch.-Ing.	n. a.	n. a.	
561	siehe rechts	06.12. 1928	08.01. 1929	Kiehne	Siegfried	Bau-Ing.	n. a.	Nöschenroda	Buch II[413]
562	siehe rechts	28.06. 1928	10.07. 1928	Hinderks	Albert	Bau-Ing.	n. a.	Eilsum/Ostfriesl.	Buch II
563	siehe rechts	18.12. 1928	08.01. 1929	Nagel	Felix	Masch.-Ing.	n. a.	n. a.	
564	siehe rechts	19.11. 1927	06.12. 1927	Triebel	Wolfgang	Architekt	n. a.	Zetzsch	Buch I
565	siehe rechts	06.07. 1925	14.07. 1925	Meisel	Karl	Chemiker	n. a.	n. a.	
566	siehe rechts	18.03. 1929	30.04. 1929	Olbrich	Herbert	Masch.-Ing.	n. a.	n. a.	
567	siehe rechts	28.01. 1929	05.02. 1929	Niemeyer	Karl	Physiker	n. a.	n. a.	
568	siehe rechts	18.03. 1929	30.04. 1929	Müller	Horst	Masch.-Ing.	n. a.	n. a.	
569	siehe rechts	28.01. 1929	05.02. 1929	Adrian	Jan	Chemiker	n. a.	n. a.	
570	siehe rechts	06.12. 1928	08.01. 1929	Baus	Johann	Bau-Ing.	n. a.	*zu Trier, aus Münster i.W.	Buch II
571	siehe rechts	13.07. 1927	22.07. 1927	Dernedde	Wolfgang	Masch.-Ing.	n. a.	n. a.	
572	siehe rechts	18.03. 1929	30.04. 1929	Heitmann	Erich	Masch.-Ing.	n. a.	n. a.	
573	siehe rechts	12.06. 1928	28.06. 1928	Gretzer	Christian	Masch.-Ing.	n. a.	n. a.	
574	siehe rechts	13.06. 1928	28.06. 1928	Schott	William	Elektro-Ing.	n. a.	n. a.	
575	siehe rechts	14.05. 1928	12.06. 1928	Kettler	Kurt	Masch.-Ing.	n. a.	n. a.	
576	siehe rechts	08.07. 1929	19.07. 1929	Müller	Johannes	Chemiker	n. a.	n. a.	
577	siehe rechts	10.06. 1929	25.06. 1929	Lotz	Irmgard	Mathematikerin	n. a.	n. a.	erste Frau als Promovierte!
578	siehe rechts	18.06. 1928	28.06. 1928	Strumpf	Fritz	Chemiker	n. a.	n. a.	
579	siehe rechts	10.07. 1929	19.08. 1929	Schüller	Wilhelm	Masch.-Ing.	n. a.	n. a.	
580	siehe rechts	10.07. 1929	19.07. 1929	Gehle	Hermann	Masch.-Ing.	n. a.	n. a.	
581	siehe rechts	12.07. 1929	19.07. 1929	Knolle	Wilhelm	Masch.-Ing.	n. a.	n. a.	
582	siehe rechts	05.12. 1927	06.12. 1927	Seith	Hans	Chemiker	n. a.	n. a.	
583	siehe rechts	28.06. 1929	08.07. 1929	Marzahl	Hans	Elektro-Ing.	n. a.	n. a.	
584	siehe rechts	16.12. 1929	18.12. 1929	Pfeil	Georg	Chemiker	n. a.	n. a.	

[413] Anm.: Laut Buch II mündliche Prüfung am 05.12.1928.

585	siehe rechts	29.11. 1926	30.11. 1926	Wentzel	Wilhelm	Chemiker	n. a.	n. a.	
586	siehe rechts	09.03. 1929	30.04. 1929	Straßmann	Fritz	Chemiker	n. a.	n. a.	
587	siehe rechts	12.03. 1928	01.05. 1928	Bambach	Richard	Masch.-Ing.	n. a.	n. a.	
588	siehe rechts	04.11. 1929	11.11. 1929	Krause	Heinrich	Masch.-Ing.	n. a.	n. a.	
589	n. e.	16.03. 1929	30.04. 1929	Scholle	Richard	Chemiker	n. a.	*04.07.1903 Salber	(Braunschweig)
590	n. e.	18.03. 1929	30.04. 1929	Flügge	Friedrich	Chemiker	n. a.	*25.09.1901	Meckelfeld
591	n. e.	13.11. 1928	04.12. 1928	Ehlers	Franz	Masch.-Ing.	n. a.	*09.01.1902	Kiel
592	siehe rechts	13.12. 1926	18.12. 1926	Nürnberger	Walter	Chemiker	n. a.	n. a.	
593	siehe rechts	19.02. 1930	04.03. 1930	Backhaus	Karl	Elektro-Ing.	n. a.	n. a.	
594	siehe rechts	16.12. 1929	18.12. 1929	Rieber	Jean	Chemiker	n. a.	n. a.	
595	siehe rechts	04.11. 1929	11.11. 1929	Rolf	Erich	Elektro-Ing.	n. a.	n. a.	
596	siehe rechts	07.05. 1929	04.06. 1929	Boente	Leo	Chemiker	n. a.	n. a.	
597	siehe rechts	18.11. 1929	18.12. 1919	Kehr	Dietrich	Bau-Ing.	n. a.	Hannover	Buch II[414]
598	siehe rechts	30.07. 1929	11.10. 1929	Flörke	Friedrich	Bau-Ing.	n. a.	Hannover	Buch II
599	siehe rechts	05.12. 1929	18.12. 1929	Koeppen	Hans	Elektro-Ing.	n. a.	n. a.	
600	siehe rechts	04.03. 1929	05.03. 1929	Douglas	William	Allg. Wiss.[415]	n. a.	n. a.	
601	siehe rechts	n. e.		Linke	Rudolf	Chemiker	n. a.	n. a.	
602	siehe rechts	16.12. 1929	18.12. 1929	Drawe	Heinrich	Chemiker	n. a.	n. a.	
603	siehe rechts	08.07. 1929	19.07. 1929	Böhmert	Karl	Chemiker	n. a.	n. a.	
604	siehe rechts	17.03. 1930	06.05. 1930	Trage	Christian	Physik	n. a.	n. a.	
605	siehe rechts	23.11. 1929	03.12. 1929	Eckert	Fritz	Allg. Wiss.	n. a.	n. a.	
606	siehe rechts	09.01. 1930	04.02. 1930	Graumann	Hermann	Masch.-Ing.	n. a.	n. a.	
607	siehe rechts	26.02. 1930	04.03. 1930	Zeller	Werner	Bau-Ing.	n. a.	Ulm	Buch II
608	siehe rechts	13.03. 1930	06.05. 1930	Wagner	Hermann	Masch.-Ing.	n. a.	n. a.	
609	siehe rechts	22.11. 1926	30.11. 1926	Hentschel	Rolf	Masch.-Ing.	n. a.	n. a.	
610	siehe rechts	03.02. 1930	04.03. 1930	Rohrmann	Waldemar	Chemiker	n. a.	n. a.	
611	siehe rechts	14.07. 1930	22.07. 1930	Gieseler	Franz	Chemiker	n. a.	n. a.	
612	siehe rechts	15.01. 1930	04.02. 1930	Hertel	Paul	Bau-Ing.	n. a.	Lübeck	Buch II
613	siehe rechts	19.07. 1926	05.10. 1926	Mäusebach	Albert	Chemiker	n. a.	n. a.	
614	siehe rechts	20.05. 1930	30.05. 1930	Schultzen	Johannes	Masch.-Ing.	n. a.	n. a.	
615	siehe rechts	03.03. 1930	04.03. 1930	Gerstmayer	Hans	Allg. Wiss.[416]	n. a.	n. a.	
616	siehe rechts	22.01. 1926	16.03. 1926	Bremer	Werner	Architekt	n. a.	Hückeswagen	Buch I
617	siehe rechts	11.11. 1927	06.12. 1927	Stickel	Wilhelm	Bau-Ing.	n. a.	Hoerde i.W.	Buch II
618	siehe rechts	03.07. 1930	22.07. 1930	Hartkopf	Walter	Masch.-Ing.	n. a.	n. a.	

[414] Anm.: Laut Buch II mündliche Prüfung am 18.12.1929.
[415] Anm.: Im Promotionsverzeichnis als „*Chemiker*" geführt.
[416] Anm.: Im Promotionsverzeichnis als „*Wasserbau*" geführt.

619	siehe rechts	18.07. 1930	22.07. 1930	Potthoff	Karl	Elektro-Ing.	n. a.	n. a.	
620	siehe rechts	07.07. 1930	22.07. 1930	Weibke	Friedrich	Chemiker	n. a.	n. a.	
621	siehe rechts	07.07. 1930	22.07. 1930	Braunbeck	Robert	Elektro-Ing.	n. a.	n. a.	
622	siehe rechts	31.07. 1929	11.10. 1929	Georg	Otto	Masch.-Ing.	n. a.	n. a.	
623	siehe rechts	27.06. 1929	08.07. 1929	Maenicke	Richard	Chemiker	n. a.	n. a.	
624	siehe rechts	15.07. 1930	22.07. 1930	Thies	Wilhelm	Chemiker	n. a.	n. a.	
625	siehe rechts	30.06. 1930	22.07. 1930	Liu	Hiantsie	Masch.-Ing.	n. a.	n. a.	erster Asiat
626	siehe rechts	11.03. 1929	12.03. 1929	Pinthus	Alexander	Architekt	n. a.	Nordhausen	Buch I[417]
627	siehe rechts	19.05. 1930	30.05. 1930	Wünnenberg	Elisabeth	Chemiker	n. a.	n. a.	zweite Frau
628	siehe rechts	18.07. 1930	22.07. 1930	Hinze	Alfred	Masch.-Ing.	n. a.	n. a.	
629	siehe rechts	15.07. 1930	22.07. 1930	Jaeger	Eugen	Bau-Ing.	n. a.	Trier	Buch II
630	n. e.	16.12. 1929	18.12. 1929	Harbart	Ludwig	Chemiker	n. a.	*22.04.1901	Hannover
631	n. e.	03.02. 1930	04.03. 1930	Luke	Rudolf	Chemiker	n. a.	*09.09.1904	Hannover
632	siehe rechts	23.02. 1931	03.03. 1931	Smolian	Jürgen	Allg. Wiss.[418]	n. a.	n. a.	
633	siehe rechts	20.07. 1931	21.07. 1931	Wendiggersen	Paul	Allg. Wiss.	n. a.	n. a.	
634	siehe rechts	01.12. 1930	09.12. 1930	Lehrer	Gustav Adolf	Chemie	n. a.	n. a.	
635	siehe rechts	17.12. 1930	22.12. 1930	Schütte	Elisabeth	Chemie	n. a.	n. a.	dritte Frau
636	siehe rechts	03.03. 1930	14.03. 1930	Knoke	Siegfried	Chemie	n. a.	n. a.	
637	siehe rechts	17.12. 1930	22.12. 1930	Fendius	Hans	Chemie	n. a.	n. a.	
638	siehe rechts	21.01. 1929	05.02. 1929	Schrader	Heinrich	Chemie	n. a.	n. a.	
639	siehe rechts	26.11. 1930	09.12. 1930	Rahlfs	Otto	Chemie	n. a.	n. a.	
640	siehe rechts	15.07. 1930	22.07. 1930	Pillarsky	Robert	Chemie	n. a.	n. a.	
641	siehe rechts	25.02. 1929	05.03. 1929	Birnbaum	Adolf	Chemie	n. a.	n. a.	
642	siehe rechts	03.02. 1930	04.03. 1930	Herbig	Wolfgang	Chemie	n. a.	n. a.	
643	siehe rechts	27.07. 1931	15.10. 1931	Reinhard	Joachim	Chemie	n. a.	n. a.	
644	siehe rechts	14.07. 1930	22.07. 1930	Blankenstein	Paul	Chemie	n. a.	n. a.	
645	siehe rechts	26.11. 1930	09.12. 1930	Schulze	Werner	Chemie	n. a.	n. a.	
646	siehe rechts	17.12. 1930	22.12. 1930	Gotthardt	Hans	Chemie	n. a.	n. a.	
647	siehe rechts	01.12. 1930	09.12. 1930	Auhagen	Hans	Chemie	n. a.	n. a.	
648	siehe rechts	27.07. 1931	15.10. 1931	Ruß	Alfred	Chemie	n. a.	n. a.	
649	siehe rechts	28.07. 1931	15.10. 1931	Adresen geb. Kraft	Christel	Chemie	n. a.	n. a.	vierte Frau[419]
650	siehe rechts	15.07. 1930	22.07. 1930	Hundertmark	Heinrich	Chemie	n. a.	n. a.	
651	siehe rechts	10.02. 1931	03.03. 1931	Kleffner	Walter	Architekt	n. a.	Münster i.W.	Buch I
652	siehe rechts	16.01. 1932	26.01. 1932	Ritter	Hubert	Architekt	n. a.	Nürnberg	Buch I

417 Anm.: Laut Buch I mündliche Prüfung am 09.03.1929.
418 Anm.: Im Promotionsverzeichnis als „*Maschinen-Ingenieur*" geführt.
419 Anm.. Im Promotionsverzeichnis ist „*Chemie aus Allg. Wissenschaften*" verzeichnet.

653	siehe rechts	02.03. 1931	03.03. 1931	Schott	Friedrich	Bau-Ing.[420]	n. a.	Marburg/Lahn	Buch II
654	siehe rechts	24.02. 1931	03.03. 1931	Wal(t)king	Friedrich-Wilhelm	Bau-Ing.	n. a.	Minden i.W.	Buch II
655	siehe rechts	20.07. 1931	21.07. 1931	Hof(f)mann	Karl	Bau-Ing.	n. a.	*18.08.1897 Dresd.-Neugruna	Buch II[421]
656	siehe rechts	20.07. 1931	21.07. 1931	Müller	Konrad	Bau-Ing.	n. a.	Berlin	Buch II[422]
657	siehe rechts	03.07. 1931	07.07. 1931	Buchholz	Wilhelm	Bau-Ing.	n. a.	Witten	Buch II
658	siehe rechts	20.07. 1931	21.07. 1931	Ramshorn	Alexander	Bau-Ing.	n. a.	Görlitz	Buch II[423]
659	siehe rechts	30.06. 1931	07.07. 1931	Meyer	Hermann	Bau-Ing.	n. a.	Westerbeck	Buch II
660	siehe rechts	17.07. 1930	22.07. 1930	Esters	Paul	Masch.-Ing.[424]	n. a.	n. a.	
661	siehe rechts	22.07. 1929	11.10. 1929	Riedmann[425]	Ernst	Masch.-Ing.	n. a.	n. a.	
662	siehe rechts	16.04. 1931	05.05. 1931	Mooz	Wilhelm	Masch.-Ing.	n. a.	n. a.	
663	siehe rechts	21.07. 1930	22.07. 1930	Cramer	Helmut	Masch.-Ing.	n. a.	n. a.	
664	siehe rechts	08.06. 1931	09.06. 1931	Fleck	Kurt	Masch.-Ing.	n. a.	n. a.	
665	siehe rechts	08.05. 1931	12.05. 1931	Sell	Willy	Masch.-Ing.	n. a.	n. a.	
666	siehe rechts	20.02. 1931	03.03. 1931	Rausch	Gottfried	Masch.-Ing.	n. a.	n. a.	
667	siehe rechts	23.07. 1931	15.10. 1931	Busmann	Fritz	Masch.-Ing.	n. a.	n. a.	
668	siehe rechts	23.07. 1931	15.10. 1931	Gercke	Max-Jobst	Masch.-Ing.	n. a.	n. a.	
669	siehe rechts	20.12. 1930	13.01. 1931	Rathje	Johannes	Masch.-Ing.	n. a.	n. a.	
670	siehe rechts	28.06. 1929	08.07. 1929	Peters	Walter	Masch.-Ing.	n. a.	n. a.	
671	siehe rechts	09.07. 1931	21.07. 1931	Michel	Friedrich	Masch.-Ing.	n. a.	n. a.	
672	siehe rechts	22.12. 1930	13.01. 1931	Prüß	Johann	E-Technik	n. a.	n. a.	
673	siehe rechts	28.02. 1931	03.03. 1931	Wahl	Wilhelm	E-Technik	n. a.	n. a.	
674	siehe rechts	20.12. 1930	22.12. 1930	Laurick	Heinrich	E-Technik	n. a.	n. a.	
675	siehe rechts	14.05. 1928	12.06. 1928	Hartmeyer	Friedrich	E-Technik	n. a.	n. a.	
676	siehe rechts	22.12. 1930	13.01. 1931	Hohle	Walter	E-Technik	n. a.	n. a.	
677	n. e.	10.07. 1930	22.07. 1930	Andersen	Christian	Chemiker	n. a.	*17.03.1903	Kiel[426]
678	n. e.	15.07. 1930	22.07. 1930	Dohse	Kurt	Chemiker	n. a.	*13.07.1899	Hannover
679	n. e.	29.10. 1930	11.11. 1930	Malk(o)witz	Armin	Bau-Ing.	n. a.	*09.12.1902 Insterburg	Buch II
680	n. e.	01.12. 1930	09.12. 1930	Deiters	Wilhelm	Chemiker	n. a.	*01.06.1902	Hannover
681	n. e.	01.12. 1930	09.12. 1930	Lemke	Alfred	Chemiker	n. a.	*04.11.1895	Thorn
682	siehe rechts	15.12. 1930	22.12. 1930	Lohmann	Walter	Mathematik	n. a.	n. a.	
683	siehe rechts	16.06. 1932	21.06. 1932	Gußmann	Hans	Physik	n. a.	n. a.	
684	siehe rechts	15.12. 1930	22.12. 1930	Bolle	Günter	Chemie	n. a.	n. a.	

[420] Anm.: Ab dieser Promotion mit „*Bau-Ing.-Wesen*" angegeben.
[421] Anm.: Laut Buch II Prüfung am 14.07.1931 nicht bestanden
[422] Anm.: Laut Buch II Prüfung am 14.07.1931 nicht bestanden.
[423] Anm.: Laut Buch II Prüfung am 16.07.1931 nicht bestanden.
[424] Anm.: Ab dieser Promotion mit „*Masch.-Ing.-Wesen*" angegeben.
[425] Anm.: Laut zentralem Promotionsverzeichnis „*Riedemann*" geschrieben.
[426] Anm.: Handschriftlicher Zusatz: „*Am 24.02.1931 +, Diplom am 16.01.1933 an Witwe übersandt.*"

685	siehe rechts	27.07.1931	15.10.1931	Dolle	Erich	Chemie	n. a.	n. a.	
686	siehe rechts	15.12.1931	21.12.1931	Faust	Werner	Chemie	n. a.	n. a.	
687	siehe rechts	26.01.1931	10.02.1931	Roselius	Wilhelm	Chemie	n. a.	n. a.	
688	siehe rechts	17.12.1930	22.12.1930	Tilk	Woldemar	Chemie	n. a.	n. a.	
689	siehe rechts	26.07.1932	04.08.1932	Engelbrecht	Georg	Chemie	n. a.	n. a.	
690	siehe rechts	22.02.1932	01.03.1932	Free	Gerhard	Chemie	n. a.	n. a.	
691	siehe rechts	20.07.1931	21.07.1931	Weittenhiller	Hellmuth	Chemie	n. a.	n. a.	
692	siehe rechts	26.07.1932	04.08.1932	Winkelmüller	Wolfgang	Chemie	n. a.	n. a.	
693	siehe rechts	08.02.1932	15.02.1932	Mosel	Hans	Chemie	n. a.	n. a.	
694	siehe rechts	14.07.1930	22.07.1930	Hoffmann	Heinrich	Chemie	n. a.	n. a.	
695	siehe rechts	30.01.1933	13.02.1933	Schüth	Wilhelm	Chemie	n. a.	n. a.	
696	siehe rechts	05.12.1931	21.12.1931	Manskopf	Heinrich	Architektur	n. a.	Meiningen	Buch I
697	siehe rechts	06.06.1931	09.06.1931	Ricke	Herbert	Architektur	n. a.	Hann.-Linden	Buch I
698	siehe rechts	09.03.1929	12.03.1929	Behm	Wolfgang	Architektur	n. a.	Pyrmont	Buch I
699	siehe rechts	26.11.1932	29.11.1932	Kammler	Hans	Architektur	n. a.	Stettin	Buch I
700	siehe rechts	19.12.1931	21.12.1931	Keller	Herbert	Architektur	n. a.	Iserlohn i.W.	Buch I
701	siehe rechts	16.12.1931	21.12.1931	Ballof	Otto	Bau-Ing.	n. a.	Conz Kr. Trier	Buch II
702	siehe rechts	16.07.1931	n. e.	Kühne	Werner	Bau-Ing.	n. a.	Magdeburg	Buch II
703	siehe rechts	18.12.1931	21.12.1931	Ladegast	Robert	Bau-Ing.	n. a.	Sonderburg	Buch II
704	siehe rechts	16.02.1932	01.03.1932	Schwien	Karl	Bau-Ing.	n. a.	Seedorf/Segeberg	Buch II
705	siehe rechts	16.02.1932	01.03.1932	Koch	Hans-Wolfgang	Bau-Ing.	n. a.	Hannover	Buch II
706	siehe rechts	18.12.1931	21.12.1931	Jertz	Karl	Bau-Ing.	n. a.	Duisburg	Buch II
707	siehe rechts	12.02.1932	15.02.1932	Toennies	Eduard	Masch.-Ing.	n. a.	n. a.	
708	siehe rechts	28.07.1931	15.10.1931	Schmidt	Karl August[427]	Masch.-Ing.	n. a.	n. a.	
709	siehe rechts	04.02.1932	15.02.1932	Engel	Wolfgang	Masch.-Ing.	n. a.	n. a.	
710	siehe rechts	02.03.1932	19.04.1932	Hermann	Friedrich	Masch.-Ing.	n. a.	n. a.	
711	siehe rechts	21.07.1930	22.07.1930	Dahrenmöller	Helmut	Masch.-Ing.	n. a.	n. a.	
712	siehe rechts	15.04.1930	06.05.1930	Lange	Walter	Masch.-Ing.	n. a.	n. a.	
713	siehe rechts	26.11.1931	01.12.1931	Wirth	Thomas	Masch.-Ing.	n. a.	n. a.	
714	siehe rechts	18.06.1932	07.07.1932	Kröber	Gerhard	Masch.-Ing.	n. a.	n. a.	
715	siehe rechts	23.07.1932	26.07.1932	Mautz	Wolfgang	Masch.-Ing.	n. a.	n. a.	
716	siehe rechts	08.07.1931	21.07.1931	Koppelmann	Floris	E-Technik	n. a.	n. a.	
717	siehe rechts	23.07.1931	15.10.1931	Neumann	Hans	E-Technik	n. a.	n. a.	
718	siehe rechts	04.03.1932	19.04.1932	Hoffmann	Erich	E-Technik	n. a.	n. a.	
719	siehe rechts	28.07.1931	15.10.1931	Weingärtner	Werner	E-Technik	n. a.	n. a.	
720	siehe	23.07.	26.07.	Wiese	August	E-	n. a.	n. a.	

[427] Anm.: Im zentralen Promotionsverzeichnis mit Bindestrich geschrieben.

	rechts	1932	1932			Technik			
721	siehe rechts	25.07. 1932	26.07. 1932	Völker	Carl Friedrich	E-Technik	n. a.	n. a.	
722	siehe rechts	23.07. 1932	26.07. 1932	Nolte	Ludwig	E-Technik	n. a.	n. a.	
723	siehe rechts	25.07. 1932	26.07. 1932	Weber	Werner	E-Technik	n. a.	n. a.	
724	n. e.	22.06. 1931	07.07. 1931	Falkenroth	Erich	Masch.-Ing.	n. a.	*08.03.1900	Schwelm i.W.
725	n. e.	20.07. 1931	21.07. 1931	Hühne	Werner	Bau-Ing.	n. a.	*05.02.1898	Magdeburg
726	n. e.	20.07. 1931	21.07. 1931	Cleve	Heinrich	Chemiker	n. a.	*20.05.1904	Schneeren
727	n. e.	15.12. 1931	21.12. 1931	Borchers	Hermann	Chemiker	n. a.	*02.02.1901	Celle
728	n. e.	04.02. 1932	15.02. 1932	Werkmeister	Helmut	Masch.-Ing.	n. a.	*29.06.1903	Herford
729	n. e.	22.02. 1932	01.03. 1932	Kamphausen	Karl	Chemiker	n. a.	*03.05.1902	(o. O.)
730	n. e.	04.03. 1932	19.04. 1932	Piepenboek	Hermann	Masch.-Ing.	n. a.	*07.09.1904	Hagen i.W.
731	n. e.	15.06. 1932	21.06. 1932	Hellmann	Siegfried	Masch.-Ing.	n. a.	*10.06.1891	Hallig Hooge
732	lt. PVZ[428]	18.06. 1932	07.07. 1932	Körber	Gerhard	Masch.-Ing.	n. a.	*07.08.1901	Göttingen
733	lt. PVZ	04.07. 1932	07.07. 1932	Rüter	Hermann	Chemiker	n. a.	*07.10.1904	Hannover
734	lt. PVZ	23.07. 1932	26.07. 1932	Wilsmann	Wilhelm	Masch.-Ing.	n. a.	*17.08.1901	Verl
735	lt. PVZ	28.07. 1932	04.08. 1932	Hörner	Fritz	Chemiker	n. a.	*24.05.1906	Bln.-Schönebg.
736	lt. PVZ	27.07. 1932	04.08. 1932	Schulze	Rolf	Chemiker	n. a.	*25.01.1902	Peine
737	lt. PVZ	10.10. 1932	29.11. 1932	Schönberg	Werner	Bau-Ing.	n. a.	*27.11.1903 Siegburg	Buch II
738	lt. PVZ	31.10. 1932	29.11. 1932	Wilkening	Otto	E-Technik	n. a.	*17.10.1899	Einbeckhausen
739	lt. PVZ	31.10. 1932	29.11. 1932	Wigge	Friedrich Wilhelm	Chemiker	n. a.	*22.12.1906	Hannover
740	lt. PVZ	10.11. 1932	06.12. 1932	Klie	Wilhelm	Bau-Ing.	n. a.	*05.01.1903 Brake i.O.	Buch II
741	lt. PVZ	03.12. 1932	06.12. 1932	Voigt	Hans Karl	E-Technik	n. a.	*06.01.1903	Hann.-Münden
742	lt. PVZ	03.12. 1932	06.12. 1932	Hoffmann	Werner	E-Technik	n. a.	*01.06.1906	Magdeburg
743	lt. PVZ	07.12. 1932	09.12. 1932	Arend	Walter	Masch.-Ing.	n. a.	*28.03.1897	Hannover
744	lt. PVZ	07.12. 1932	09.12. 1932	Hüpe	Ernst	Masch.-Ing.	n. a.	*26.04.1900	Elberfeld
745	lt. PVZ	19.12. 1932	20.12. 1932	Krabbe	Friedrich Wilhelm	Bau-Ing.	n. a.	*06.06.1877 Widdert	Kreis Solingen Buch II[429]
746	lt. PVZ	21.12. 1932	17.01. 1933	Kaspers	Ludwig	Masch.-Ing.	n. a.	*23.10.1904	Vorst/Kerpen
747	lt. PVZ	14.01. 1932	17.01. 1932	Hecker	Hans Walter	Masch.-Ing.	n. a.	*27.02.1906	Magdeburg
748	lt. PVZ	22.12. 1932	17.01. 1933	Brötz	Otto	Bau-Ing.	n. a.	*02.06.1907 Limburg/Lahn	Buch II
749	lt. PVZ	22.12. 1933	24.01. 1933	Wehn	Eberhard	Masch.-Ing.	n. a.	*10.03.1905 Rotenburg	(Hannover)
750	lt. PVZ	30.01. 1933	13.02. 1933	Schüth	Wilhelm	Chemie	n. a.	*14.09.1908	Lehrte
751	lt. PVZ	23.11. 1933	13.02. 1933	Havemann	Heinrich	Chemie	n. a.	*11.03.1906	Schiffdorf
752	lt. PVZ	30.01. 1933	13.02. 1933	von Vogel	Hans Ulrich	Chemie	n. a.	*11.07.1909	Seelze/Hann.
753	lt. PVZ	04.02. 1933	13.02. 1933	Bälzing	Hermann	Brückenbau	n. a.	*07.09.1886 Rotenburg/Fulda	Buch II
754	lt. PVZ	17.02. 1933	27.02. 1933	Bönig	Heinz	Masch.-Ing.	n. a.	*07.02.1904	Celle

428 Anm.: PVZ bezeichnet die Fundstelle im zentralen Promotionsverzeichnis der TH Hannover.

429 Anm.: Laut Buch II mündliche Prüfung am 14.12.1932.

755	lt. PVZ	25.02. 1933	27.02. 1933	Brinkmann	Hans	Masch.-Ing.	n. a.	*29.12.1901	Bremen
756	lt. PVZ	25.02. 1933	27.02. 1933	Klein	Viktor	Masch.-Ing.	n. a.	*19.03.1901	Hannover
757	lt. PVZ	17.02. 1933	27.02. 1933	Lübke	Wilhelm	Masch.-Ing.	n. a.	*07.05.1883	Oeynhausen
758	lt. PVZ	23.02. 1933	27.02. 1933	Narvo	Louis	E-Technik	n. a.	*10.07.1903 Klein Lobke	Kreis Burgdorf
759	lt. PVZ	27.02. 1933	27.02. 1933	Asche	Theo	Chemie	n. a.	*31.10.1905	Barsinghausen
760	lt. PVZ	27.02. 1933	27.02. 1933	Baesler	Erwin	Chemie	n. a.	*02.12.1902	Bielefeld
761	lt. PVZ	25.02. 1933	27.02. 1933	Dunker	Ernst	Architektur	n. a.	*11.04.1905 Hochdonn	Buch I
762	lt. PVZ	27.02. 1933	27.02. 1933	Hoppe	Werner	E-Technik	n. a.	*13.10.1901 Rahden	Kreis Lübbecke
763	lt. PVZ	25.02. 1933	27.02. 1933	Lenz	Fritz	Hochbau	n. a.	*06.02.1896 Danzig	Buch II
764	lt. PVZ	26.02. 1934	05.03. 1933	Gabler	Werner	Architektur	n. a.	*03.06.1903 Hannover	Buch I
765	lt. PVZ	27.02. 2003	05.03. 1933	Hülsmann	Otto	Chemie	n. a.	*03.06.1906	Hannover
766	lt. PVZ	01.03. 1933	16.03. 1933	Berghahn	Alfred	E-Technik	n. a.	*22.08.1906	Hannover
767	lt. PVZ	01.03. 1933	16.03. 1933	Hinzpeter	Alwin	Physik	n. a.	*09.06.1907	Berlin
768	lt. PVZ	28.02. 1933	16.03. 1933	Stoffregen	Heinz	Masch.-Ing.	n. a.	*01.03.1906	Groß-Lobke
769	lt. PVZ	12.05. 1933	22.05. 1933	Zirkel	Werner	E-Technik	n. a.	*11.07.1903	Bernburg/Saale
770	lt. PVZ	23.05. 1933	27.06. 1933	Schwarz	Robert	Masch.-Ing.	n. a.	*17.04.1896	Saarlouis
771	lt. PVZ	26.05. 1933	27.06. 1933	Müller	Wolfgang	E-Technik	n. a.	*01.07.1904	Goslar
772	lt. PVZ	27.06. 1933	27.06. 1933	Glatt	Ernst	Architektur	n. a.	*01.07.1906 Hannover	Buch I
773	lt. PVZ	27.06. 1933	27.06. 1933	Janssen	Theodor	Anbau	n. a.	*03.05.1900 Doggensfede	(Ostfriesland) Buch II[430]
774	lt. PVZ	27.06. 1933	27.06. 1933	Li	Futu	Wasserbau	n. a.	*11.06.1903 Putscheng	Schenzi, China; Buch II[431]
775	lt. PVZ	27.06. 1933	27.06. 1933	Müller	Otto	Masch.-Ing.	n. a.	*04.12.1906 Mannheim	Buch II[432]
776	lt. PVZ	27.06. 1933	27.06. 1933	Petermann	Hans	Bau-Ing.	n. a.	*09.08.1903 Bremen	Buch II[433]
777	lt. PVZ	27.06. 1933	27.06. 1933	Steckeweh	Hans	Architektur	n. a.	*31.10.1902 Hannover	Buch I
778	lt. PVZ	29.06. 1933	26.07. 1933	Wolter	Helmut	Bau-Ing.	n. a.	*27.05.1901 Hannover	Buch II
779	lt. PVZ	24.06. 1933	26.07. 1933	Einkopf	Otto	Architektur	n. a.	*26.02.1893 Mamitz	Buch I
780	lt. PVZ	24.06. 1933	26.07. 1933	Bernt	Adolf	Architektur	n. a.	*23.12.1903 Flensburg	Buch I
781	lt. PVZ	28.06. 1933	26.07. 1933	Schach	Wilhelm	Masch.-Ing.	n. a.	*09.09.1901	Pforzheim
782	lt. PVZ	08.07. 1933	26.07. 1933	Stosberg	Hans	Architektur	n. a.	*10.02.1903 Lennep	Buch I
783	lt. PVZ	20.07. 1933	26.07. 1933	Esselbrügge	Heinrich	Bau-Ing.	n. a.	*07.06.1888 Berlin	Buch II
784	lt. PVZ	12.07. 1933	26.07. 1933	Döring	Theodor	Masch.-Ing.	n. a.	*17.03.1899	Cassel
785	lt. PVZ	25.07. 1933	26.07. 1933	Hoppe	August	Bau-Ing.	n. a.	*04.01.1902	Friefeld
786	lt. PVZ	22.07. 1933	26.07. 1933	Quest	Heinz	Masch.-Ing.	n. a.	*29.07.1906	Altona
787	lt. PVZ	22.07. 1933	26.07. 1933	Buttler	Alfred	E-Technik	n. a.	*14.01.1895	Libau/Kurland

430 Anm.: Laut Buch II mündliche Prüfung am 16.06.1933.
431 Anm.: Laut Buch II mündliche Prüfung am 24.06.1933.
432 Anm.: Laut Buch II mündliche Prüfung am 16.06.1933.
433 Anm.: Laut Buch II mündliche Prüfung am 24.06.1933.

788	lt. PVZ	26.07. 1933	26.07. 1933	Wolff	Emma-nuel	Masch.-Ing.	n. a.	*14.02.1908	Charlottenburg
789	lt. PVZ	26.07. 1933	26.07. 1933	Chow	Hsiao Sao	Masch.-Ing.	n. a.	* Mingpob	(China)
790	lt. PVZ	20.07. 1933	26.07. 1933	Gude	Hans	Bau-Ing.	n. a.	*07.10.1897 Johannesburg	(in Transvaal)
791	lt. PVZ	24.07. 1933	26.07. 1933	Meiner	Herbert	Chemie	n. a.	*29.10.1906	Chemnitz
792	lt. PVZ	24.07. 1933	26.07. 1933	Thomas	Max	Chemie	n. a.	*08.09.1905 Weißwasser	Kreis Rothen-burg
793	lt. PVZ	24.07. 1933	26.07. 1933	Blünger	Karl	Chemie	n. a.	*21.04.1905	Hannover
794	entfällt	25.07. 1933	ent-fällt	Kopp	August	Bau-Ing.	n. a.	Friefeld, Nord-schleswig	Buch II
795	lt. PVZ	01.07. 1933	27.07. 1933	Reinhardt	Gustav	E-Technik	n. a.	*15.06.1905	Köln-Nippes
796	lt. PVZ	31.07. 1933	01.11. 1933	Kuhlmann	Heinrich	Bau-Ing.	n. a.	*08.08.1903 Hungen	Buch II
797	lt. PVZ	28.07. 1933	01.11. 1933	Stack	Hans	Masch.-Ing.	n. a.	*11.04.1904	Hannover
798	lt. PVZ	27.07. 1933	01.11. 1933	Thier	Richard	Masch.-Ing.	n. a.	*03.10.1906	Hungen
799	lt. PVZ	13.11. 1933	13.12. 1933	Heydt	Gustav	Masch.-Ing.	n. a.	*20.08.1901	Strassburg i.E.
800	lt. PVZ	19.12. 1933	20.12. 1933	Dutta-Doy	R.K.	Chemie	n. a.	*01.03.1903	Castul, Indien
801	lt. PVZ	19.12. 1933	20.12. 1933	Kühne	August	Chemie	n. a.	*06.07.1904	Kiel
802	lt. PVZ	22.12. 1933	24.01. 1934	Krull	Hans	E-Technik	n. a.	*15.07.1904	Neumünster
803	lt. PVZ	25.01. 1934	24.01. 1934	Heckler	Maria	Chemie	n. a.	*29.08.1898	Hannover
804	lt. PVZ	24.01. 1934	24.01. 1934	Schröer	Heinrich	E-Technik	n. a.	*25.08.1902	Bochum i.W.
805	lt. PVZ	18.01. 1934	24.01. 1934	Gueffroy	Werner	Chemie	n. a.	*02.10.1905	Berlin-Pankow
806	lt. PVZ	22.02. 1934	05.03. 1934	Ijengar	R.K. Naraya-naswany	Bau-Ing.	n. a.	*19.10.1905 Mysore, Indien	Buch II
807	lt. PVZ	24.02. 1934	05.03. 1934	Schmidt	Wilhelm	Architek-tur	n. a.	*10.01.1905 Magdeburg	Buch I[434]
808	lt. PVZ	21.02. 1934	05.03. 1934	Kramer	Karl	Masch.-Ing.	n. a.	*16.06.1905	Stadtoldendorf
809	lt. PVZ	22.02. 1934	05.03. 1934	Meyer	Theodor	Chemie	n. a.	*12.04.1905	Hannover
810	lt. PVZ	26.02. 1934	05.03. 1934	Lutteroth	Fritz	Masch.-Ing.	n. a.	*15.06.1900	Hagenau i.E.
811	lt. PVZ	26.02. 1934	05.03. 1934	Culemeyer	Johann	Bau-Ing.	n. a.	*16.09.1883	Hannover
812	lt. PVZ	23.02. 1934	05.03. 1934	Zettel	Waldemar	Physik	n. a.	*25.07.1903	Hannover
813	lt. PVZ	23.02. 1934	05.03. 1934	Schröder	Wilhelm	Masch.-Ing.	n. a.	*18.01.1905	Stellau
814	lt. PVZ	27.02. 1934	05.03. 1934	Pangels	Richard	Chemie	n. a.	*15.01.1900	Pfambrg./Mörs
815	lt. PVZ	21.02. 1934	05.03. 1934	Müß	Hanns	Masch.-Ing.	n. a.	*13.07.1905	Hombrg. a.d.B.
816	lt. PVZ	20.02. 1934	05.03. 1934	Meyer-Hoissen	Otto	Chemie	n. a.	*26.05.1899	Gotha
817	lt. PVZ	26.02. 1934	05.03. 1934	Fischer	Alfred	Hochbau	n. a.	*02.06.1893 Essen/Ruhr	Buch II
818	lt. PVZ	05.03. 1934	28.04. 1934	Brandt	Herbert	Masch.-Ing.	n. a.	*01.10.1905	Hamburg
819	lt. PVZ	05.03. 1934	28.04. 1934	Walther	Hans	E-Technik	n. a.	*07.07.1903	Erfurt
820	lt. PVZ	03.05. 1934	23.05. 1934	Frank	Karl	E-Technik	n. a.	*13.08.1905	D'dorf-Eller
821	lt. PVZ	05.05. 1934	09.06. 1934	Boehme	Friedrich Wilhelm	Hochbau	n. a.	*13.05.1905	Castr.-Rauxel
822	lt. PVZ	05.05. 1934	09.06. 1934	Winkelmann	Friedrich	Hoch-bau[435]	n. a.	*12.03.1900 Hamburg	Buch I

434 Anm.: Laut Buch II mündliche Prüfung am 26.02.1937.

823	lt. PVZ	04.05.1934	09.06.1934	Hansing	Wilhelm	Bau-Ing.	n. a.	*16.04.1881 Altkirch	Buch II
824	lt. PVZ	14.06.1934	16.06.1934	Schramm	Ferdinand	E-Technik	n. a.	*22.06.1902	München
825	lt. PVZ	20.06.1934	25.06.1934	Mehlig	Hans	Masch.-Ing.	n. a.	*18.03.1902	König-see/Thür.
826	lt. PVZ	07.07.1934	09.07.1934	Boehme	Gustav	Masch.-Ing.	n. a.	*21.05.1899	Schweidnitz
827	lt. PVZ	18.07.1934	25.07.1934	Hüser	Alfred	Bau-Ing.	n. a.	*26.03.1906 Hankensbüttel	Buch II
828	lt. PVZ	25.07.1934	26.07.1934	Schwellen-greber	Ernst	Masch.-Ing.	n. a.	*11.03.1893	Ratibor
829	lt. PVZ	24.07.1934	26.07.1934	Borchard	Karl Hellmut	E-Technik	n. a.	*10.04.1908	Porta-Baerbeck
830	lt. PVZ	24.07.1934	26.07.1934	Bock	Johann	Masch.-Ing.	n. a.	*13.12.1902	Köln-Kalk
831	lt. PVZ	26.07.1934	28.07.1934	Klammroth	Hans	Chemie	n. a.	*28.08.1906	Hannover
832	lt. PVZ	28.07.1934	31.07.1934	Schlegel	Werner	Masch.-Ing.	n. a.	*01.08.1903	Crimmitschau
833	lt. PVZ	28.07.1934	31.07.1934	Kranz	Harald	Masch.-Ing.	n. a.	*27.09.1907	W'tal-Barmen
834	lt. PVZ	30.07.1934	01.08.1934	Röoer	Martin	Physik	n. a.	*30.07.1907	Adelheide
835	lt. PVZ	30.11.1934	19.12.1934	Lembke	Carl	Architek-tur	n. a.	*27.08.1885	Wandsbek
836	lt. PVZ	19.12.1934	21.12.1934	Ley	Eduard	Chemie	n. a.	*12.08.1904	Köln
837	lt. PVZ	19.12.1934	21.12.1934	Schaefer	Hermann	Mathe-matik	n. a.	*16.06.1907	Elberfeld
838	lt. PVZ	20.12.1934	03.01.1935	Dziallas	Richard	Masch.-Ing.	n. a.	*28.07.1905	Königshütte
839	lt. PVZ	20.12.1934	03.01.1935	Melihs	Kurt	Masch.-Ing.	n. a.	*09.11.1906	Hamburg
840	lt. PVZ	04.02.1935	07.02.1935	Becker	Heinz	Masch.-Ing.	n. a.	*14.12.1905	Cassel
841	lt. PVZ	04.02.1935	07.02.1935	Koch	Helmut	Masch.-Ing.	n. a.	*23.05.1907	Hamburg
842	lt. PVZ	02.02.1935	07.02.1935	Mirow	Lothar	E-Technik	n. a.	*18.04.1899	Graudenz
843	lt. PVZ	09.02.1935	12.02.1935	Prosse	Willy	Masch.-Ing.	n. a.	*22.11.1905	Hannover
844	lt. PVZ	09.02.1935	12.02.1935	Temme	Annema-rie	n. a.	n. a.	*22.07.1908	Hannover
845	lt. PVZ	13.02.1935	15.02.1935	Eggers	Hans	Chemie	n. a.	*04.02.1905	Bremen
846	lt. PVZ	13.02.1935	15.02.1935	Gewehr	Rudolf	Chemie	n. a.	*08.05.1908	Sehnde
847	lt. PVZ	13.02.1935	15.02.1935	Haufel	Richard	Chemie	n. a.	*28.10.1901	Westerberg
848	lt. PVZ	20.02.1934	18.02.1935	Diesendorf	Hans	Eisen-bahnwe-sen	n. a.	Katharinenthal/ Wolga, Russland	*14.03.1899 (n.S.) / Buch II
849	lt. PVZ	15.02.1935	18.02.1935	Behrens	Walter	Physik	n. a.	*07.08.1909	Hildesheim
850	lt. PVZ	16.02.1935	19.02.1935	Menny	Konrad	E-Technik	n. a.	*27.10.1898	Erfurt
851	lt. PVZ	12.02.1935	25.02.1935	Cassens	Johann	Schiffbau	n. a.	*19.03.1901	Jever / Buch II
852	lt. PVZ	25.02.1935	26.02.1935	Wartenberg	Erwin	Architek-tur	n. a.	*25.12.1895	Straßburg i.E.
853	lt. PVZ	23.02.1935	04.03.1935	Kothen	Alex	Masch.-Ing.	n. a.	*06.08.1905	Mülheim/Ruhr
854	lt. PVZ	18.04.1935	25.04.1935	Eilmann	Ernst	Architek-tur	n. a.	*13.11.1908	Altona
855	lt. PVZ	17.04.1935	25.04.1935	Roloff	Max	Bau-Ing.	n. a.	*13.01.1880 o.O. / Stettin	Buch II
856	lt. PVZ	27.05.1935	01.06.1935	Däther	Heinz	Chemie	n. a.	*17.09.1904	Tangermünde
857	lt. PVZ	27.05.1935	01.06.1935	Arendts	Friedrich	Chemie	n. a.	*28.04.1901	Fürstenau/Han.

[435] Anm.: Laut Buch I „*Architekt*".

858	lt. PVZ	13.06. 1935	17.06. 1935	Rotzoll	Erich	Masch.-Ing.	n. a.	*26.04.1905	Halberstadt
859	lt. PVZ	19.06. 1935	20.06. 1935	Vogt	Hermann	Masch.-Ing.	n. a.	*16.01.1904	Neuenburg
860	lt. PVZ	19.06. 1935	20.06. 1935	Schmidt	Otto	Masch.-Ing.	n. a.	*28.05.1903	Nürnberg
861	lt. PVZ	25.06. 1935	27.06. 1935	Meldau	Ernst	Masch.-Ing.	n. a.	*17.03.1907	Wolfenbüttel
862	lt. PVZ	28.06. 1935	01.07. 1935	Erichsen	Christian	Masch.-Ing.	n. a.	*08.02.1910	Schleswig
863	lt. PVZ	28.06. 1935	01.07. 1935	Beck	Georg	Masch.-Ing.	n. a.	*28.01.1901	Westgarte
864	lt. PVZ	27.06. 1935	01.07. 1935	Balke	Hans	Masch.-Ing.	n. a.	*31.10.1905	Boxhagen-Rummelsburg
865	lt. PVZ	26.06. 1935	03.07. 1935	Laar	Joachim	Chemie	n. a.	*09.12.1907	Bielefeld
866	lt. PVZ	26.06. 1935	03.07. 1935	Oppermann	Bernhard	Chemie	n. a.	*28.02.1906	Wanzleben
867	lt. PVZ	01.07. 1935	04.07. 1935	Otte	Hans	Masch.-Ing.	n. a.	*06.07.1906	Eckernförde
868	lt. PVZ	01.07. 1935	04.07. 1935	Krause	Joachim	Eisen-bahnwe-sen	n. a.	*21.07.1901	Jüterbog
869	lt. PVZ	01.07. 1935	04.07. 1935	Hübbe	Karl	Masch.-Ing.	n. a.	*12.07.1903	Ilmenau/Thür.
870	lt. PVZ	18.11. 1935	22.11. 1935	Jeep	Erhard	Chemie	n. a.	*23.06.1907	Hannover
871	lt. PVZ	26.11. 1935	29.11. 1935	Ortloff	Werner	E-Technik	n. a.	*24.02.1905	Bad Wildun-gen
872	lt. PVZ	19.12. 1935	03.01. 1936	Heesch	Otto	Bau-Ing.	n. a.	*23.02.1906 Altona	Buch II
873	lt. PVZ	14.02. 1936	17.02. 1936	Fischer	Hans	Chemie	n. a.	*26.09.1907	Straßburg i.E.
874	lt. PVZ	14.02. 1936	17.02. 1936	Höhne	Helmut	Chemie	n. a.	*14.11.1905	Kaltenweide
875	lt. PVZ	15.02. 1936	18.02. 1936	Meyer	Wilhelm	E-Technik	n. a.	*25.04.1906	Barsinghausen
876	lt. PVZ	12.02. 1936	25.02. 1936	Burchard	Helmut	Architek-tur	n. a.	*20.03.1909	Hannover
877	lt. PVZ	24.04. 1936	28.04. 1936	Reichenbächer	Hans	Masch.-Ing.	n. a.	*16.11.1905	Osnabrück
878	lt. PVZ	25.04. 1936	28.04. 1936	Lessel	Wolfgang	Masch.-Ing.	n. a.	*27.02.1908	Bukarest
879	lt. PVZ	02.05. 1936	06.05. 1936	Feldmann	Willi	Physik	n. a.	*23.09.1902 Anderten	Kreis Burgdorf
880	lt. PVZ	02.05. 1936	06.05. 1936	Meyer	Siegfried	E-Technik	n. a.	*17.03.1907	Ölsburg
881	lt. PVZ	11.05. 1936	16.05. 1936	Sinnow	Paul	Chemie	n. a.	*09.06.1903	Steckby/Zerbst
882	lt. PVZ	22.06. 1936	24.06. 1936	Garlepp	Kurt	Masch.-Ing.	n. a.	*11.07.1906	Mannheim
883	lt. PVZ	22.06. 1936	24.06. 1936	Finkelmann	Ernst	E-Technik	n. a.	*11.12.1909	Weserm.-Lehe
884	lt. PVZ	29.06. 1936	02.07. 1936	Meininghaus	Ulrich	Masch.-Ing.	n. a.	*04.02.1896	Dortmund
885	lt. PVZ	30.06. 1936	02.07. 1936	Lerbs	Hermann	Physik	n. a.	*08.08.1900	Hänich
886	lt. PVZ	29.06. 1936	02.07. 1936	Karde	Klaus	Masch.-Ing.	n. a.	*24.01.1905 Dammstedt	(Holstein)
887	lt. PVZ	29.06. 1936	02.07. 1936	Kraemer	Gerhard	Masch.-Ing.	n. a.	*23.12.1909	Breslau
888	lt. PVZ	30.06. 1936	03.07. 1936	Hilbert	Alfred	Allg. Wiss.	n. a.	*28.07.1907	Bochum
889	lt. PVZ	30.06. 1936	03.07. 1936	Jentrup	Hans	Allg. Wiss.	n. a.	*09.10.1899	Delmenhorst
890	lt. PVZ	29.06. 1936	03.07. 1936	Dienst	Waldemar	Chemie	n. a.	*12.10.1907	Paris
891	lt. PVZ	06.07. 1936	10.07. 1936	Bähre	Wilhelm	E-Technik	n. a.	*23.11.1904	Hannover
892	lt. PVZ	04.07. 1936	10.07. 1936	Mollwo	Ludwig	E-Technik	n. a.	*05.10.1907	Göttingen
893	lt. PVZ	29.09. 1936	30.09. 1936	Hespeler	Otto	Architek-tur	n. a.	*12.12.1887	Nagold
894	lt. PVZ	14.11.	23.11.	Leisching	Wolfgang	Masch.-	n. a.	*26.11.1895	Hannover

		1936	1936			Ing.			
895	Fakultät II[436]	18.12. 1936	18.12. 1936	Pflüger	Alfrich	Bau-Ing.	n. a.	Hannover	Buch II
896	Fakultät II	unbe- kannt	18.12. 1936	Dellemann	Otto	n. a.	n. a.	Hannover	
897	lt. PVZ	18.12. 1936	21.12. 1936	Tüxen	Ernst	E- Technik	n. a.	*28.12.1902	Cöln a.R.
898	Fakultät II	unbe- kannt	1937	Brückner	Otto	n. a.	n. a.	Hannover	
899	Quelle I[437]	unbe- kannt	29.01. 1937	Mau	Hans- Joachim	n. a.	n. a.	n. a.	
900	Quelle I	unbe- kannt	29.01. 1937	Winkelbrandt	Heinrich	n. a.	n. a.	n. a.	
901	Quelle I	unbe- kannt	02.19 37	Ruden	Paul	n. a.	n. a.	n. a.	
902	Fakultät II	19.02. 1937	19.02. 1937	Höhn	Franz	Bau-Ing.	n. a.	Bln.-Lichterfelde	Buch II
903	Fakultät II	unbe- kannt	19.02. 1937	Seidensticker	Wilhelm	n. a.	n. a.	Bochum	
904	Fakultät II	20.02. 1937	20.02. 1937	Steinwede	Karl	Bau-Ing.	n. a.	Hanstedt	Buch II
905	Quelle I	unbe- kannt	23.02. 1937	Schoene	Erich	n. a.	n. a.	n. a.	
906	Quelle I	unbe- kannt	23.02. 1937	Bredner	Richard	n. a.	n. a.	n. a.	
907	Quelle I	unbe- kannt	23.02. 1937	Wicht	Hans Heinrich	n. a.	n. a.	n. a.	
908	Quelle I	unbe- kannt	13.05. 1937	Dall	Theodor	n. a.	n. a.	n. a.	
909	Fakultät II	unbe- kannt	06.19 37	Culmann	Karl	n. a.	n. a.	Hannover	
910	Fakultät II	21.06. 1937	21.06. 1937	Burchard	Wilhelm	Bau-Ing.	n. a.	Hannover	Buch II
911	Fakultät II	21.06. 1937	21.06. 1937	Fröhlich	Herbert	Bau-Ing.	n. a.	Köln	Buch II
912	Fakultät II	21.01. 1937	21.07. 1937	Scholtz	Joachim	Bau-Ing.	n. a.	Königsberg/Pr.	Buch II
913	Fakultät II	21.02. 1937	22.07. 1937	Barbré	Rudolf	Bau-Ing.	n. a.	Hannover	Buch II
914	Nat.- Wiss.[438]	unbe- kannt	20.08. 1937	Ehrlich	Paul	n. a.	n. a.	Magdeburg	
915	Nat.- Wiss.	unbe- kannt	28.08. 1937	Malkomes	Julius	n. a.	n. a.	Essen-Ruhr	
916	Quelle I	unbe- kannt	07.09. 1937	Raske	Wilhelm	n. a.	n. a.	n. a.	
917	Fakultät II	04.10. 1937	04.10. 1937	J.	Tschan	Bau-Ing.	n. a.	Fugang, China	Buch II
918	Quelle I	unbe- kannt	08.10. 1937	Fahr	Wilfried		n. a.	n. a.	
919	Fakultät II	11.10. 1937	11.10. 1937	Nölke	Kurt	Bau-Ing.	n. a.	Hannover	Buch II
920	Quelle I	unbe- kannt	16.10. 1937	Heine	Karl	n. a.	n. a.	n. a.	
921	Nat.- Wiss.	unbe- kannt	13.12. 1937	Schmidt	Hellmuth	n. a.	n. a.	Berlin	
922	Nat.- Wiss.	unbe- kannt	13.12. 1937	Wiechmann	Friedrich	n. a.	n. a.	Hannover	
923	Fakultät II	17.12. 1937	17.12. 1937	Günter	Wilhelm	Bau-Ing.	n. a.	Hamburg	Buch II
924	Quelle I	unbe- kannt	18.12. 1937	Kruse	Fritz	n. a.	n. a.	n. a.	
925	Quelle I	unbe- kannt	20.12. 1937	Schilling	Martin	n. a.	n. a.	n. a.	
926	Quelle I	unbe- kannt	1938	Goos	Günther	n. a.	n. a.	n. a.	
927	Quelle I	unbe- kannt	1938	Dinessen	J.	n. a.	n. a.	n. a.	

[436] Anm.: Diese Fakultät umfasst den Bereich „*Bauwesen*“.
[437] Anm.: Enthalten im Verzeichnis der Promovierten der Fakultät für Maschinen-Bau der TH Hannover, aufgefunden im Archiv der Fakultät für Maschinenbau der LUH.
[438] Anm.: Fakultät für Naturwissenschaften.

928	Quelle I	unbe-kannt	1938	v. Tannenberg	Meinel	n. a.	n. a.	n. a.	
929	Fakultät II	unbe-kannt	1938	Oldenburg	Heinz	n. a.	n. a.	Potsdam	
930	Fakultät II	unbe-kannt	1938	Rasch	Klaus	n. a.	n. a.	Mariensiel	
931	Nat.-Wiss.	unbe-kannt	17.01.1938	Weygandt	Adolf	n. a.	n. a.	Hannover	
932	Quelle I	unbe-kannt	02.1938	Schnittger		n. a.	n. a.	n. a.	
933	Quelle I	unbe-kannt	10.02.1938	Ostendorf	Wilhelm	n. a.	n. a.	n. a.	
934	Quelle I	unbe-kannt	12.02.1938	Funke		n. a.	n. a.	n. a.	
935	Quelle I	unbe-kannt	28.02.1938	Beindorf	Werner	n. a.	n. a.	n. a.	
936	Fakultät II	unbe-kannt	12.05.1938	Strate	W.	n. a.	n. a.	Hannover	
937	Fakultät II	30.05.1938	30.05.1938	Peters	Karl	Bau-Ing.	n. a.	Peine	Buch II
938	Fakultät II	02.06.1938	02.06.1938	Bachus	Ernst	Bau-Ing.	n. a.	Fritzlar	Buch II
939	Nat.-Wiss.	unbe-kannt	13.06.1938	Widmann	Alfred	n. a.	n. a.	Brixen	
940	Nat.-Wiss.	unbe-kannt	13.06.1938	Rössler	Rudolf	n. a.	n. a.	Westeregeln	(Magdeburg)
941	Quelle I	unbe-kannt	17.06.1938	Jauernick	Rolf	n. a.	n. a.	n. a.	
942	Fakultät II	unbe-kannt	18.06.1938	Jürgens	Heinrich	n. a.	n. a.	Hannover	
943	Quelle I	unbe-kannt	22.06.1938	Strauß	n. a.	n. a.	n. a.	n. a.	
944	Nat.-Wiss.	unbe-kannt	27.06.1938	Olbers	Werner	n. a.	n. a.	Breitenstein	
945	Nat.-Wiss.	unbe-kannt	27.06.1938	Schenkel	Gerhard	n. a.	n. a.	Schivelbein	in Pommern
946	Nat.-Wiss.	unbe-kannt	31.08.1938	Kriegel	William Wurth	n. a.	n. a.	Seattle	(Washington)
947	Nat.-Wiss.	unbe-kannt	03.12.1938	Aurich	Gerhard	n. a.	n. a.	Dresden	
948	Nat.-Wiss.	unbe-kannt	03.12.1938	Steuer	Erhard	n. a.	n. a.	Neustadt a.d.H.	
949	Fakultät II	17.12.1938	17.12.1938	Jordan	Kurt	Bau-Ing.	n. a.	Oppeln	Buch II
950	Nat.-Wiss.	unbe-kannt	19.12.1938	Ehrhorn	Hans-Joachim	n. a.	n. a.	Hannover	
951	Quelle I	unbe-kannt	22.12.1938	Kohler	Max	n. a.	n. a.	n. a.	
952	Quelle I	unbe-kannt	22.12.1938	Lamm	Maximi-lian	n. a.	n. a.	n. a.	
953	Fakultät II	22.12.1938	22.12.1938	Thun	Herbert	Bau-Ing.	n. a.	Langenfelde	Buch II
954	Quelle I	unbe-kannt	1939	Oldenhage	Otto	n. a.	n. a.	n. a.	
955	Quelle I	unbe-kannt	1939	Schröder	Wilhelm	n. a.	n. a.	n. a.	
956	Quelle I	unbe-kannt	1939	Wien	Günther	n. a.	n. a.	n. a.	
957	Quelle I	unbe-kannt	1939	Trittel	Adolf	n. a.	n. a.	n. a.	
958	Quelle I	unbe-kannt	1939	Beilfuß	Siegfried	n. a.	n. a.	n. a.	
959	Quelle I	unbe-kannt	1939	Koeltzsch	R.	n. a.	n. a.	n. a.	
960	Quelle I	unbe-kannt	1939	Sissingk	n. a.	n. a.	n. a.	n. a.	
961	Quelle I	unbe-kannt	1939	Buch	Alfred	n. a.	n. a.	n. a.	
962	Fakultät II	unbe-kannt	1939	Ide	Adolf	n. a.	n. a.	Osnabrück	
963	Fakultät II	unbe-kannt	1939	Albert	Karl	n. a.	n. a.	Saarbrücken	
964	Quelle I	unbe-kannt	07.01.1939	Gese	August	n. a.	n. a.	n. a.	

965	Fakultät II	18.01. 1939	18.01. 1939	Vogt	Helmut	Bau-Ing.	n. a.	Kius/Schleswig	Buch II
966	Nat.-Wiss.	unbe-kannt	23.01. 1939	Vetterlein	Pascal	n. a.	n. a.	Darmstadt	
967	Nat.-Wiss.	unbe-kannt	11.02. 1939	Hesse	Franz	n. a.	n. a.	Solingen	
968	Quelle I	unbe-kannt	20.02. 1939	Sieber	Werner	n. a.	n. a.	n. a.	
969	Nat.-Wiss.	unbe-kannt	20.02. 1939	Billig	Reinhold	n. a.	n. a.	Warschau	
970	Nat.-Wiss.	unbe-kannt	20.02. 1939	Wiesemann	Wolfgang	n. a.	n. a.	Erfurt	
971	Quelle I	unbe-kannt	22.02. 1939	Koch	Walter	n. a.	n. a.	n. a.	
972	Nat.-Wiss.	unbe-kannt	27.02. 1939	Maeß	Robert	n. a.	n. a.	Berlin	
973	Fakultät II	21.04. 1939	21.04. 1939	Meise	Willi	Bau-Ing.	n. a.	Günnigfeld	Buch II
974	Fakultät II	28.04. 1939	28.04. 1939	Mecke	Wilhelm	Bau-Ing.	n. a.	Hannover	Buch II
975	Quelle I	unbe-kannt	29.04. 1939	Tardel	Kurt	n. a.	n. a.	n. a.	
976	Nat.-Wiss.	unbe-kannt	15.05. 1939	Köcher	Adolf	n. a.	n. a.	Halle	
977	Nat.-Wiss.	unbe-kannt	15.05. 1939	Lange	Günther	n. a.	n. a.	Hildesheim	
978	Nat.-Wiss.	unbe-kannt	22.05. 1939	Hechler	Georg	n. a.	n. a.	Braunschweig	
979	Fakultät II	05.06. 1939	05.06. 1939	Schülke	Erich	Bau-Ing.	n. a.	Bromberg	Buch II
980	Quelle I	unbe-kannt	10.06. 1939	Frölich	Kurt	n. a.	n. a.	n. a.	
981	Quelle I	unbe-kannt	15.06. 1939	Brückner	Paul	n. a.	n. a.	n. a.	
982	Quelle I	unbe-kannt	21.06. 1939	Lammerz	Ernst	n. a.	n. a.	n. a.	
983	Nat.-Wiss.	unbe-kannt	27.06. 1939	Stühmer	Werner	n. a.	n. a.	Hannover	
984	Fakultät II	05.07. 1939	05.07. 1939	M. Sc.	Ho Pang-Yung	Bau-Ing.	n. a.	Shensi, China	Buch II
985	Fakultät II	11.07. 1939	11.07. 1939	I. C. Lo	Yun-Pin	Bau-Ing.	n. a.	Fengchen, China	Buch II
986	Nat.-Wiss.	unbe-kannt	14.07. 1939	Mathiesen	Infried	n. a.	n. a.	St. Petersburg	
987	Quelle I	unbe-kannt	15.07. 1939	Broer	Franz	n. a.	n. a.	n. a.	
988	Nat.-Wiss.	unbe-kannt	18.07. 1939	Rink	Anneliese	n. a.	n. a.	Hannover	
989	Quelle I	unbe-kannt	20.07. 1939	Stohler	Karl	n. a.	n. a.	n. a.	
990	Nat.-Wiss.	unbe-kannt	24.07. 1939	Lauenstein	Heinrich	n. a.	n. a.	Dortm.-Wickede	
991	Nat.-Wiss.	unbe-kannt	24.07. 1939	Edler	Emil	n. a.	n. a.	Hamburg	
992	Quelle I	unbe-kannt	21.09. 1939	Nolte	Heinrich	n. a.	n. a.	n. a.	
993	Quelle I	unbe-kannt	21.09. 1939	Grave	Hans Ferd.	n. a.	n. a.	n. a.	
994	Quelle I	unbe-kannt	06.10. 1939	Scheller	Heinr.	n. a.	n. a.	n. a.	
995	Nat.-Wiss.	unbe-kannt	20.11. 1939	Witt	Ernst	n. a.	n. a.	Solothurn	(Schweiz)
996	Nat.-Wiss.	unbe-kannt	20.11. 1939	Köster	Heinrich	n. a.	n. a.	Dortm.-Mengede	
997	Nat.-Wiss.	unbe-kannt	30.11. 1939	Rohlffs	Gerhard	n. a.	n. a.	Bochum	
998	Quelle I	unbe-kannt	14.12. 1939	Pohlmann	Karl	n. a.	n. a.	n. a.	
999	Nat.-Wiss.	unbe-kannt	19.12. 1939	Albrecht	Alfred	n. a.	n. a.	Pinneberg	
1000	Quelle I	unbe-kannt	1940	Pechstein	n. a.	n. a.	n. a.	n. a.	
1001	Quelle I	unbe-kannt	01.19 40	Kottenmeier	Eduard	n. a.	n. a.	n. a.	

1002	Nat.-Wiss.	unbe-kannt	12.01. 1940	Ziegler	Wolfgang	n. a.	n. a.	Dortmund	
1003	Quelle I	unbe-kannt	17.02. 1940	Sennheiser	Fritz	n. a.	n. a.	n. a.	
1004	Nat.-Wiss.	unbe-kannt	11.03. 1940	Göing	Wilhelm	n. a.	n. a.	Aachen	
1005	Quelle I	unbe-kannt	12.03. 1940	Engels	Heinrich	n. a.	n. a.	n. a.	
1006	Fakultät II	16.03. 1940	16.03. 1940	Domke	Helmuth	Bau-Ing.	n. a.	Aachen	Buch II
1007	Quelle I	unbe-kannt	19.03. 1940	Frohme	Hans Ludw.	n. a.	n. a.	n. a.	
1008	Quelle I	unbe-kannt	12.04. 1940	Koch	Hans Erich	n. a.	n. a.	n. a.	
1009	Quelle I	unbe-kannt	10.05. 1940	Mense	Ludger	n. a.	n. a.	n. a.	
1010	Fakultät II	27.06. 1940	27.06. 1940	Naschold	Günter	Bau-Ing.	n. a.	Viersen	Buch II
1011	Nat.-Wiss.	unbe-kannt	12.07. 1940	Deuker	Ernst-August	n. a.	n. a.	W'tal-Langerfeld	
1012	Nat.-Wiss.	unbe-kannt	15.07. 1940	Zehle	Fritz	n. a.	n. a.	Gommern	(Magdeburg)
1013	Fakultät II	18.07. 1940	18.07. 1940	Schütte	Hermann	Bau-Ing.	n. a.	Kalkutta	Buch II
1014	Quelle I	unbe-kannt	22.07. 1940	Walkenhorst	Wilh.	n. a.	n. a.	n. a.	
1015	Quelle I	unbe-kannt	24.09. 1940	Warnecke	Heinr.	n. a.	n. a.	n. a.	
1016	Fakultät II	unbe-kannt	18.10. 1940	Flasshof	R.G.	n. a.	n. a.	Dortmund-Hörde	
1017	Fakultät II	09.12. 1940	09.12. 1940	Schröder	Karl	Bau-Ing.	n. a.	Charozysk, Russland	Buch II
1018	Fakultät II	10.12. 1940	10.12. 1940	Petrikat	Kurt	Bau-Ing.	n. a.	Szibben	Buch II
1019	Nat.-Wiss.	unbe-kannt	18.12. 1940	Barttlingck	Hermann	n. a.	n. a.	Westeregeln	
1020	Quelle I	unbe-kannt	18.12. 1940	Briechle	Josef	n. a.	n. a.	n. a.	
1021	Quelle I	unbe-kannt	20.12. 1940	Henrich	Hans Ernst	n. a.	n. a.	n. a.	
1022	Quelle I	unbe-kannt	20.12. 1940	Lau	Hermann	n. a.	n. a.	n. a.	
1023	Quelle I	unbe-kannt	21.12. 1940	Müller	Max	n. a.	n. a.	n. a.	
1024	Fakultät II	21.12. 1940	21.12. 1940	Faure	Bodo	Bau-Ing.	n. a.	Franzenshütte	Buch II
1025	Fakultät II	unbe-kannt	1941	Meyer	Werner	n. a.	n. a.	München	
1026	Nat.-Wiss.	unbe-kannt	29.01. 1941	Teichmann	Hermann	n. a.	n. a.	Uelzen	
1027	Fakultät II	20.03. 1940	20.03. 1941	Mecklenburg	Gerhard	Bau-Ing.	n. a.	Hannover	Buch II
1028	Fakultät II	unbe-kannt	24.03. 1941	Darmer	Fr. W. K.	n. a.	n. a.	Hannover	
1029	Fakultät II	unbe-kannt	25.03. 1941	Steinbrink	Ernst August	n. a.	n. a.	Hannover	
1030	Nat.-Wiss.	unbe-kannt	28.03. 1941	Rowedder	Gustav	n. a.	n. a.	Neumünster	
1031	Nat.-Wiss.	unbe-kannt	19.05. 1941	Karbaum	Curt-Günther	n. a.	n. a.	Celle	
1032	Nat.-Wiss.	unbe-kannt	21.05. 1941	Roböle	Sigurd	n. a.	n. a.	Ö. Slidre	(Norwegen)
1033	Nat.-Wiss.	unbe-kannt	07.07. 1941	Langguth	Wilhelm	n. a.	n. a.	Kleinwangen	Kreis Querfurt
1034	Fakultät II	unbe-kannt	14.07. 1941	Petermeise	Paul	n. a.	n. a.	Erfurt	
1035	MBP[439]	unbe-kannt	16.07. 1941	Pollack	Otto	n. a.	n. a.	Bremen	
1036	MW-ET.[440]	unbe-kannt	25.07. 1941	Griese	Hans Joachim	n. a.	n. a.	n. a.	Buch III[441]

439 Anm.: Laut Promotionsbuch der Fakultät für Maschinenbau der TH Hannover, aufgefunden im Archiv der Fakultät für Maschinenbau der LUH.

1037	MBP	unbe-kannt	06.10.1941	Bradstein	Wilhelm	n. a.	n. a.	Lübeck	
1038	Nat.-Wiss.	unbe-kannt	15.10.1941	Zumbusch	Maria	n. a.	n. a.	Münster i.W.	
1039	Nat.-Wiss.	unbe-kannt	15.10.1941	Faller	Friedrich Emil	n. a.	n. a.	Kref.-Uerdingen	
1040	Nat.-Wiss.	unbe-kannt	27.10.1941	Stute	Karl Waldemar	n. a.	n. a.	Benthe	(Hannover)
1041	Nat.-Wiss.	unbe-kannt	27.10.1941	Jonassen	Rolf	n. a.	n. a.	Seelze/Hannover	
1042	Nat.-Wiss.	unbe-kannt	17.11.1941	Wiegand	Paul	n. a.	n. a.	Oelsburg	(Kreis Peine)
1043	MBP	unbe-kannt	13.12.1941	Wendland	Fritz	n. a.	n. a.	Bremen	
1044	Fakultät II	17.01.1942	17.01.1942	Nagel	Heinrich	Bau-Ing.	n. a.	Hannover	Buch II
1045	MBP	unbe-kannt	02.02.1942	Eber	Gerhard	n. a.	n. a.	Probstdeuben	(b. Leipzig)
1046	MBP	unbe-kannt	09.02.1942	Böhle	Fritz	n. a.	n. a.	Altenvörde i.W.	
1047	Fakultät II	25.02.1942	22.02.1942	Liebs	Wilhelm	Bau-Ing.	n. a.	Köthen, Anhalt	Buch II
1048	MBP	unbe-kannt	07.03.1942	Kremp	Rudolf	n. a.	n. a.	Forbach i. Lothr.	
1049	Fakultät II	09.03.1942	09.03.1942	Langer	Hermann	Bau-Ing.	n. a.	Wien	Buch II
1050	Nat.-Wiss.	unbe-kannt	11.03.1942	Radbruch	Günther	n. a.	n. a.	Abtshagen	
1051	Nat.-Wiss.	unbe-kannt	11.03.1942	Fahlbusch	Karl Georg	n. a.	n. a.	Dortmund	
1052	Fakultät II	02.06.1942	02.06.1942	Saliger	Felix	Bau-Ing.	n. a.	Wien	Buch II
1053	Fakultät II	04.06.1942	04.06.1942	Fickert	Kurt	Bau-Ing.	n. a.	Dresden	Buch II
1054	MW-ET.	unbe-kannt	19.06.1942	Stejskal	Franz	n. a.	n. a.	Klein-Schwein-barth, N.D.	Buch III
1055	Nat.-Wiss.	unbe-kannt	24.06.1942	Jaeschke	Hubert	n. a.	n. a.	Hannover	
1056	MW-ET.	unbe-kannt	10.07.1942	Schmidt	Kurt	n. a.	n. a.	Hannover	Buch III
1057	Nat.-Wiss.	unbe-kannt	24.07.1942	Kaupmann	Wilhelm	n. a.	n. a.	Lennep, Rhld.	
1058	Nat.-Wiss.	unbe-kannt	24.07.1942	von Osten	Horst	n. a.	n. a.	Neudorf, Posen	
1059	Fakultät II	unbe-kannt	24.07.1942	Thormählen	Franz	n. a.	n. a.	Hannover	
1060	Nat.-Wiss.	unbe-kannt	29.07.1942	Rudbach	Wolfgang	n. a.	n. a.	Kara Uzjak	(Russland)
1061	Fakultät II	05.10.1942	05.10.1942	Knop	Erich	Bau-Ing.	n. a.	Boffzen	Buch II
1062	Fakultät II	20.10.1942	20.10.1942	Schlieper	Karl	Bau-Ing.	n. a.	Remscheid	Buch II
1063	Fakultät II	27.10.1942	27.10.1942	Spierling	Heinrich	Bau-Ing.	n. a.	Welda i.W.	Buch II
1064	Fakultät II	unbe-kannt	02.11.1942	Brand	Alfons	n. a.	n. a.	Worms	
1065	Fakultät II	unbe-kannt	02.11.1942	Stüber	Gerd	n. a.	n. a.	Herford	
1066	Fakultät II	unbe-kannt	14.11.1942	Lembrück	Manfred	n. a.	n. a.	Berlin-Charlottenburg	
1067	MBP	unbe-kannt	30.11.1942	Almers	Heinz	n. a.	n. a.	n. a.	
1068	MBP	unbe-kannt	14.12.1942	Brummer	Paul	n. a.	n. a.	Tuttlingen	
1069	MBP	unbe-kannt	14.12.1942	Henning	Alfred	n. a.	n. a.	Grevelsberg i.W.	
1070	Nat.-Wiss.	unbe-kannt	20.01.1943	Ferling	Friedr. August	n. a.	n. a.	Hannover	

[440] Anm.: Laut Buch II „*Maschinenwesen, Abt. E-Technik*".

[441] Anm.: Laut Promotionsbuch E-Technik, aufgefunden im Archiv der Fakultät für Bau-Ingenieurswesen und Geodäsie.

1071	MBP	unbe-kannt	22.02. 1943	Lütgebrune	Hans	n. a.	n. a.	Göttingen	
1072	Nat.-Wiss.	unbe-kannt	31.03. 1943	Prange	Else	n. a.	n. a.	Wunstorf	
1073	MW-ET.	unbe-kannt	31.03. 1943	Glubrecht	Hellmut	n. a.	n. a.	Neisse	Buch III
1074	MBP	unbe-kannt	03.04. 1943	Berger	Günther	n. a.	n. a.	Remscheid	
1075	MBP	unbe-kannt	04.05. 1943	Schaper	Gerhard	n. a.	n. a.	Braunschweig	
1076	Bau-Ing.[442]	17.05. 1943	ent-fällt	Haenicke	Dr.	Bau-Ing.	n. a.	Wangen/üb. Radolfzell	Buch II
1077	MW-ET.	unbe-kannt	29.05. 1943	Bernhardt	Friedrich	n. a.	n. a.	Geestemünde	Buch III
1078	Nat.-Wiss.	unbe-kannt	31.05. 1943	Igloffstein	Arthur	n. a.	n. a.	Dortmund	
1079	Nat.-Wiss.	unbe-kannt	02.06. 1943	Imhäuser	Hubert	n. a.	n. a.	Olpe i. W.	
1080	Fakultät II	unbe-kannt	03.07. 1943	Mewes	Hermann	n. a.	n. a.	Lindern	Kreis Sulingen
1081	MBP	unbe-kannt	03.07. 1943	Schnabbe	Rudolf	n. a.	n. a.	Essen	
1082	Nat.-Wiss.	unbe-kannt	14.07. 1943	Domann	Friedrich	n. a.	n. a.	Wiednitz	Oberlausitz
1083	Fakultät II	23.07. 1943	23.07. 1943	Rube	Kurt	Bau-Ing.	n. a.	Hannover	Buch II
1084	Nat.-Wiss.	unbe-kannt	28.07. 1943	Barabás	Josef	n. a.	n. a.	Brasso, Ungarn	
1085	MW-ET.	unbe-kannt	29.07. 1943	Thölke	Hans	n. a.	n. a.	Hannover	Buch III
1086	Fakultät II	unbe-kannt	12.11. 1943	Slawinski	Friedrich	n. a.	n. a.	Geiswald	(b. Siegen)
1087	Fakultät II	unbe-kannt	23.11. 1943	Pape	Bernhard	n. a.	n. a.	Hannover	
1088	Fakultät II	unbe-kannt	01.12. 1943	Tryti	Oddias	n. a.	n. a.	Bergen	(Norwegen)
1089	Nat.-Wiss.	unbe-kannt	15.12. 1943	Peter	Siegfried	n. a.	n. a.	Joachimsthal	(b. Ilmert)
1090	Nat.-Wiss.	unbe-kannt	21.12. 1943	Maurer	Werner	n. a.	n. a.	Biberach/Riss	
1091	MBP	unbe-kannt	22.12. 1943	de Vries	Gerhard	n. a.	n. a.	Emden	
1092	Fakultät II	09.02. 1944	09.02. 1944	Jebe	Hans	Bau-Ing.	n. a.	Bad Segeberg	Buch II
1093	MBP	unbe-kannt	29.02. 1944	Fröhlich	Karl	n. a.	n. a.	Eickel i.W.	
1094	MBP	unbe-kannt	06.03. 1944	Tetzlaff	Werner	n. a.	n. a.	Solingen	
1095	Nat.-Wiss.	unbe-kannt	08.03. 1944	Helmke	Curt	n. a.	n. a.	Hamburg	
1096	Fakultät II	unbe-kannt	15.03. 1944	Upmeyer	Dietrich	n. a.	n. a.	Hannover	
1097	Fakultät II	unbe-kannt	17.03. 1944	Diekmann	Walter	n. a.	n. a.	Düsseldorf	
1098	MBP	unbe-kannt	29.03. 1944	Pabst	Otto	n. a.	n. a.	Bremen	
1099	Nat.-Wiss.	unbe-kannt	19.04. 1944	Kozlik	Hans	n. a.	n. a.	Wien	
1100	Fakultät II	24.05. 1944	24.05. 1944	Willert	Robert	Bau-Ing.	n. a.	Weipert/Böhmen	Buch II
1101	Fakultät II	27.05. 1944	27.05. 1944	Kutscher	Wilhelm	Bau-Ing.	n. a.	Langenhagen	Buch II
1102	Fakultät II	22.06. 1944	22.06. 1944	Hillebrand	Dietrich	Bau-Ing.	n. a.	Hannover	Buch II
1103	MBP	unbe-kannt	22.06. 1944	Wielich	Adolf	n. a.	n. a.	Langenberg	(Rheinland)
1104	Nat.-Wiss.	unbe-kannt	21.07. 1944	Heyer	Willy	n. a.	n. a.	Dortmund	
1105	Fakultät II	28.07. 1944	28.07. 1944	Gwinner	Robert	Bau-Ing.	n. a.	Hohenplotz, Sudetengau	Buch II

[442] Anm.: Handschriftlich ergänzt um „*Dr.-Ing. habil.; kann zum Erwerb einer Lehrbefugnis zugelassen werden*".

1106	MW-ET.	unbekannt	02.08.1944	Giesen	Wilhelm	n. a.	n. a.	Vinn bei Mörs	Buch III
1107	Nat.-Wiss.	unbekannt	03.08.1944	Corell	Walter	n. a.	n. a.	Nürnberg	
1108	Bau-Ing.[443]	04.08.1944	Entfällt	Gruber	Ernst	Bau-Ing.	n. a.	Wien	Buch II
1109	Bau-Ing.[444]	07.08.1944	Entfällt	Bushorn (?)	Erich	Bau-Ing.	n. a.	Frankfurt/Main	Buch II
1110	MBP	unbekannt	05.08.1944	Bär	Siegfried	n. a.	n. a.	Frankfurt/Oder	
1111	Nat.-Wiss.	unbekannt	09.08.1944	Fries	Walter	n. a.	n. a.	Essen	
1112	Nat.-Wiss.	unbekannt	09.08.1944	Knust	Ernst	n. a.	n. a.	Lemmie	(Hannover)
1113	Nat.-Wiss.	unbekannt	11.12.1944	Bestian	Walter	n. a.	n. a.	Gremsheim	(Gandersheim)
1114	MW-ET.	unbekannt	14.12.1944	Hafkemeyer	Philipp	n. a.	n. a.	Osnabr.-Schinkel	Buch III
1115	Fakultät II	08.01.1945	08.01.1945	Lange	A.	Bau-Ing.	n. a.	Essen	Buch II
1116	MBP	unbekannt	23.02.1945	Ibert	Kurt	n. a.	n. a.	Schwedt	
1117	MBP	unbekannt	08.03.1945	Kowalski	Hellmut	n. a.	n. a.	Kleindembach	
1118	Nat.-Wiss.	unbekannt	26.09.1945	Gottschall	Harald	n. a.	n. a.	Hartberg	(Steiermark)
1119	Fakultät II	20.12.1945	21.12.1945	Schütte	Wolfgang	Bau-Ing.	n. a.	Hannover	Buch II

Anlage IV – Verzeichnis aller Dr.-Ing. E.h. an der TH Hannover bis 1945[445]

1. **20.06.1900**[446]: Würde verliehen an Prof. **Otto Mohr**, Geh. Reg. Rat (Dresden)[447].
2. **13.06.1901**: Würde verliehen an Prof. **Otto von Grove**, Geh. Reg. Rat (München).
3. **28.10.1901**: Würde verliehen an **Klaus Köpcke**, Geh. Rat (Dresden).
4. **12.01.1902**: Würde verliehen an Prof. Dr. **Wilhelm Hittorf**, Geh. Rat (Münster in Westfalen).
5. **07.01.1903**: Würde verliehen an Prof. **Julius Raschdorff**, Geh. Reg. Rat (Berlin).
6. **27.05.1905**: Würde verliehen an Prof. Dr. h.c. **Aurel Stodola** (Zürich).
7. **19.10.1905**: Würde verliehen an Prof. Dr. **Adolf Ritter von Baeyer**, Geh. Rat (München).
8. **10.11.1905**: Würde verliehen an **Friedrich August Großherzog von Oldenburg** (Oldenburg).
9. **25.05.1906**: Würde verliehen an Prof. **Johannes Otzen**, Geh. Reg. Rat (Berlin).
10. **25.05.1906**: Würde verliehen an **Johann Fülscher**, Geh. Ober-Baurat (Kiel).
11. **25.05.1906**: Würde verliehen an Ing. **Ernst Körting**, Direktor (Hannover).
12. **25.05.1906**: Würde verliehen an Prof. **Engelbert Anwald**, Geh. Hofrat (Karlsruhe).
13. **25.05.1906**: Würde verliehen an Prof. Dr. **Ludwig Burmester** (München).
14. **23.04.1907**: Würde verliehen an Ing. **Ernst Haller**, Kommerzienrat (Hannover-Linden).
15. **31.07.1907**: Würde verliehen an **Peter Rehder**, Oberbaudirektor (Lübeck).
16. **03.12.1907**: Würde verliehen an Prof. **Karl Dolezalek**, Geh. Reg. Rat (Berlin und Harzburg am Harz).
17. **04.12.1908**: Würde verliehen an Dr. **Albrecht Heydenbauer**, Reg.- und Geh. Baurat (Berlin).
18. **24.03.1909**: Würde verliehen an Prof. **Rudolf Schöttler**, Geh. Hofrat (Braunschweig).
19. **28.06.1909**: Würde verliehen an **Ernst Schliess**, Geh. Kommerzienrat (Düsseldorf).
20. **28.06.1909**: Würde verliehen an Prof. a.D. Dr. **Karl Krauth**, Geh. Reg. Rat (Hannover).
21. **09.12.1909**: Würde verliehen an Prof. Dr. **Heinrich Precht**, Direktor (Neustaßfurt).
22. **09.12.1909**: Würde verliehen an Prof. Dr. Dr.-Ing. **A. Prinzborn**, Geh. Kommerzienrat (Hannover).
23. **09.12.1909**: Würde verliehen an Dr. **Eugen de Haën**, Fabrikbesitzer (Hannover).
24. **06.05.1910**: Würde verliehen an **Gerhard Lucas Meyer**, Geh. Kommerzienrat (Hannover).

[443] Anm.: Handschriftlich ergänzt um „*Dr.-Ing. habil.; Oberregierungs- und Baurat*".
[444] Anm.: Handschriftlich ergänzt um „*Dr.-Ing. habil.; Professor*".
[445] UniA Hannover, Hann. 146A, Acc. 62/81 Nr. 29, Hann. 146A, Acc. 64/81 Nr. 53, Verzeichnis der Ehrenbürger, Verzeichnis der Ehrendoktoren, Verzeichnis der Ehren-Senatoren.
[446] Anm.: Bei diesem Datum handelt es sich um das Datum der Entscheidung seitens der entsprechenden Gremien der TH Hannover; in der Regel wurde das Diplom zeitverzögert ausgestellt.
[447] Anm.: In Klammern (…) jeweils der Wohnsitz.

25. **22.06.1910**: Würde verliehen an **Karl Gölsdorf**, K.K. Ministerial- und Oberbaurat (Wien).
26. **10.10.1910**: Würde verliehen an **Heinrich Ehrhardt**, Geh. Baurat (Düsseldorf).
27. **10.07.1911**: Würde verliehen an **Roman Abt**, Präsident der Gotthardbahn (Luzern/Schweiz).
28. **09.12.1911**: Würde verliehen an Ingenieur **Hermann Fering** (Hamburg).
29. **21.03.1912**: Würde verliehen an Prof. a.D. Dr. **Koenen**, Geh. Bergrat (Göttingen).[448]
30. **11.06.1913**: Würde verliehen an Prof. a.D. **Wilhelm Riehn**, Geh. Reg. Rat (Hannover).
31. **20.10.1913**: Würde verliehen an Prof. a.D. **Hans Arnold**, Geh. Reg. Rat (Hannover).
32. **09.12.1913**: Würde verliehen an Prof. **Hugo Koch**, Geh. Baurat (Berlin).
33. **14.02.1914**: Würde verliehen an **C. Otto Gehrckens**, Fabrikbesitzer (Hamburg).
34. **26.03.1914**: Würde verliehen an **Otto Ge. Taaks**, Baurat (Hannover).
35. **22.05.1914**: Würde verliehen an Dr. jur. **Karl Georg Barkhausen**, Senator und Bürgermeister (Bremen).
36. **30.09.1914**: Würde verliehen an Dr. jur. **Richard von Wentzel**, Oberpräsident a.D., Wirkl. Geh. Rat (Cassel).
37. **19.10.1914**: Würde verliehen an **Hans Hartwig von Beseler**, General der Inf. (Berlin).
38. **25.01.1915**: Würde verliehen an **Karl von Hünstermann**, Wirkl. Geh. Oberbaurat (Berlin und Wilmersdorf).
39. **15.07.1915**: Würde verliehen an **Adolf Müller**, Direktor (Berlin).
40. **23.03.1916**: Würde verliehen an **Oskar Wolff**, Geschäftsführer der Firma Wolff (Walsrode).
41. **02.11.1916**: Würde verliehen an **E. Suling**, Wasserbaudirektor (Bremen).
42. **02.11.1916**: Würde verliehen an **Joh. Fried. Bubendey**, Geh. Baurat, Wasserbaudirektor (Hamburg).
43. **19.04.1917**: Würde verliehen an **Karl Schmidt**, Geh. Baurat (Dresden).
44. **17.12.1917**: Würde verliehen an **Ernst Klein**, Kommerzienrat (Dählbruch).
45. **18.02.1918**: Würde verliehen an Prof. **Fritz Wolff**, Geh. Baurat (Berlin).
46. **28.06.1918**: Würde verliehen an **Friedrich Herr**, Geh. Oberbaurat (Berlin-Steglitz).
47. **30.09.1918**: Würde verliehen an ord. Prof. Dr. Dr.-Ing. **Hans Buntz**, Geh. Rat (Karlsruhe).
48. **04.07.1919**: Würde verliehen an **Paul von Beneckendorf und von Hindenburg**, Generalfeldmarschall (Berlin und Hannover).
49. **16.12.1920**: Würde verliehen an **Paul Eluwig**, Ministerialdirektor (Schwerin).
50. **16.12.1920**: Würde verliehen an Ing. **Albert Würth**, Generaldirektor (Hannover).
51. **12.01.1921**: Würde verliehen an **Ludwig Wendemuth**, Wasserbaudirektor (Hamburg).
52. **12.01.1921**: Würde verliehen an **Anselm Bock**, Senator und Stadtbaurat (Hannover).
53. **12.01.1921**: Würde verliehen an **Maximilian Kempner**, Geh. Justizrat (Berlin).
54. **20.04.1921**: Würde verliehen an **Richard Lindenberg**, Generaldirektor (Baden-Baden).
55. **20.04.1921**: Würde verliehen an **Siegmund Seligmann**, Direktor, Geh. Kommerzienrat (Hannover).
56. **01.06.1921**: Würde verliehen an Prof. Dr.-Ing. **Conrad Matschoss** (Berlin).
57. **22.06.1921**: Würde verliehen an Prof. **Arthur Lüdicke**, Geh. Hofrat (Braunschweig).
58. **22.06.1921**: Würde verliehen an **Ernst Stahmer**, Generaldirektor (Georgsmarienhütte).
59. **22.06.1921**: Würde verliehen an **Heinrich Kress**, Direktor (Berlin).
60. **22.06.1921**: Würde verliehen an Prof. **Karl Hofmann**, Geh. Oberbaurat (Darmstadt).
61. **26.10.1921**: Würde verliehen an **Friedrich Schultze**, Geh. Oberbaurat (Berlin).
62. **06.07.1922**: Würde verliehen an **Erich Metzeltin**, Direktor, Baurat (Hannover).
63. **14.07.1922**: Würde verliehen an o. Prof. **Bruno Schulz**, Geh. Reg. Rat (Berlin).
64. **27.07.1922**: Würde verliehen an Dr. phil. **Heinrich Müller**, Fabrikdirektor (Kalkberge/Mark).
65. **25.10.1922**: Würde verliehen an **Hermann Frahm**, Direktor (Hamburg).
66. **15.11.1922**: Würde verliehen an Prof. Dr. **Franz Siedentopf** (Jena).
67. **22.03.1923**: Würde verliehen an **Heinrich Lübken**, Geh. Oberbaurat (Berlin).
68. **22.03.1923**: Würde verliehen an ord. Prof. **Emil Högg** (Radebeul bei Dresden).
69. **19.04.1923**: Würde verliehen an **Otto Steinhoff**, Direktor, Reg. Baumeister a.D. (Blankenburg).
70. **09.10.1923**: Würde verliehen an Dr. phil. **Karl Goldschmidt**, Kommerzienrat (Seeheim).
71. **18.10.1923**: Würde verliehen an **Alexander Koch**, Hofrat (Darmstadt).
72. **18.12.1923**: Würde verliehen an Dr. jur., med. h.c., Dr.-Ing. E.h. **Wilhelm Liebrecht**, Baurat, Geh. Reg. Rat, Vorsitzender der Landesversicherungsanstalt Hannover und des Landesvereins für Volkswohlfahrt (Hannover).
73. **18.12.1923**: Würde verliehen an **Alfred Hausding**, Geh. Reg. Rat (Nikolassee bei Berlin).
74. **05.02.1924**: Würde verliehen an Dr. phil. **Hermann Passarvant**, Direktor (Berlin).
75. **05.02.1924**: Würde verliehen an **Albert Rannvarth**, Generaldirektor (Hamburg).
76. **04.03.1924**: Würde verliehen an **Heinrich Tramm**, Stadtdirektor a.D. (Hannover).
77. **04.03.1924**: Würde verliehen an ord. Prof. an der TH München Dr. **Walter Ritter von Dÿck**, Geh. Rat (München).
78. **20.03.1924**: Würde verliehen an **Martin Hölken d. Ä.**, Fabrikbesitzer (Barmen).

[448] Anm.: Kein Vorname angegeben, auch nicht in den Originalschriftverkehren.

79. **14.06.1924**: Würde verliehen an **Jakob Kleÿmans**, Generaldirektor (Recklinghausen).
80. **24.06.1924**: Würde verliehen an **Willy Zander**, Elbstrombaudirektor (Magdeburg).
81. **24.06.1924**: Würde verliehen an Karl **Wilhelm Hiersemann**, Verleger, Antiquar (Leipzig).
82. **19.07.1924**: Würde verliehen an **Walter Hildesbrand**, Direktor und Besitzer der Werkstätten für wissenschaftliche Präzisionsmechanik (Freiberg in Sachsen).
83. **16.03.1926**: Würde verliehen an Prof. Dr. phil. **Friedrich Rinne**, königl. Hofrat, Preuß. Geh. Reg. Rat (Leipzig).
84. **16.03.1926**: Würde verliehen an Dipl.-Ing. **Otto Klein**, Direktor (Magdeburg und Hannover-Wülfel).
85. **13.07.1926**: Würde verliehen an Prof. Dr. **Georg Merlin** (Wokern und Benshain an der Bergstraße).
86. **18.12.1926**: Würde verliehen an Prof. **Alexander Baumann** (Stuttgart).
87. **01.02.1927**: Würde verliehen an **Carl Brensing**, Wirklicher Geh. Oberbaurat, Ministerialdirektor (Berlin).
88. **12.02.1927**: Würde verliehen an Prof. Dr. **Adolf Windaus** (Göttingen).
89. **23.02.1927**: Würde verliehen an **Karl Thalenhorst**, Senator (Bremen).
90. **16.03.1927**: Würde verliehen an Honorarprofessor Dr. **Albrecht Haupt**, Geh. Baurat (Hannover).
91. **29.04.1927**: Würde verliehen an **Martin Donatus Ferdinand Donandt**, Bürgermeister (Bremen).
92. **24.05.1927**: Würde verliehen an **Oswald Erlinghagen**, Direktor der Friedr. Krupp AG Friedrich-Alfred-Hütte (Rheinhausen).
93. **24.05.1927**: Würde verliehen an **Eduard Cramer**, Vorstandsmitglied des Laboratoriums für Tonindustrie (Berlin).
94. **01.05.1928**: Würde verliehen an o. Prof. an der TH Dresden **Karl Kutzbach** (Dresden).
95. **01.05.1928**: Würde verliehen an o. Prof. an der TH Danzig Dr. **Alfred Wohl**, Geh. Reg. Rat (Danzig).
96. **15.06.1928**: Würde verliehen an **Johannes Gährs**, Ministerialdirektor im Reichsverkehrsministerium (Berlin).
97. **06.11.1928**: Würde verliehen an **Eduard Schellerwald**, Techn. Direktor des Werkes Brückenbau E. H. Jucho (Dortmund und Berlin).
98. **15.11.1928**: Würde verliehen an **Wilhelm Stein**, Erster Direktor der Hamburg Hochbahn, Reg.-Baumeister a.D. (Hamburg).
99. **31.01.1929**: Würde verliehen an o. Prof. an der Universität in Kapstadt Dr. **Hermann Rohle** (Kapstadt).
100. **31.01.1929: Würde verliehen an Max Krone, Generaldirektor (Dortmund).**[449]
101. **05.03.1929**: Würde verliehen an Prof. **Walther Gropius** (Berlin).[450]
102. **22.06.1929**: Würde verliehen an **Nicolaus Jungeblut**, Generaldirektor (Charlottenburg).
103. **25.06.1929**: Würde verliehen an ord. Prof. Dr. **Max Bodenstein** (Berlin).
104. **25.06.1929: Würde verliehen an Dr. Artur Eichengrün, Direktor der Cellon-Werke (Berlin).**[451]
105. **25.06.1929**: Würde verliehen an **Hermann Tonnemacher**, Direktor (Berlin-Lichterfelde).
106. **19.07.1929**: Würde verliehen an Dr.-Ing. E.h. **Friedrich Suckow**, Geh. Finanzrat, Ministerialrat (Berlin).
107. **19.07.1929**: Würde verliehen an Prof. **Alfred Fischer**, Direktor der Kunstgewerbeschule (Essen).
108. **19.07.1929**: Würde verliehen an **Adolf Scheidt**, Staatssekretär im Preuß. Ministerium für Volkswohlfahrt (Berlin).
109. **30.10.1929: Würde verliehen an ord. Prof. an der TH Danzig Albert Carsten, Geh. Reg. Rat (Danzig).**[452]
110. **04.03.1930**: Würde verliehen an **Friedrich Fuchs**, Reichsbahndirektor, Ministerialrat a.D. (Berlin-Zehlendorf).
111. **14.03.1930**: Würde verliehen an **Fritz Beindorff**, Kommerzienrat, Senator a.D. (Hannover).
112. **22.07.1930**: Würde verliehen an **Albert Theodor Haasemann**, Generaldirektor (Bremen).
113. **22.07.1930**: Würde verliehen an Privatdozent an der TH Berlin Prof. Ing. **Walther Andrae**, Direktor der Vorderasiatischen Abteilung der Staatlichen Museen (Berlin).
114. **12.05.1931**: Würde verliehen an Dr. **Friedrich Bergius**, Chemiker, Generaldirektor (Heidelberg).
115. **12.05.1931**: Würde verliehen an Prof. Dr. **Friedrich Paschen**, Präsident der Physikalisch-Technischen Reichsanstalt in Berlin (Berlin).
116. **12.05.1931**: Würde verliehen an Prof. Dr. **Hans Stille** (Göttingen und Berlin).
117. **12.05.1931**: Würde verliehen an **Hans Hertlein**, Reg.-Baumeister, Leiter des Baubüros des Siemens-Konzerns (Berlin-Charlottenburg).
118. **12.05.1931**: Würde verliehen an **Heinrich Tillmann**, Oberbaudirektor i.R. (Bremen).
119. **12.05.1931**: Würde verliehen an **Hermann Reyss**, Direktor, später Mitglied des Aufsichtsrates der Siemens-Schuckert-Werke (Berlin).
120. **12.05.1931**: Würde verliehen an **Otto Hermann Hartmann**, Direktor der Schmidt'schen Gußdampf-Gesellschaft (Kassel-Wilhelmshöhe).

[449] Zusatzvermerke: „*Gestrichen durch Rekt. Verfg. 29.5.33 – V. 1893 –.*" sowie: „*Gestorben lt. Mitlg. der Hochschulgem. v. 18.9.42.*"

[450] Zusatzvermerke: „*ausgewandert nach Chicago / Schöpfer des / (Bauhauses zu Dessau) / entartete Kunst / Chicago / Boston (USA) / Harward University*".

[451] Zusatzvermerk: „*Gestrichen*".

[452] Zusatzvermerk: „*Gestrichen U Schreiben v. 15.5.39 – No. 2401 – 39 – Akten I/10/b.*". Verliehen „*in Würdigung seiner langjährigen erfolgreichen Tätigkeit als akademischer Lehrer und seiner Verdienste um Erforschung und Weiterentwicklung der deutschen Baukunst*".

121. **12.05.1931**: Würde verliehen an Dipl.-Ing. **Max Ott**, Generaldirektor (Hannover).
122. **09.06.1931**: Würde verliehen an **Fritz Weissleder**, Direktor der Accumulatoren-Fabrik AG (Berlin-Lichterfelde).
123. **09.06.1931**: Würde verliehen an **Richard Platz**, Generaldirektor, Präsident der Industrie- und Handelskammer (Hannover).
124. **10.11.1931**: Würde verliehen an o. Prof. an der TH Berlin Dr. phil. **Otto Eggert** (Berlin-Dahlem).
125. **10.11.1931**: Würde verliehen an o. Prof. an der TH Darmstadt **Heinrich Kayser** (Darmstadt).
126. **15.02.1932**: Würde verliehen an Prof. **Robert Otzen**, Präsident des Staatlichen Materialprüfungsamtes, Geh. Reg. Rat (Berlin-Dahlem).
127. **09.07.1932**: Würde verliehen an Dr. phil. **Max von Popelius** (Sulzbach an der Saar).
128. **22.05.1933**: Würde verliehen an Dipl.-Ing. **Friedrich August Schulte-Drügge**, Direktor (Essen/Ruhr).
129. **25.04.1934**: Würde verliehen an Geh. Reg. Rat., Prof. an der TH Aachen **Adolf Wallichs** (Aachen).
130. **29.04.1934**: Würde verliehen an **Leonhart Goedhart**, Direktor (Düsseldorf).
131. **03.01.1935**: Würde verliehen an Dr. **Mathias Pier**, Direktor bei der I.G. Farbenindustrie (Heidelberg).
132. **04.12.1936**: Würde verliehen an Dipl.-Ing. **Juan Gantes** (Santiago/Chile).
133. **09.09.1940**: Würde verliehen an **Roberto Farinacci**, Kgl. Italienischer Staatsminister (Cremona/Italien).[453]
134. **07.10.1940**: Würde verliehen an Prof. in Bremen **Heinrich Focke**, Direktor der Fockewerke, (Delmenhorst).
135. **09.06.1942**: Würde verliehen an Ministerialdirektor **Werner Bergmann** (Berlin).

00.00.1913: Würde verliehen an **Wilhelm II., Deutscher Kaiser, König von Preußen, etc.** (Berlin).

Anlage V – Verzeichnis aller Ehrenbürger an der TH Hannover bis 1945

1. **17.12.1920**[454]: Ehrenbürgerwürde verliehen an D. Dr. Dr.-Ing. **Otto Naumann**, Ministerialdirektor, Wirkl. Geh. Rat (Berlin).
2. **21.06.1922**: Ehrenbürgerwürde verliehen an **Ernst Amme**, Kommerzienrat (Braunschweig).
3. **21.06.1922**: Ehrenbürgerwürde verliehen an **Wilhelm de Haën**, Kommerzienrat (Hannover).
4. **21.06.1922**: Ehrenbürgerwürde verliehen an Dr.-Ing. **Eduard Kux**, Direktor der Firma Gebr. Körting AG (Hannover).
5. **21.06.1922**: Ehrenbürgerwürde verliehen an Dr.-Ing. Dr.-Ing. E.h. **Justus ter Meer**, Direktor der Hannoverschen Maschinenbau AG vorm. Georg Egestorf (Hanomag) (München und Hannover).
6. **21.06.1922**: Ehrenbürgerwürde verliehen an **Emil Meÿer**, Geh. Kommerzienrat (Hannover).
7. **21.06.1922: Ehrenbürgerwürde verliehen an Heinrich Tiefers, Niederl. Konsul (Hannover).**
8. **21.06.1922**: Ehrenbürgerwürde verliehen an Dr.-Ing. E.h. **Otto Weinlig**, Generaldirektor der deutschen Werke AG (Berlin).
9. **01.07.1922**: Ehrenbürgerwürde verliehen an Dr.-Ing. E.h. **Paul Klaproth**, Kommerzienrat (Zürich).
10. **06.07.1922**: Ehrenbürgerwürde verliehen an **Albin Mittenzwei**, Direktor der Hannoverschen Maschinenbau AG vorm. Georg Egestorf (Hanomag) (Hannover).
11. **27.07.1912**: Ehrenbürgerwürde verliehen an Prof. Dr. Dr.-Ing. **Heinrich Precht** (Hannover).
12. **15.11.1922**: Ehrenbürgerwürde verliehen an **Adolf Prosang**, Generaldirektor der Wunstorfer Portlandzementfabrik (Wunstorf).
13. **19.12.1922**: Ehrenbürgerwürde verliehen an **Friedrich Kuhlemann**, Generaldirektor der Harburger Gummiwarenfabrik Phönix AG (Harburg).
14. **19.12.1922**: Ehrenbürgerwürde verliehen an Dr.-Ing. E.h. **Fritz Beindorff**, Kommerzienrat, Senator (Hannover).
15. **16.01.1923**: Ehrenbürgerwürde verliehen an Dr. jur. **Georg Wolff**, Reg. Rat a.D., Generaldirektor des Mitteldeutschen Braunkohlesydikates (Leipzig).
16. **16.01.1923**: Ehrenbürgerwürde verliehen an Dr.-Ing. **Gustav Fusch**, Direktor der Gebr. Körting AG (Hannover).
17. **26.06.1923**: Ehrenbürgerwürde verliehen an **Johann Eilers**, Fabrikbesitzer (Hannover).
18. **26.06.1923**: Ehrenbürgerwürde verliehen an **Louis Eilers**, Fabrikbesitzer (Hannover.
19. **26.06.1923**: Ehrenbürgerwürde verliehen an Dipl.-Ing. **Friedrich Fröhlich** (Berlin).
20. **26.06.1923**: Ehrenbürgerwürde verliehen an **Julius Isenstein**, Kommerzienrat (Hannover).
21. **26.06.1923**: Ehrenbürgerwürde verliehen an **Richard Platz**, Generaldirektor (Hannover).
22. **04.07.1923**: Ehrenbürgerwürde verliehen an o. Prof. Dr. **Conrad Müller** (Hannover).
23. **15.01.1924**: Ehrenbürgerwürde verliehen an **Willibald Liebe-Harkort**, Fabrikbesitzer (Harkorten bei Haspe in Westfalen).
24. **04.03.1924**: Ehrenbürgerwürde verliehen an **Karl August Schaefer**, Ingenieur (Hannover).[455]
25. **28.06.1924**: Ehrenbürgerwürde verliehen an Dr.-Ing. N.[456] **Brennecke**, Generaldirektor (Thale im Harz).
26. **28.06.1924**: Ehrenbürgerwürde verliehen an **Hendrik van Delden**, Fabrikbesitzer (Gronau in Westfalen).
27. **28.06.1924**: Ehrenbürgerwürde verliehen an Dr.-Ing. E.h. **Albert Schuler**, Fabrikbesitzer (Göppingen in Württemberg).
28. **28.06.1924**: Ehrenbürgerwürde verliehen an Dipl.-Ing **Max Wolf**, Direktor (Magdeburg-Buchau).
29. **28.06.1924**: Ehrenbürgerwürde verliehen an Hermann **Friedrich Weinlig**, Kaufmann (Capstadt in Südafrika).

[453] Vgl. hierzu Ausführungen in Kapitel 4.3.
[454] Anm.: Bei diesem Datum handelt es sich um das Datum der Entscheidung seitens der entsprechenden Gremien der TH Hannover; in der Regel wurde das Diplom zeitverzögert ausgestellt.
[455] Anm.: Nach 1945 noch zum Ehrensenator ernannt.
[456] Anm.: Vorname in den Unterlagen nicht überliefert.

30. **04.01.1925**: Ehrenbürgerwürde verliehen an Dr. jur., Dr. med. h.c. **Adolf Kriege**, Vizepräsident, Geh. Ober-Reg. Rat (Hannover).
31. **06.07.1925**: Ehrenbürgerwürde verliehen an **Albert Haasemann**, Direktor (Bremen).
32. **13.07.1926**: Ehrenbürgerwürde verliehen an ordentl. Prof. Dr. phil. Dr.-Ing. E.h. **Carl Runge**, Geh. Reg. Rat (Göttingen).
33. **06.10.1926**: Ehrenbürgerwürde verliehen an em. ordentl. Prof. Dr. Dr.-Ing. E.h. **Ludwig Kiepert**, Geh. Reg. Rat (Hannover).
34. **30.11.1926**: Ehrenbürgerwürde verliehen an **Eduard Holstein**, Reg.- und Baurat a.D. (Hannover).
35. **30.11.1926: Ehrenbürgerwürde verliehen an Max Krone, Generaldirektor (Dortmund).**[457]
36. **30.11.1926**: Ehrenbürgerwürde verliehen an **Adolf Oesterheld**, Fabrikant (Eichriede bei Wunstorf).
37. **28.06.1927**: Ehrenbürgerwürde verliehen an **Karl Le Hanne**, Generaldirektor (Uerdingen).
38. **30.06.1927**: Ehrenbürgerwürde verliehen an **Adolf Ergang**, Fabrikbesitzer, Ingenieur (Magdeburg).
39. **30.06.1927**: Ehrenbürgerwürde verliehen an **Wilhelm Riehländer**, Reg.-Baumeister a.D., Direktor der Köln-Bonner Eisenbahnen (Köln).
40. **10.11.1927: Ehrenbürgerwürde verliehen an Gustav Noske, Oberpräsident (Hannover).**[458]
41. **10.11.1927**: Ehrenbürgerwürde verliehen an **Christian Blank**, Landtagsabgeordneter, Ministerialrat (Hannover).[459]
42. **25.06.1929**: Ehrenbürgerwürde verliehen an **Julius Laufer**, Direktor (Berlin-Siemensstadt).
43. **11.10.1929**: Ehrenbürgerwürde verliehen an **Albert Haag**, Mitinhaber der Firma Becker und Haag (Berlin).
44. **03.01.1930**: Ehrenbürgerwürde verliehen an **Heinrich Becker**, Mitinhaber der Firma Becker und Haag (Berlin).
45. **03.01.1930**: Ehrenbürgerwürde verliehen an Dr.-Ing. E.h. **Robert Schmidt**, Verbandsdirektor (Essen).
46. **04.03.1930**: Ehrenbürgerwürde verliehen an **Fritz Weissleder**, Generaldirektor (Berlin).
47. **12.05.1931**: Ehrenbürgerwürde verliehen an **Martin von Campe**, Landeshauptmann (Hannover).
48. **12.05.1931**: Ehrenbürgerwürde verliehen an Dr. **Artur Menge**, Oberbürgermeister (Hannover).
49. **12.05.1931: Ehrenbürgerwürde verliehen an Dr. Kurt Finkenwirth, Syndikus (Hannover).**
50. **12.05.1931**: Ehrenbürgerwürde verliehen an Dr. **Waldemar Liebernickel**, Reg. Rat (Hannover).
51. **12.05.1931**: Ehrenbürgerwürde verliehen an **Otto Bollmann**, Bankdirektor (Hannover).
52. **12.05.1931**: Ehrenbürgerwürde verliehen an Dipl.-Ing. **Günter Schmidt**, Generaldirektor (Magdeburg).
53. **12.05.1931**: Ehrenbürgerwürde verliehen an Dipl.-Ing. **Franz Weber**, Direktor (Düsseldorf).
54. **12.05.1931**: Ehrenbürgerwürde verliehen an Dr.-Ing. E.h. **Albert Bannewarth**, Generaldirektor (Hamburg).
55. **12.05.1931**: Ehrenbürgerwürde verliehen an Dipl.-Ing. **Friedrich Schulz**, Fabrikbesitzer (Hannover).
56. **12.05.1931**: Ehrenbürgerwürde verliehen an **Karl Börgemann**, Architekt (Hannover).
57. **12.05.1931**: Ehrenbürgerwürde verliehen an **Fritz Linsenhoff**, Reg.-Baumeister a.D., Direktor (Hamburg).[460]
58. **12.05.1931**: Ehrenbürgerwürde verliehen an Dr.-Ing. E.h. **Gotthardt Schaper**, Reichsbahndirektor, Geh. Baurat (Berlin-Lichterfelde).
59. **12.05.1931**: Ehrenbürgerwürde verliehen an Prof. Dr.-Ing. Dr.-Ing. E.h. Dr. h.c. artis ingeniorum **Mirko Roš** (Zürich).[461]
60. **12.05.1931**: Ehrenbürgerwürde verliehen an Dr.-Ing. E.h. **Adolf Schulte**, Reg.-Baumeister a.D., Direktor (Braunschweig).
61. **21.12.1931**: Ehrenbürgerwürde verliehen an **Willi Tischbein**, Generaldirektor (Hannover).
62. **01.12.1931**: Ehrenbürgerwürde verliehen an Dipl.-Ing. **Artur Mauterer**, Direktor (Dortmund).
63. **01.12.1931**: Ehrenbürgerwürde verliehen an **Curt R. Vincentz**, Inhaber der Verlagsanstalt (Hannover).
64. **26.07.1932**: Ehrenbürgerwürde verliehen an **Gustav Windel**, Inhaber der Firma Hermann Windel (Windelsbleiche bei Bielefeld).
65. **30.04.1933**: Ehrenbürgerwürde, verliehen an Zivilingenieur **Ernst Brauns** (Hannover).
66. **01.05.1933** bzw. **15.11.1932**: Ehrenbürgerwürde verliehen an Dr.-Ing. E.h. **Wolfgang Reuter**, Generaldirektor (Duisburg).
67. **12.06.1933**: Ehrenbürgerwürde verliehen an em. o. Prof. Dr. phil. Dr. med. vet. h.c. Dr.-Ing. E.h. **Friedrich Quineke** (Hannover).
68. **08.11.1933**: Ehrenbürgerwürde verliehen an **Carl Knoche**, Generaldirektor (Duisburg.
69. **01.10.1934**: Ehrenbürgerwürde verliehen an em. o. Prof. Geh. Reg. Rat Dr. phil. Dr.-Ing. E.h. **Wilhelm Kohlrausch** (Hannover).
70. **30.09.1935**: Ehrenbürgerwürde verliehen an **Gustav Klee**, Amtmann i.R. (Hannover).
71. **31.03.1937**: Ehrenbürgerwürde verliehen an **Carl Müller**, Wasserbaudirektor (Hannover).
72. **12.05.1937**: Ehrenbürgerwürde verliehen an **Richard Hellmann**, Direktor der General Foods Cooperation (Harwood Building Scarsdall, New York, USA).
73. **30.09.1939**: Ehrenbürgerwürde verliehen an **Ole Mustadt**, Fabrikbesitzer (Oslo).
74. **16.09.1940**: Ehrenbürgerwürde verliehen an Dr. jur. **Albrecht Stalmann**, Präsident a.D. (Hannover).[462]
75. **16.09.1940**: Ehrenbürgerwürde verliehen an Dr. jur. **Erich Stier**, Regierungs-Vizepräsident, Bundesrichter (Kassel, später Münster).

---

[457] Zusatzvermerk: „*Gestrichen durch Rekt. Verfg.V. 1893 v. 29.5.33*".
[458] Zusatzvermerk: „*Gestrichen auf Grund des Erl. U I No. 32413 v. 12.08.1933*".
[459] Anm.: Nach 1945 noch zum Ehrensenator ernannt.
[460] Anm.: Nach 1945 noch zum Ehrensenator ernannt.
[461] Anm.: Nach 1945 noch zum Ehrensenator ernannt.
[462] Anm.: Nach 1945 noch zum Ehrensenator ernannt.

76. **16.09.1940**: Ehrenbürgerwürde verliehen an **Heinz Assbroicher**, Direktor (Hannover).
77. **16.09.1940**: Ehrenbürgerwürde verliehen an **Rudolf Diels**, Regierungspräsident (Hannover).
78. **16.09.1940**: Ehrenbürgerwürde verliehen an Dr. **Henricus Haltenhoff**, Oberbürgermeister (Hannover).
79. **01.01.1941**: Ehrenbürgerwürde verliehen an Dr. **Stephan Baron von Thyssen-Bornemisza** (Hannover, später New York).
80. **09.05.1941**: Ehrenbürgerwürde verliehen an **Johann Körting**, Direktor a.D. (Düsseldorf).
81. **05.01.1942**: Ehrenbürgerwürde verliehen an **Ernst Robert Grasdorf**, Fabrikbesitzer, Bauunternehmer (Hannover).[463]
82. **13.02.1942**: Ehrenbürgerwürde verliehen an **Ewald Hecker**, Präsident der IHK Hannover (Hannover).
83. **31.12.1942**: Ehrenbürgerwürde verliehen an Landgerichtsdirektor a.D. **Arnold Freyer** (Hannover).
84. **12.03.1945**: Ehrenbürgerwürde verliehen an Dr. rer. nat. h.c. **Richard Seifert** (Hamburg).[464]
85. **12.03.1945**: Ehrenbürgerwürde verliehen an **Ernst Beckmann**, Direktor (Essen).

18.09.1939: Ehrenbürgerwürde verliehen an Dipl.-Ing. N.[465] **Masson** (Montevideo/Uruguay).[466]

Anlage VI – Verzeichnis aller Ehrensenatoren an der TH Hannover bis 1945

1. **29.06.1930**[467]: Würde eines Ehrensenators verliehen an Dr.-Ing. E.h. **Otto Weinlig**, Generaldirektor a.D. (Burg Lede bei Beuel/Rhein).
2. **12.05.1931**: Würde eines Ehrensenators verliehen an Dr. phil. **Wilhelm de Haën**, Kommerzienrat (Hannover).
3. **12.05.1931**: Würde eines Ehrensenators verliehen an Dr. rer. pol. h.c. **Hendrik van Delden**, Fabrikbesitzer (Gronau in Westfalen).
4. **09.06.1931**: Würde eines Ehrensenators verliehen an o. Prof. Dr. **Conrad Meyer** (Hannover).
5. **21.12.1931**: Würde eines Ehrensenators verliehen an **Willi Tischbein**, Generaldirektor (Hannover).
6. **13.11.1937**: Würde eines Ehrensenators verliehen an Dipl.-Ing. **Friedrich Fröhlich**, Lehrbeauftragter (Berlin-Charlottenburg).
7. **14.02.1942**: Würde eines Ehrensenators verliehen an **Rudolf Diels**, Regierungspräsident (Hannover).
8. **14.02.1942**: Würde eines Ehrensenators verliehen an **Ewald Hecker**, Präsident der IHK Hannover (Hannover).

Bibliographische Angaben

Veröffentlichungen zu Aberkennungen und Entziehungen

- Christian **Abel**: Aberkennung von Doktorgraden an der Universität Rostock 1933-1945. BA-Arbeit Rostock 2008.
- **Akademischer Senat der Universität Wien** (Hrsg.): Untersuchungen zur anatomischen Wissenschaft in Wien 1938 - 1945. Senatsprojekt der Universität Wien. Wien 1998.
- Dirk **Alvermann**: Die Aberkennungen akademischer Grade an der Ernst-Moritz-Arndt-Universität Greifswald während der NS-Zeit und ihre Aufhebung 1945-66. In: Geschichtswerkstatt Rostock (Hrsg.): Zeitgeschichte regional. Mitteilungen aus Mecklenburg-Vorpommern. 2. Ausgabe, Rostock 2003, S. 14-23.
- Karen **Bayer** u.a.: Universitäten und Hochschulen im Nationalsozialismus und in der frühen Nachkriegszeit. Stuttgart 2004.
- Klaus **Borchard** (Hrsg.): Opfer nationalsozialistischen Unrechts an der Universität Bonn. Gedenkstunde anlässlich der 60. Wiederkehr der Reichspogromnacht, Bonn 1999.
- Michael **Breitbach**: Das Amt des Universitätsrichters an der Universität Gießen im 19. und 20. Jahrhundert. Zugleich ein Beitrag zu den Doktorentziehungsverfahren zwischen 1933 und 1945. In: Archiv für hessische Geschichte 59 (2001), S. 267-334.
- Albert **Carsten**: Die Gartenkunst und ihre Beziehungen zur Architektur. Rede zur Feier des Geburtstages Seiner Majestät des Kaisers und Königs – gehalten am 27. Januar 1912 – in der Aula der Königlichen Technischen Hochschule Danzig von Professor Baurat A. Carsten. Danzig 1912.
- Peter **Chroust**: Die bürokratische Verfolgung. Doktorgradentziehungen an der Universität Gießen 1933-1945 im Kontext der nationalsozialistischen Verfolgungspolitik, Gießen 2006.
- Peter **Chroust** (Hrsg.): Gießener Universität und Faschismus. Studenten und Hochschullehrer 1918-1945. (=Internationale Hochschulschriften), Münster und New York 1996.

[463] Anm.: Nach 1945 noch zum Ehrensenator ernannt.
[464] Anm.: Nach 1945 noch zum Ehrensenator ernannt.
[465] Anm.: Vorname in den Unterlagen nicht überliefert.
[466] Anm.: Verleihung nicht in der Zentralen Liste der Ehrenbürgerwürde dokumentiert.
[467] Anm.: Bei diesem Datum handelt es sich um das Datum der Entscheidung seitens der entsprechenden Gremien der TH Hannover; in der Regel wurde das Diplom zeitverzögert ausgestellt.

- Henrik **Eberle**: Die Martin-Luther-Universität in der Zeit des Nationalsozialismus 1933-1945, Druckmanuskript Halle 2002.
- Michael **Egger**: Österreichische WissenschaftlerInnen in der Emigration in der Türkei von 1933 bis 1946. Diplomarbeit zur Erlangung des akademischen Grades eines Magisters der Philosophie an der Geisteswissenschaftlichen Fakultät der Karl-Franzens-Universität Graz, Graz 2010.
- Johannes **Feichtinger**: Wissenschaft zwischen den Kulturen. Österreichische Hochschullehrer in der Emigration 1933–1945. Frankfurt/M. und New York 2001.
- Rüdiger **Fleiter**: Stadtverwaltung im Dritten Reich. Verfolgungspolitik auf kommunaler Ebene am Beispiel Hannovers. Hannover 2007.
- Ernst **Fraenkel**: Der Doppelstaat. Frankfurt/M. und Köln 1974.
- Adriane **Feustel** und Gerd **Koch** (Hrsg.): 100 Jahre Soziales Lehren und Lernen. Von der Sozialen Frauenschule zur Alice Salomon Hochschule Berlin 2008.
- Ralf **Forsbach**: „Des Tragens eines deutschen akademischen Grades unwürdig". Der Entzug von Doktorgraden während des Nationalsozialismus und die Rehabilitierung der Opfer am Beispiel der Universität Bonn, in: Rheinische Vierteljahrsblätter, Bd. 67 (2003), S. 284–299.
- Andreas **Göller**: Praxis-Theorie-Innovation: Zur Geschichte der Elektrotechnik an der TH Darmstadt 1882-1945, in: Archiv für hessische Geschichte und Altertumskunde, Bd. 65 (2007), S. 165-198.
- Horst **Gröppinger**: Juristen jüdischer Abstammung im Dritten Reich. Entrechtung und Verfolgung. München 1990.
- Michael **Grüttner**: Studenten im Dritten Reich. Paderborn 1995.
- Diana **Gruner**: Jüdische Studenten an der Universität Leipzig im Zeitraum 1830-1938. Diplomarbeit, Manuskript. Leipzig 1991.
- Susanne **Hahn**: Zum Schicksal jüdischer Ärzte nach 1933 in Leipzig. In: Zeitschrift für ärztliche Fortbildung 85. Leipzig 1991, S. 174-176.
- Sabine **Happ**: Die Aberkennung von Doktorgraden an der Universität Münster in den Jahren 1920 bis 1960. Unveröffentlichtes Manuskript 2010.
- Sabine **Happ**: Politisch und nicht politisch motivierte Aberkennung von akademischen Graden. Eine Auswertung der Rundschreiben deutscher Universitäten in der NS-Zeit. In: Vielfalt der Geschichte – Lernen, Lehren und Erforschen vergangener Zeiten. Festgabe für Ingrid Heidrich zum 65. Geburtstag. Berlin 2004.
- Bernhard **Harms**: Universitäten, Professoren und Studenten in der Zeitenwende. Vornehmlich vom Standpunkt der Staatswissenschaften. Jena 1936.
- Stefanie **Harrecker**: Degradierte Doktoren. Die Aberkennung der Doktorwürde an der Ludwig-Maximilians-Universität München während der Zeit des Nationalsozialismus. München 2007.
- Stefanie **Harrecker**: Nur der bayrische Akzent lag außerhalb von Hitlers Macht. In: Süddeutsche Zeitung. 14. November 2008, S. 16.
- Angela **Hartwig**: Aberkennungen von Doktortiteln im Dritten Reich und Rehabilitation nach 1945 an der Universität Rostock. In: Zeitgeschichte regional. Mitteilungen aus Mecklenburg-Vorpommern 1. Rostock 1998, S. 48-50.
- Angela **Hartwig**: Das Gedächtnis der Universität. Das Universitätsarchiv von 1870 bis 1990 (im Druck).
- Helmut **Heiber**: Universität unterm Hakenkreuz. Teil II. Die Kapitulation der Hohen Schulen. Das Jahr 1933 und seine Themen. Bd. 2. München u.a. 1994.
- Robert **Hein**: Österr. Verein für Studentengeschichte (Hrsg.): Studentischer Antisemitismus in Österreich. (=Beiträge zur österreichischen Studentengeschichte 10), Wien 1984.
- Gernot **Heiß** u.a. (Hrsg.): Willfährige Wissenschaft. Die Universität Wien 1938-1945. (= Österreichische Texte zur Gesellschaftskritik 43), Wien 1989.
- Fritz **Hellwig**: Zur Kritik am Dissertationssystem der deutschen Hochschulen, in: Volk im Werden, Leipzig 4. Leipzig 1936, S. 23-30.
- Thomas **Henne**, Anne-Kristin **Lenk**, Thomas **Brix**: Zu den juristischen Grundlagen von Depromotionen: Die Aberkennung von Doktorgraden an der Juristenfakultät der Universität Leipzig 1933 - 1945. Leipzig 2007.
- Michael **Hepp** (Hrsg.): Die Ausbürgerung deutscher Staatsangehöriger 1933-45 nach den im Reichsanzeiger veröffentlichten Listen - Expatriation Lists as Published in the Reichsanzeiger 1933-45. (3 Bde.: Bd. 1: Listen in chronologischer Reihenfolge, 1985; Bd. 2: Namensregister, 1985; Bd. 3: Register der Geburtsorte und der letzten Wohnorte, 1988). München u.a. 1985-1988.
- Joachim **Heusinger von Waldegg**: Die Hochschule der bildenden Künste Karlsruhe im Dritten Reich. (In: Staatliche Akademie der Bildenden Künste Karlsruhe [Hrsg.]. Ausstellungskatalog zur gleichnamigen Ausstellung). Karlsruhe 1987.
- Klaus-Peter **Hoepke**: Geschichte der Fridericiana. Stationen in der Geschichte der Universität Karlsruhe (TH) von der Gründung 1825 bis zum Jahr 2000. Karlsruhe 2007, S. 120.

- **Hoffmann-von-Fallersleben-Schule Braunschweig**: Braunschweig im Nationalsozialismus. Braunschweig 2010 (http://www.tu-braunschweig.de/Medien-DB/datenschutz/ vortrag-hvf-schule.pdf, 30.08.2010, 22.00 Uhr).
- Uwe **Hoßfeld**, Jürgen **John**, Oliver **Lemuth**, Rüdiger **Stutz**: „Kämpferische Wissenschaft". Zum Profilwandel der Jenaer Universität im Nationalsozialismus. In: „Im Dienst an Volk und Vaterland." Die Jenaer Universität in der NS-Zeit. Köln 2005, S. 135f.
- Siegfried **Hoyer**: Die Vertreibung jüdischer und demokratischer Hochschullehrer von der Universität Leipzig 1933 bis 1938. In: Höppner, Solveig (Hrsg.): Antisemitismus in Sachsen im 19. und 20. Jahrhundert. Dresden 2004, S. 168 ff.
- Wolfgang **Huber**: Zur Geschichte der Wissenschaften. In: Erika Weinzierl, Kurt Skalnik (Hrsg.): Österreich 1918-1938, Bd. 2. Graz 1983, S. 559-588.
- Konrad **Jarausch**: Die Vertreibung der jüdischen Studenten und Professoren von der Berliner Universität unter dem NS-Regime. In: Jahrbuch für Universitätsgeschichte, 1/1998, Stuttgart 1998, S. 112- 133.
- Clemens **Jabloner**: Österreichs Umgang mit der NS-Vergangenheit. Wege zur Historikerkommission. In: Stadler, Friedrich (Hrsg.): Österreichs Umgang mit dem Nationalsozialismus. Die Folgen für die wissenschaftliche und humanistische Lehre. Wien und New York 2004, S. 71-84.
- Ingrid **Kästner**: Die Auswirkungen der nationalsozialistischen Personalpolitik auf die Medizinische Fakultät der Leipziger Universität. In: Schneck, P., Grau, G. (Hrsg.): Akademische Karrieren im „Dritten Reich". Beiträge zur Personal- und Berufungspolitik an Medizinischen Fakultäten. Berlin 1993, S. 39-49.
- Kai **Kranich**: Anpassung im Nationalsozialismus. Die Universität Breslau und die Aberkennung von Doktortiteln. Breslau 2012.
- Elisabeth **Kraus** (Hrsg.): Die Universität München im Dritten Reich. Aufsätze zur Geschichte der Ludwig-Maximilians-Universität München. Bd. 1 (2006), Bd. 2 (2008), Bd. 3 (2009). München 2006-2009.
- Eckart **Krause** u.a. (Hrsg.): Hochschulalltag im "Dritten Reich". Die Hamburger Universität 1933-1945. In: Hamburger Beiträge zur Wissenschaftsgeschichte, Bd. 3. Berlin/Hamburg 1991, S. 1503ff.
- Claus-Dieter **Krohn** (Hrsg.): Handbuch der deutschsprachigen Emigration 1933-1945. Darmstadt 1998.
- Margret **Lemberg**: „... eines deutschen akademischen Grades unwürdig". Die Entziehung des Doktortitels an der Philipps-Universität Marburg 1933-1945, Marburg 2002.
- Brigitte **Lichtenberger-Fenz**: Österreichs Hochschulen und Universitäten und das NS-Regime. In: Emmerich Tàlos, Ernst Hanisch, Wolfgang Neugebauer (Hrsg.): NS-Herrschaft in Österreich 1938-1945. (=Österreichische Texte zur Gesellschaftskritik 36), Wien 1988, S. 269-282.
- Brigitte **Lichtenberger-Fenz**: Österreichs Universitäten und Hochschulen - Opfer oder Wegbereiter der nationalsozialistischen Gewaltherrschaft? (Am Beispiel der Universität Wien). In: Gernot Heiß u.a. (Hrsg.): Willfährige Wissenschaft. Die Universität Wien 1938-1945. (= Österreichische Texte zur Gesellschaftskritik 43), Wien 1989, S. 3-16.
- Brigitte **Lichtenberger-Fenz**: Österreichs Universitäten unter dem nationalsozialistischen Regime. In: Steirische Gesellschaft für Kulturpolitik (Hrsg.): Grenzfeste Deutscher Wissenschaft. Über Faschismus und Vergangenheitsbewältigung an der Universität Graz. Wien 1985.
- Werner **Loch**: Die Opfer der Vergangenheit im Gespräch der Generationen. In: Zeichen des Erinnerns. Akademische Feier zur Mahnung gegen Krieg und Gewaltherrschaft am 15. November 1993. Kiel 1993, S. 17-40.
- Bernd **Mertins**, Margreta **Feketitsch-Weber**: Die Aberkennung von Doktorgraden an der Juristischen Fakultät der Universität Erlangen im Nationalsozialismus (In: Erlanger Forschungen Sonderreihe 15), Erlangen 2010.
- Juliane **Mikoletzky**: „Von jeher ein Hort starker nationaler Gesinnung". Die Technische Hochschule Wien und der Nationalsozialismus. Wien 2003.
- Albert **Massiczek**: Die Situation an der Universität Wien März/April 1938. In: Forschungen und Beiträge zur Wiener Stadtgeschichte Nr. 2. Wien 1978, S. 216-279.
- Georg **Möllers**: Jüdische Tierärzte im Deutschen Reich in der Zeit von 1918 bis 1945. Hannover 2002.
- Werner **Moritz**: Die Aberkennung des Doktortitels an der Universität Heidelberg während der NS-Zeit, in: Armin Kohnle, Frank Engehausen: Zwischen Wissenschaft und Politik. Studien zur deutschen Universitätsgeschichte. Festschrift für Eike Wolgast zum 65. Geburtstag. Stuttgart 2001, S. 540-562.
- Kurt **Mühlberger**: Vertriebene Intelligenz 1938. Der Verlust geistiger und menschlicher Potenz an der Universität Wien 1938-1945. (Archiv der Universität Wien), Wien 1993.
- Albert **Müller**: Dynamische Adaptierung und "Selbstbehauptung". Die Universität Wien in der NS-Zeit. In: Geschichte und Gesellschaft. Göttingen 1997, S. 592-618.
- Georg **Müller**: Technische Universität Clausthal. Abriss ihrer historischen Entwicklung. Clausthal 2007.
- Georg **Müller** (Rektor der Technischen Universität Clausthal [Hrsg.]): Vom Stahlhelm zum Hakenkreuz. Menschen und Vorgänge an der Bergakademie Clausthal in den zwanziger bis vierziger Jahren des 20. Jahrhunderts. Clausthal-Zellerfeld 1995.

- Anne **Nagel**: Die Philipps-Universität Marburg im Nationalsozialismus. Dokumente zu ihrer Geschichte (=Academia Marburgensis 7). Stuttgart 2000, S. 68.
- Albrecht Götz von **Olenhusen**: Die „nichtarischen" Studenten an den deutschen Hochschulen. Zur nationalsozialistischen Rassenpolitik 1933-1945. In: Vierteljahresheft für Zeitgeschichte, Heft 2/1966, S. 175-206.
- Martin **Pabst**: »Technische Universität München – Geschichte eines Wissenschaftsunternehmens«. Berlin 2006.
- Michael **Parak**: Hochschule und Wissenschaft in zwei deutschen Diktaturen. Elitenaustausch an sächsischen Hochschulen. Köln 2004.
- Jan **Piepenbrink**: Lehrkörper und Studenten der Mittleren und Neueren Geschichte an der Universität Leipzig 1933-1945. Magisterarbeit Leipzig 2003.
- Karl Heinrich **Pohl** (Hrsg.): Die Pädagogische Hochschule Kiel im Dritten Reich (=Sonderveröffentlichungen der Gesellschaft für Kieler Stadtgeschichte 36), Bielefeld 2001, S. 56-71.
- Katrin **Polter**: Die Universität Leipzig im Zweiten Weltkrieg. Magisterarbeit Leipzig 2005.
- Reiner **Pommerin**: Geschichte der TU Dresden 1838 – 2003. Köln 2003.
- Herbert **Posch**: "Akademische Ausbürgerungen" an der Universität Wien. Nationalsozialistische Aberkennungen von Doktortiteln österreichischer ExilantInnen. In: Konstantin Kaiser; Erika Weinzierl; Sandra Wiesinger-Stock (Hrsg.): Von Wegen des Exils aus heutiger Sicht. Bd. 3. Wien 2006.
- Herbert **Posch**: „Würdig" und Recht? Aberkennung der Doktorate im Nationalsozialismus. Nichtigerklärung der Aberkennung 2004, in: Posch, Herbert /Stadler, Friedrich: „... eines akademischen Grades unwürdig". Nichtigerklärungen von Aberkennungen akademischer Grade zur Zeit des Nationalsozialismus an der Universität Wien. Wien 2005.
- **Rektor der RWTH Aachen**: Grundsätze für akademische Ehrungen gemäß § 32 Grundordnung der Rheinisch-Westfälischen Technischen Hochschule Aachen. Verordnung Nr. 884 vom 16. Juli 2004, S. 6506-6509.
- Michael **Schimanski**: Die Tierärztliche Hochschule Hannover im Nationalsozialismus. Inaugural-Dissertation zur Erlangung eines „Doctor Medicinae Veterinariae" durch die Tierärztliche Hochschule Hannover. Hannover 1997.
- Thomas A. H. **Schöck** (Hrsg.): Aberkennung der Doktorwürde an der Universität Erlagen in der Zeit des Nationalsozialismus. Dokumentation der Gedenkakte der Medizinischen Fakultät und des Fachbereichs Rechtswissenschaft und Aberkennungen an der Theologischen und der Naturwissenschaftlichen Fakultät (In: Akademische Reden und Kolloquien 29). Erlangen-Nürnberg 2010.
- Jörg **Schneider**: Die jüdische Gemeinde in Hildesheim von 1871-1942. Dissertation 1999, Kapitel 9, S. 24-71; vgl. http://webdoc.sub.gwdg.de/diss/1999/schneider/inhalt.htm (07.02.2011, 18.20 Uhr).
- Maximilian **Schreiber**: Walther Wüst: Dekan und Rektor der Universität München 1935 - 1945. (=Beiträge zur Geschichte der Ludwig-Maximilians-Universität München, Bd. 3), München 2008 (=Dissertation 2006).
- Ulrich **Schröder**: Schicksale jüdischer Zahnärzte und Dentisten in Leipzig nach 1933. Dissertation Leipzig 1991.
- Volker **Schupp**: Zur Aberkennung der akademischen Grade an der Universität Freiburg. Bericht aus den Akten. In: Freiburger Universitätsblätter 86, Freiburg 1984, S. 9-19.
- **Spurensuche**. Kommilitonen von 1933. Humboldt-Universität zu Berlin. Berlin 2001.
- Friedrich **Stadler** (Hrsg.): Österreichs Umgang mit dem Nationalsozialismus. Die Folgen für die wissenschaftliche und humanistische Lehre. Wien und New York 2004.
- Friedrich **Stadler**; Herbert **Posch**; Werner **Lausecker**, Doris **Ingrisch**: 'Arisierung', Berufsverbote und ‚Säuberungen' an der Universität Wien. Ausschluss und Vertreibung ‚rassisch' und/oder politisch oder in anderer Weise verfolgter Lehrender und Studierender 1938/39. Projektbericht. Wien 2003.
- Friedrich **Stadler**; Peter **Weibel** (Hrsg.): Vertreibung der Vernunft/The Cultural Exodus from Austria. Wien 1995.
- Sabine **Steffens**: Studium und akademische Karriere von Frauen an der Universität Leipzig in der Zeit des Nationalsozialismus. Magisterarbeit Leipzig 2003.
- Margrit **Szöllösi-Janzet**; Andreas **Freiträger**: "Doktorgrad entzogen!" Aberkennungen akademischer Titel an der Universität Köln 1933 bis 1945. Köln 2005.
- Kerstin **Thieler**: „des Tragens eines deutschen akademischen Grades unwürdig." Die Entziehung von Doktortiteln an der Georg-August-Universität Göttingen im „Dritten Reich". Katalog zur Ausstellung in der Niedersächsischen Staats- und Universitätsbibliothek Göttingen 2004. (=Göttinger Bibliotheksschriften 32), Göttingen 2006.
- Ralph **Uhlig**: Ergänzende Bemerkungen. In: Zeichen des Erinnerns. Akademische Feier zur Mahnung gegen Krieg und Gewaltherrschaft am 15. November 1993. Kiel 1993, S. 41-55.
- Ralph **Uhlig** (Hrsg.): Vertriebene Wissenschaftler der Christian-Albrechts-Universität zu Kiel (CAU) nach 1933. (=Kieler Werkstücke A 2), Frankfurt a.M. 1991, S. 13-20.
- Ralph **Uhlig**: Zur Vertreibung der Kieler Wissenschaftler von der Christian-Albrechts-Universität nach 1933. In: Zeitschrift der Gesellschaft für Schleswig-Holsteinische Geschichte 118. Kiel 1993, S. 211-240.

- Christian-Alexander **Wäldner**: Homosexuelle Opfer des Nationalsozialismus am Beispiel des Gefängnisses Wolfenbüttel. Bachelor-Arbeit an der LUH 2008, S. 11-14.
- Hans-Peter **Weingand**: Die Technische Hochschule Graz im Dritten Reich. Graz 1995.
- Michael **Wettern** und Daniel **Weßelhöft**: Opfer nationalsozialistischer Verfolgung an der Technischen Hochschule Braunschweig 1930 bis 1945. Hildesheim 2010, S. 71-75.
- Rita **Wichardt**: Verleihung und Entziehung des Doktorgrades. Kiel 1976 (=Dissertation 1975).
- Johannes Michael **Wischnath**: "... durch ehrloses Verhalten des erworbenen Doktorgrades unwürdig". Die Eberhard Karls Universität im Dritten Reich: Zwischen 1938 und 1945 wurde 44 Tübingern Doktoren der akademische Grad aberkannt. In: attempto! Nr. 16 (9/2004), S. 42-43 (zzgl. einer Liste der 1947 und 2002/03 rehabilitierten Doktoren, S. 44).
- Renate **Wittern**, Andreas **Frewer**: Aberkennungen der Doktorwürde im "Dritten Reich": Depromotionen an der Medizinischen Fakultät der Friedrich-Alexander-Universität Erlangen. (=Erlanger Forschungen, Sonderreihe, Bd. 12), Erlangen 2008.
- Walter **Zöllner**: Unwürdige an unserer Universität? - Rehabilitiert nach über 50 Jahren, in: scientia halensis 3/1995, S. 23-25.

Veröffentlichungen mit Bezug zur TH Hannover

- Günther **Bode**: Gustav Noske als Oberpräsident der Provinz Hannover 1920-1933. Dissertationsschrift 1982, Karlsruhe 1988.
- Dirk **Böttcher** u.a.: Hannoversches biographisches Lexikon: von den Anfängen bis in die Gegenwart. Hannover 2002, S. 117.
- Julie **Cooper** und Maria **Banderas**: Irmgard Flugge-Lotz. Biographies of Women Mathematicians. Agnes Scott College. http://www.agnesscott.edu/lriddle/WOMEN/lotz.htm, 23.10.2010, 01.00 Uhr).
- Ulrich **Czisnik**: Gustav Noske. Ein sozialdemokratischer Staatsmann. Göttingen u.a. 1969.
- Walter **Dux**: Photochemische Kinetik des Chlorknallgases. Hildesheim 1913 (vgl. auch TIB/UB, Diss A 9677).
- **Fachbereich Chemie der Universität**: Die Geschichte der Chemie an der Technischen Hochschule und Universität Hannover. Hannover 1999.
- **Kurt und Ernst Schwitters Stiftung**: Der Nachlass von Kurt und Ernst Schwitters (bearbeitet von Isabel Schulz). Hannover 2002.
- Conrad **Matschoss**: Männer der Technik. Ein biographisches Handbuch. Berlin 1921, Nachdruck Düsseldorf 1985.
- Daniela **Münkel**: Die Technische Hochschule Hannover im Nationalsozialismus. Eine kommentierte Übersicht über die vorhandenen Quellen und Materialien. Hannover 1996.
- Gustav **Noske**: Erlebtes aus Aufstieg und Niedergang einer Demokratie. Offenbach/Main 1947.
- Anette **Schröder**: Männer der Technik im Dienst von Krieg und Nation. Die Studenten der Technischen Hochschule Hannover am Ende der Weimarer Republik und im Nationalsozialismus. In: Karen Bayer u.a. (Hrsg.): Universitäten und Hochschulen im Nationalsozialismus und in der frühen Nachkriegszeit. Stuttgart 2004, S. 32-52.
- Anette **Schröder**: Vom Nationalismus zum Nationalsozialismus. Die Studenten der Technischen Hochschule Hannover von 1925 bis 1938. Hannover 2003.
- Rita **Seidel** (Hrsg.): Universität Hannover 1831 – 2006. Festschrift zum 175-jährigen Bestehen der Universität Hannover, Bd. 1 – 3. Hildesheim 2006.
- John R. **Spreiter**, u.a.: Irmgard Flügge-Lotz. Memorial Resolution. Stanford University. http://histsoc.stanford.edu/pdfmem/Flugge-LotzI.pdf, 23.10.2010, 01.00 Uhr).
- Elisabeth **Vaupel**: Arthur Eichengrün – Hommage an einen vergessenen Chemiker, Unternehmer und deutschen Juden. In: Angewandte Chemie, Ausgabe 117, Thema 22. Weinheim 2005, S. 3408-3419.

Nachschlagewerke, Zeitschriften, Gesetzesveröffentlichungen

- **ADB**: http://daten.digitale-sammlungen.de/0001/bsb00016320/images/ index.html?seite=389 (25.09.2010, 18.45 Uhr).
- **Das Kommunale Elektrizitätswerk** vom 1. August 1930.
- **Deutscher Reichsanzeiger und Preußischer Staatsanzeiger**
  - Bibliothek der Universität Wien, Signatur IV-185236.
  - Gottfried Wilhelm Leibniz Bibliothek Hannover, Signatur ZTG 14.
  - Österreichische Nationalbibliothek, Wien, Signatur 661585-E Per.
- **Deutscher Werkbund**: Mitgliederliste des Deutschen Werkbundes 1912 (vgl. http://www.deutscherwerkbund-nw.de/uploads/media/1912_Mitglieder.pdf, 22.08.2010, 10.15 Uhr).
- **Deutscher Werkbund**: Mitgliederliste des Deutschen Werkbundes 1913 (vgl. http://www.deutscherwerkbund-nw.de/uploads/media/1913_Mitglieder.pdf, (22.08.2010, 10.15 Uhr).
- **Gothaischer Hofkalender** bzw. **Fürstliches Taschenbuch**: Jahrgänge 1914 bis 1942, Gotha 1913 bis 1941.
- **Ministerium der öffentlichen Arbeiten** (Hrsg.): Zentralblatt der Bauverwaltung. Nr. 67. XXIV. Jahrgang, Berlin 1904 (vgl. http://opus.kobv.de/zlb/volltexte/2008/3779/pdf/ ZBBauverw_1904_067.pdf (22.08.2010, 10.45 Uhr).
- **Reichsgesetzblatt** Nr. 81, Teil I, S. 480, vom 15. Juli 1933.
- **Reichsgesetzblatt** Nr. 102 vom 9. Juni 1939.
- **Technische Mitteilungen** August 1930.
- **Universität Innsbruck** (Hrsg.): Unizeitung. Das Journal der Universität Innsbruck. Ausgabe Nr. 35, Dezember 2008, S. 7.
- **Zentralblatt der Bauverwaltung**, Ausgabe 20. Februar 1929, S. 124; vgl. http://opus.kobv.de/zlb/volltexte/2008/5982/pdf/ZBBauverw_1929_08.pdf (21.08.2010, 20.35 Uhr).

Archive und Quellen

- Archiv der Fakultät für Bauingenieurswesen und Geodäsie der LUH
  - Promotionsbücher für Architektur, E-Technik sowie Bau-Ingenieurswesen und Geodäsie
- Archiv der Fakultät für Maschinenbau der LUH

- Promotionsliste der TH Hannover, Band I und II
- Verzeichnis der Promovierten der Fakultät für Maschinen-Bau der TH Hannover

➢ **Internationaler Suchdienst vom Roten Kreuz (ITS), Bad Arolsen**, Quellen Nr.
  - Aufstellungen der Evakuierungstransporte von Juden aus Hannover
    - 11199483 und 11199484.
  - Buch SHARIT HA-PLATAH
    - 78772350.
  - Buch SHARIT HA-PLATAH, Volume III
    - 78772353.
  - Deportations-Transporte von Juden aus dem Gestapo-Bereich Hannover-Braunschweig nach Theresienstadt
    - 11199328, 11199333, 11199334, 11199335, 11199385 und 11199387.
  - DP-Lists/Namensliste ohne Beschreibung und Datum, betrifft Frankfurt/Main
    - 81980961.
  - Häftlingslisten des Ghettos Theresienstadt (Zimmerlisten)
    - 4956397.
  - Kartei der Reichsvereinigung der Juden in Deutschland
    - 12652208.
  - Kartei Gestapo Frankfurt
    - 12243651.
  - Kartei Gestapo Koblenz
    - 12487964.
  - Kartei Theresienstadt
    - 4965957, 4970963, 4972478 und 5094885.
  - Krankenbuch des Polizeigefängnisses Berlin
    - 11301525 und 11301526.
  - Listen der rassisch, politisch oder religiös Verfolgten der Betreuungsstelle Frankfurt/M.
    - 11199906.
  - Registrierkarte über den Verlust der deutschen Staatsangehörigkeit
  - Transportlisten von deportierten Juden aus dem Gestapo-Bereich I Berlin nach dem Osten
    - 11194013 und 11194035.

➢ **Kurt und Ernst Schwitters Stiftung**, Leihgabe im Kurt Schwitters Archiv im Sprengel Museum Hannover, Briefe (Datum in der Klammer) von Walter Dux an Kurt Schwitters:

que 06839797 (19.04.1941), que 06839798 (21.04.1941), que 06839829 (12.06.1942), que 06839838 (27.07.1942), que 06839875 (27.11.1944), que 06839892 (06.1945), que 06839900 (08.11.1945), que 06839910 (27.12.1945), que 06839919 (22.01.1946), que 06839921 (24.01.1946), que 06839928 (04.03.1946), que 06839933 (23.03.1946), que 06839949 (11.06.1946), que 06839968 (31.08.1946), que 06839995 (16.11.1946), que 06840015 (12.1946), que 06840024 (16.01.1947), que 06840061 (15.03.1947), que 06840062 (20.05.1947), que 06840076 (05.07.1947), que 06840057,T (15.07.1947), que 06840089 (11.08.1947), que 06840097 (04.09.1947), que 06840106 (27.10.1947), que 06840110 (24.11.1947) und que 06840118 (20.12.1947)

➢ **Stadtarchiv Hannover**, Einwohnermeldekarten für
  - Walter Dux und Gustav Noske

➢ **Universitätsarchiv Hannover**,
  - „ohne, Az.: Abth. III No. 37 gen.",
    - Schreiben vom 06.06.1929, 05.05.1931, 08.05.1931, 08.12.1931, 09.02.1931, 12.02.1932 und 04.03.1932.
  - „ohne, Az.: Abth. III No. 37 spec."
  - „ohne, Erteilung der Würde eines Doktor-Ingenieurs", alte Signatur Abt. III Nr. 31 gen. 1901-1937,
    - Kopie eines Zeitungsartikels im Hann. Kurier vom 03.01.1934.
    - Promotionsordnung(en) ohne Datum abgeheftet.
    - Schreiben vom 18.09.1933, 03.10.1933, 02.11.1933, 13.04.1935 und 11.02.1937.
  - Best. 5 Nr. 463 (Personalakte Prof. Dr.-Ing. Burghard Körner).
  - Best. 5 Nr. 2023 (Personalakte Prof. Dr.-Ing. Alexander Matting).
  - Hann. 146A, Acc. 62/81 Nr. 29,
    - handschriftliche Aktennotiz vom 08.07.1933.
    - handschriftliche Notiz vom 18.08.1933 auf Schreiben vom 12.08.1933.
    - Schreiben vom 17.06.1922, 19.07.1933 und 12.08.1933.
    - Zeitungsartikel des Hannoverschen Kuriers vom 01.04.1933.

- Hann. 146A, Acc. 64/81 Nr. 22 – 35, 37 – 46.
- Hann. 146A, Acc. 64/81 Nr. 53,
  - Aufstellung von 27.11.1933.
  - Schreiben vom 06.04.1934 und 16.04.1934.
- Hann. 146A, Acc. 88/81 Nr. 137
- Hann. 146A Acc. 88/81 Nr. 390 (Personalakte Prof. Dr.-Ing. habil. Dr.-Ing. E.h. Albert Vierling).
- Hann. 146A Acc. 4/85 Nr. 445 (Personalakte Prof. Dr. phil. Conrad Müller).
- Hann. 146A, Acc. 10/85 Nr. 48,
  - Schreiben vom 11.01.1938, 26.08.1938, 23.09.1938, 08.12.1938, 14.02.1939, 27.02.1939, 27.04.1939, 09.05.1939, 24.06.1939 und 28.06.1939.
- Hann. 146A, Acc. 10/85 Nr. 206.
- Nds. 423 Acc. 11/85 Nr. 149.
  - Schreiben vom 22.03.1947, 28.04.1947, 08.05.1947 und 14.05.1947.
- Verzeichnis der Ehrenbürger der Technischen Hochschule Hannover, fortlaufend nummerierte Eintragungen, letztmalig 01.12.1972.
- Verzeichnis der Ehren-Senatoren, fortlaufend nummerierte Eintragungen, letztmalig 14.10.1968.
- Vorlesungsverzeichnisse 1899 bis 1933, ohne Signatur, sowie „ohne, Programme der TH Hannover 1930/31-1941/42".
- Zentrale Promotionsliste der Technischen Hochschule Hannover, ohne Signatur im Archiv der Fakultät für Maschinenbau an der LUH, Bände I und II.

Internetquellen

- http://deu.archinform.net/arch/62108.htm (22.08.2010, 10.00 Uhr).
- http://rektorenportraits.uni-koeln.de/rektoren/theodor_wessels/ (31.08.2010, 12.15 Uhr).
- http://trojmiasto.gazeta.pl/trojmiasto/1,35635,8031110,Pionierzy_techniki_na_gmachu_Politechniki_Gdanskiej.html (22.08.2010, 10.45 Uhr).
- http://www.archiv.uni-leipzig.de/reichsanzeiger/pdf/ra.pdf (16.08.2010, 19.30 Uhr).
- http://www.buzer.de/gesetz/1582/a22462.htm (03.03.2010, 00.05 Uhr).
- http://www.danzig-online.pl/th/the.html (22.08.2010, 10.30 Uhr).
- http://www.geni.com/people/Anthony-Spiro/6000000007014390220 (07.02.2011, 18.30 Uhr).
- http://www.geni.com/people/David-Beaumont/6000000007014434203 (07.02.2011, 18.30 Uhr).
- http://www.geni.com/people/Ernest-Beaumont/6000000007014468577 (07.02.2011, 18.30 Uhr).
- http://www.geni.com/people/Helen-Beaumont/6000000007014351093 (07.02.2011, 18.30 Uhr).
- http://www.geni.com/people/Jennifer-Beaumont/6000000007014361743 (07.02.2011, 18.30 Uhr).
- http://www.holocaust.cz/cz2/victims/result (22.08.2010, 11.00 Uhr).
- http://www.kmkbuecholdt.de/historisches/sonstiges/IBALeipzig1913_01.htm (22.08.2010, 10.30 Uhr).
- http://www.loebtree.com/lewin.html (07.02.2011).
- http://www.merzmail.net/anannablume.htm (07.02.2011, 19.30 Uhr).
- http://www.montan-wanderweg.at/gewerken/herbertsimons_00.htm (29.08.2010, 23.00 Uhr).
- http://www.pg.gda.pl/informacje/historia/hist1.shtml (22.08.2010, 10.30 Uhr).
- http://www.schwitters-stiftung.de/bio-ks3.html (07.02.2011, 19.35 Uhr).
- http://www.uni-protokolle.de/nachrichten/id/67765/ (29.08.2010, 23.30 Uhr).
- http://www.uni-tuebingen.de/uni/qvo/pm/pm2003/pm703.html (22.08.2010, 22.15).
- http://www.uni-wuerzburg.de/ueber/fakultaeten/medizin/dekant/kommissionen/kommission_depromotionen_waehrend_der_ns_zeit/ (30.08.2010, 22.45 Uhr).
- http://www.yadvashem.org (22.08.2010, 10.45 Uhr).

Bildnachweis

Kapitel 3.3.:

- Herkunft des Bildes http://de.wikipedia.org/w/index.php?title=Datei:NS_administrative_Gliederung_1944.png&filetimestamp=20100827211155 (02.08.2012, 23.55 Uhr), erstellt von Bennet Schulte (Cartographer; erstellt 2009), bearbeitet und ergänzt von Christian-Alexander Wäldner, Ronnenberg-Weetzen.

Danksagungen

Ich bedanke mich bei Herrn **Prof. Dr. Barricelli** für die Möglichkeit, zu einem wichtigen Aspekt nationalsozialistischer Vorgehensweise an der vormaligen TH Hannover forschen und schreiben zu können. Herr **Prof. Dr. Perels** hat mir vielfältig Anregungen gegeben, mit denen ich mich diesem schwierigen Thema habe widmen können.

Dem Herren Präsidenten der Gottfried Wilhelm Leibniz Universität Hannover, Herrn **Prof. Dr.-Ing. Barke**, danke ich für seine weitreichende fächerübergreifende Unterstützung. Uneingeschränkt gilt mein Dank dem Leiter des Universitätsarchives Hannover, Herrn **Nebelung M.A.**, der mir alle Dokumente stets umfassend und zeitnah zur Verfügung gestellt hat.

Mein Dank gilt auch den forschenden Historikern, stellvertretend aus Wien Frau **Dr. Mikoletzky** (besonders für die Hinweise auf sieben entzogene akademische Grade an der TU Wien zwischen 1938 und 1945 und auf die Situation und die Entwicklung technischer Hochschulen in Österreich beziehungsweise der vormaligen *Ostmark* in der Zeit des Nationalsozialismus) und Herrn **Dr. Posch**, die mir ihr Wissen zum vorliegenden Themenkomplex vertrauensvoll zur Verfügung gestellt haben. Ich bedanke mich bei Frau **Sijpestein** von der Presse- und Kulturabteilung der Botschaft des Königreiches der Niederlande, Berlin, für ihre schnelle und umfassende Auskunft über Lebensdaten von Heinrich Tiefers.

Ich danke Herrn **Horstmann** vom Stadtarchiv der Landeshauptstadt Hannover für seine unermüdliche Unterstützung. Gleiches gilt für die Zurverfügungstellung ihres vollständigen Artikels über Artur Eichengrün von Frau **Prof. Dr. Vaupel**. Meine Freundschaft zum Hamburger Kollegen Herrn **Bollmann** hat mir Hinweise zu meinen Themenkomplex hinsichtlich der Universität Hamburg ermöglicht.

Gleiches gilt uneingeschränkt für meinen hannöverschen Kommilitonen, Herrn **Voges**, der mir Hinweise zur TU Braunschweig gab. Ich danke Herrn **Döring** vom Historischen Konzernarchiv der RWE in Essen für die Übersendung der entsprechenden Artikel über Max Krone. Ohne diese Artikel wären Einzelheiten zum Leben und Wirken von Max Krone nicht möglich gewesen. Herr **Nörrenberg-Sudhaus** hat mir wichtige Informationen über seinen Onkel mitgeteilt, worüber ich mich sehr gefreut habe.

Herr **Ullrich** vom Besucherdienst des Internationalen Suchdienstes von Roten Kreuz (ITS) in Bad Arolsen, Hessen, hat mir in bewährter Weise Unterstützung zuteilwerden lassen. Selbstverständlich gilt mein Dank allen Mitarbeiterinnen und Mitarbeitern der angeschriebenen Archive sowie der Universitäten und Hochschulen für deren Rückmeldung zum vorliegenden Themenkomplex.

Ohne die fortwährenden Diskussionen zu dem vorliegenden Themenkomplex mit meinem bewährten Wiener Historikerkollegen, Herrn **Osberger** und Herrn **Dr. Safrian** (Senior Lecturer am Institut für Zeitgeschichte), als auch mit meinem Dresdner Forscherkollegen, Herrn **Kranich**, hätten viele Gedankengänge nicht so deutlich strukturiert erarbeitet werden können, wofür ich mich herzlich bedanken möchte.

Für den Teil über Ernst Fraenkel hat in bewährter Freundschaft Herr **Niehoff** die notwendige Reflektion ermöglicht, vielen Dank hierfür. Herr **Studienrat Wehrung** hat mir in gewohnter vertrauter Weise beigestanden und den übergroßen Teil der Korrektur besorgt, wofür ihm mein uneingeschränkter freundschaftlicher Dank gebührt.

Ohne die unermüdliche Unterstützung der Mitglieder des Arbeitskreises „Die NS-Vergangenheit der TH Hannover", den Studierenden der LUH, den Herren **Christoph Elsner**, **Niklas Meier**, **Monty-Maximilian Ott**, **Michael Ottinger**, **Yannick Roth**, **Sebastian Schäfer** und **Pascale Stellmacher**, wäre eine so zeitnahe Fertigstellung der vorliegenden Fassung nicht denkbar gewesen; dieses gilt ebenso uneingeschränkt für die Herren **Christoph Abrolat**, **Wilhelm Grimm (†)**, **Shaun Hermel**, **Ole Petersen-Wehmheuer**, **Jens-Michael Raabe**, und **Guido Zurbel**, die den Arbeitskreis auch, ohne selbst aktuell Studierende der LUH zu sein, stets unterstützt haben.

Ohne die Menschen, die in den vergangenen Jahren an mich geglaubt haben, wäre ich nie so weit gekommen, ich danke hierfür insbesondere **Julian Auer**, **Martin Beister**, **Matthias Bullmahn**, **Darrel J. Dominique**, **Heiner Gerstner**, **Thomas Giersch**, **Ruth Gröne**, **Juliane Doris Hänisch**, **Stephanie Harms**, **Heiko Hausmann**, **Maria Hesse**, **Rainer Hoffschildt**, **Beate Hümmer**, **Jutta Jahnke**, **Hansi Kirchknopf**, **Klaus Kötter**, **Gerrit Loos**, **Warner Loos**, **Brigitte Lukas**, **Anne Meine**, **Lorenz Mikoletzky**, **Thomas Rahe**, **Stephan Rottmann**, **Philipp Schaper**, **Hans-Martin Schneider**, **Hannelore Schulze**, **Paul van der Lubbe**, **Christian Vester**, **Heiko Vogel**, **Marlies Wäldner**, **Marija Wakounig**, **Martin Zwölfer** sowie **Monika Wäldner**.

Zuletzt gilt mein Dank den beiden Menschen, die mich fortwährend in vielfältiger Weise unterstützt und sich als kompetente Ansprechpartner erwiesen haben, den Herren **Andreas Friedrich**, inzwischen aus Berlin, und **Dipl.-Ing. Gregor Janböcke** aus Hannover.

Beschluss des Senates der Leibniz Universität Hannover v. 13. Juni 2012

Der Senat, das Präsidium und der Hochschulrat der Gottfried Wilhelm Leibniz Universität Hannover –

entschlossen, in Übereinstimmung mit den moralischen und ethischen Zielsetzungen ihres Leitbildes sowie ihrer Stellung im demokratischen Verfassungs- und Rechtsstaat das dunkelste Kapitel ihrer Geschichte in den Jahren der nationalsozialistischen Gewaltherrschaft möglichst umfassend aufzuklären,

in der historischen Erkenntnis, dass es seit 1945 nur zu sehr unzureichenden Anläufen gekommen ist, um die an der Technischen Hochschule Hannover als ihrer Vorgängereinrichtung ab 1933 aufgrund der NS-Ideologie bewirkten Rechtsbeeinträchtigungen gegenüber Hochschulmitgliedern sowie -angehörigen aufzuarbeiten, und dass statt einer generellen Nichtigkeitsfeststellung solcher Maßnahmen bislang nur auf Antrag gehandelt worden ist,

im daraus folgenden Wissen, dass noch nicht sämtliche Unrechtsakte an der Technischen Hochschule Hannover in zureichender Weise Aufarbeitung und entsprechende Wiedergutmachung erfahren haben,

in dem Bewusstsein, dass sich die heutige Aufarbeitung aus Gründen kriegsbedingter und sonstiger Aktenverluste zum Teil Schwierigkeiten gegenübersieht, die die Gewissheit hinsichtlich abschließender Ermittlung von Betroffenheiten ausschließen, und

in tiefem Bedauern darüber, dass für die unmittelbar Betroffenen inzwischen jede Maßnahme der Rehabilitation zu spät kommt, aber in der Hoffnung, dass ihrem bleibenden persönlichen Ansehen in den Augen der Hochschulöffentlichkeit wie allgemein der Nachwelt Genugtuung verschafft werden kann –

haben in (…) [der Sitzung vom 13. Juni 2012] einstimmig den feierlichen Beschluss gefasst, der hiermit bekannt gegeben wird:

Die von 1933 bis 1945 an der Technischen Hochschule Hannover vollzogenen, auf der NS-Ideologie politischer, „rassischer" oder sonstiger Diskriminierung beruhenden Beeinträchtigungen akademischer Stellungen, Grade und Ehren stellen dem Recht hohnsprechende Unrechtsakte dar. Sie stehen und standen bereits bei ihrer Entstehung in klarem Widerspruch zu den schon damals bekannten Grundsätzen der Rechtsstaatlichkeit und missachteten insbesondere hochschulspezifisch die Wissenschaftsfreiheit, die

diese absichernde Selbstverwaltung sowie die Grundlagen der überkommenen humanistisch-akademischen Universitätstradition.

Die Gottfried Wilhelm Leibniz Universität Hannover stellt deshalb in der Nachfolge der Technischen Hochschule Hannover mit Nachdruck fest, dass sie sämtliche an dieser ab 1933 durch Hochschulorgane bewirkten NS-bedingten Beeinträchtigungen verurteilt und als von Anfang an nichtige Unrechtsakte wertet.

Da sich das damalige Unrecht hinsichtlich der dadurch bewirkten tatsächlichen Beeinträchtigungen indessen nicht nachträglich ungeschehen machen lässt, ist es das nachdrückliche Anliegen der Gottfried Wilhelm Leibniz Universität Hannover, allen an der Technischen Hochschule Hannover Betroffenen dadurch Gerechtigkeit widerfahren zu lassen, dass ihr persönliches und wissenschaftliches Angedenken dauerhaft wachgehalten wird. Daher werden unabhängig davon, ob und inwieweit es in Einzelfällen schon früher zu Rehabilitationen gekommen sein sollte, die ermittelten Unrechtsbetroffenen nachstehend namentlich aufgeführt. Der Beschluss, der auch für noch nicht bekannt gewordene Fälle gelten will, verpflichtet die Universität dazu, bei künftigem Auffinden weiterer Betroffener deren Namen nachzutragen.

Die Gottfried Wilhelm Leibniz Universität Hannover wird die folgenden Namen zusätzlich im Rahmen einer feierlichen öffentlichen Veranstaltung würdigen und strebt an, dies gleichzeitig in würdiger Form dauerhaft sichtbar zu machen. (…) [Es folgen insgesamt 47 Namen, u.a.:]

Carsten, Albert (Dr.-Ing. E. h.)

Dux, Walter (Dr.-Ing.)

Eichengrün, Arthur (Dr.-Ing. E. h.)

Krone, Max (Dr.-Ing. E. h., Ehrenbürger)

Nörrenberg-Sudhaus, Walter (Student)

Noske, Gustav (Ehrenbürger)

Emigration – Exil – Kontinuität

Schriften zur zeitgeschichtlichen Kultur- und Wissenschaftsforschung
hrsg. von Prof. Dr. Friedrich Stadler (Institut für Zeitgeschichte der Universität Wien und Institut Wiener Kreis)

Friedrich Stadler (Hg.)
Vertreibung, Transformation und Rückkehr der Wissenschaftstheorie
Am Beispiel von Rudolf Carnap und Wolfgang Stegmüller. Mit einem Manuskript von Paul Feyerabend über „Die Dogmen des logischen Empirismus" aus dem Nachlass

Die Beiträge dieses interdisziplinären und internationalen Sammelbandes behandeln die erzwungene Emigration der so genannten „Wissenschaftslogik" des Wiener Kreises vor dem Zweiten Weltkrieg und die weitere Entwicklung in den Aufnahmeländern, vor allem in den USA. Dieser Transformationsprozess wird mit der Frage untersucht, wie die veränderte „Philosophy of Science" nach dem Zweiten Weltkrieg wieder in Europa aufgenommen und speziell in Österreich und Deutschland weiter entwickelt wurde.

Bd. 10, 2010, 528 S., 44,90 €, br.,
ISBN 978-3-643-50165-3

Andreas Huber; Katharina Kniefacz; Manès Weisskircher; Alexander Krysl
Universität und Disziplin
Angehörige der Universität Wien und der Nationalsozialismus

Dieser Band thematisiert einzelne Aspekte von Disziplin (-losigkeit) unter Lehrenden, Studierenden und administrativen Mitarbeitern der Universität Wien von 1938 bis 1950. Die AutorInnen untersuchen regimekritische Handlungen sowie die Involvierung der Universitätsangehörigen in das politische System der NS-Zeit ebenso wie Vorfälle um Antisemitismus und Nationalsozialismus unter den Studierenden nach Kriegsende. Schwerpunkte sind die Disziplinarfälle der Universität Wien von 1938 bis 1945, die nationalsozialistische Ausrichtung des 1942 eröffneten Instituts für Zeitungswissenschaft sowie die von NS-Parolen überschatteten Wahlen zur Österreichischen Hochschülerschaft 1946.

Bd. 11, 2011, 328 S., 29,90 €, br.,
ISBN 978-3-643-50265-0

LIT Verlag Berlin – Münster – Wien – Zürich – London

Auslieferung Deutschland / Österreich / Schweiz: siehe Impressumsseite